Zwischen Logik und Literatur

Gottfried Gabriel

Zwischen Logik und Literatur

Erkenntnisformen
von Dichtung, Philosophie und Wissenschaft

J.B. Metzlersche Verlagsbuchhandlung
Stuttgart

Die Deutsche Bibliothek - CIP-Einheitsaufnahme

Gabriel, Gottfried:
Zwischen Logik und Literatur: Erkenntnisformen von Dichtung,
Philosophie und Wissenschaft / Gottfried Gabriel. –
Stuttgart: Metzler, 1991
ISBN 3-476-00793-6

Gedruckt auf säurefreiem, alterungsbeständigem Papier

ISBN 3-476-00793-6

Dieses Werk einschließlich aller seiner Teile ist urheberrechtlich geschützt. Jede Verwertung außerhalb der engen Grenzen des Urheberrechtsgesetzes ist ohne Zustimmung des Verlages unzulässig und strafbar. Das gilt insbesondere für Vervielfältigungen, Übersetzungen, Mikroverfilmungen und die Einspeicherung und Verarbeitung in elektronischen Systemen.

© 1991 J.B. Metzlersche Verlagsbuchhandlung und Carl Ernst Poeschel Verlag
GmbH in Stuttgart
Einbandgestaltung: Willi Löffelhardt
Satz: DaText GmbH, Salach
Druck: Kaisser-Druck GmbH, Salach
Printed in Germany

Inhalt

Einleitung VII

I SEMANTIK DER LITERATUR

Über Bedeutung in der Literatur. Zur Möglichkeit ästhetischer Erkenntnis 2

II LITERARISCHE FORMEN DER PHILOSOPHIE

Logik als Literatur? Zur Bedeutung des Literarischen bei Wittgenstein 20
Literarische Form und nicht-propositionale Erkenntnis in der Philosophie 32
Der Logiker als Metaphoriker. Freges philosophische Rhetorik 65
Solipsismus: Wittgenstein, Weininger und die Wiener Moderne 89

III METHODOLOGIE DES VERSTEHENS

Literaturwissenschaft zwischen Literatur und Wissenschaft 110
Wie klar und deutlich soll eine literaturwissenschaftliche Terminologie sein? 118
»Sachen gibt's, die gibt's gar nicht«. Sind literarische Figuren fiktive Gegenstände? 133
Zur Interpretation literarischer und philosophischer Texte 147

IV VORPROPOSITIONALE ERKENNTNIS

Die Bedeutung von Eigennamen 162
Wissenschaftliche Begriffsbildung und Theoriewahldiskurse 177

V KOMPLEMENTARITÄT DER ERKENNTNISFORMEN

Ein Mann von Welten 192
Erkenntnis in Wissenschaft, Philosophie und Dichtung. Argumente für einen komplementären Pluralismus 202

NACHWEISE 225

PERSONENREGISTER 226

Einleitung

Es ist nicht eben häufig, daß Logik und Literatur, Wissenschaft und Kunst, in der Theorie zusammentreffen. Gewiß, der musische Mathematiker ist keine Seltenheit; aber nicht jeder ›Rechner‹, der sich nach Feierabend beim Musizieren erholt, ist schon ein Pythagoreer in dem Sinne, daß er auch in der Theorie einen Zusammenhang herzustellen sucht. Ganz im Gegenteil pflegt ein solches Ansinnen gerade mit dem Hinweis auf eine notwendige Trennung in einem ›Kontrastprogramm‹ von ›Beruf‹ und ›Freizeit‹ zurückgewiesen zu werden. So berechtigt diese Einstellung, aus therapeutischen Gründen, für das Leben des einzelnen sein mag, so unbefriedigend bleibt sie auf der Ebene derjenigen Bemühungen, deren Aufgabe es gerade ist, Zusammenhänge *und* Verschiedenheiten aufzudecken, der Ebene philosophischer Analyse.

Eine solche Analyse kann freilich nicht für sich stehen und um ihrer selbst willen vorgenommen werden, sie bedarf eines leitenden Gesichtspunktes. Dieser ist hier der Begriff der Erkenntnis oder genauer, da die Einheitlichkeit dieses Begriffs gerade in Frage steht, das Spektrum möglicher Erkenntnisformen. Und aus dieser Fragestellung erklärt sich auch das »Zwischen« im Titel. Logik und Literatur liegen innerhalb dieses Spektrums relativ weit auseinander. Sie bilden die Pole, zwischen denen die vorliegenden Untersuchungen sich bewegen, ohne allerdings das Feld möglicher Gebiete vollständig abzuschreiten.

Die Beschränkung, denen die Auswahl unterliegt, hat nun weniger sachliche *Gründe* als vielmehr biographische *Ursachen* und erklärt sich aus den besonderen Neigungen des Verfassers, der seit seiner Studienzeit zwischen Logik und Ästhetik schwankte, diesen ungleichen »Schwestern« (A.G. Baumgarten). Obwohl an die »Erstgeborene« stärker gebunden, konnte er von der »Nachgeborenen« doch nicht lassen. Daher lag ihm daran, einer fortschreitenden Entzweiung beider Schwestern gegenzuarbeiten, die ihren Ausdruck insbesondere in der Position des ›Kontrastprogrammlers‹ findet, der seine praktische Einstellung theoretisch überhöht und einer Dichotomie von Wissenschaft und Kunst das Wort redet, etwa in der Form, daß es Wissenschaft mit Wahrheit und nichts als Wahrheit zu tun habe, Kunst aber mit Gefühl und nichts als Gefühl.

Einschätzungen dieser Art zielen darauf ab, sich einen bestimmten Bereich dadurch unangefochten zu sichern, daß man einen anderen als grundsätzlich verschieden ausgrenzt. Für die Herausbildung von Einzelwissenschaften und Disziplinen mit ihren je eigenen Methoden haben wir es hier mit einem wichtigen Vorgang zu tun (ein positives Beispiel ist die Trennung der Logik von der Psychologie im Verlaufe des 19. Jahrhunderts), bei dem aber bestehende Zusammenhänge nicht aus dem Blick geraten dürfen. Betroffen sind von diesem Vorgang nicht nur die aufgeteilten Bereiche selbst, sondern darüber hinaus auch solche, die zwischen ihnen angesiedelt sind und nunmehr der Gefahr ausgesetzt sind, der einen oder anderen Seite alternativ zugeschlagen zu werden. Die Trennung in der Sache kann dabei durch institutionelle Gebietsaufteilungen beschleunigt werden. So hat die Neugliederung der alten philosophischen Fakultät in eine mathematisch-naturwissenschaftliche und eine philosophisch-geisteswissenschaftliche z.B. dazu geführt, daß die Logik (wie etwa an der Universität Münster, an der der Verfasser sein Studium begonnen hat) als mathematische Logik zur Mathematik geschlagen wurde und damit für lange Zeit aus der geisteswissenschaftlichen und sogar der philosophischen Ausbildung im engeren Sinne verdrängt blieb. In den sechziger Jahren, bei der Anmeldung zu einem literaturwissenschaftlichen Seminar, wurde der Student von einem der Veranstalter gefragt, womit er sich in der Philosophie, seinem ersten Studienfach, hauptsächlich beschäftigt habe. Auf die Antwort »mit Logik« gab der irritierte und zugleich kritische Blick des Veranstalters zu verstehen, daß diese Auskunft nicht als Empfehlung gereichen konnte. Im folgenden geht es nun weniger um den verspäteten Nachweis, daß die Skepsis des damaligen Gegenübers unberechtigt war, also nicht um den Nachweis, daß Logik und Literaturwissenschaft eine Verbindung im Rahmen einer Wissenschaftstheorie der Literaturwissenschaft einzugehen hätten. Was die Frage einer derartigen Verbindung anbelangt, wird sich eher zeigen, daß die semantische Natur literarischer Texte einen anderen als logisch-deduktiven Umgang verlangt. Es geht vielmehr darum, Zusammenhänge zwischen den scheinbar auseinanderliegenden Bereichen dadurch herzustellen, daß man die vorgenommenen Differenzierungen noch einmal von einem übergeordneten Standpunkt aus überblickt, der in unserem Falle also derjenige der Erkenntnistheorie ist.

Nun ist die Philosophie der natürliche Ort, den Begriff der Erkenntnis zu thematisieren, und dieses auch in selbstkritischer Wendung als Frage nach ihrem eigenen Erkenntnisanspruch. Bei der Beantwortung dieser Frage schlägt die Dichotomie von Wissenschaft und Kunst bis in das Verständnis von Philosophie selbst durch. Je nachdem, wie die Antworten ausgefallen sind, haben sich ihre Vertreter alternativ auf die eine oder die andere Seite geschlagen, als Wissenschaftsphilosophen oder Dichterphilosophen. In der Gegenwart sind diese Positionen durch Szientismus, etwa im Anschluß an Carnap, und Dekonstruktivismus im Gefolge Nietzsches besetzt. Soweit der Wissenschaftsphilosoph in seinem Kontrastprogramm Nietzsche gleichwohl mitführt (wie dies auch bei Carnap der Fall war), liest er ihn doch nicht als Denker, sondern als Dichter und bestätigt damit nur die grundsätzliche Zustimmung zur Trennung der Bereiche. Die hier versammelten Einzeluntersuchungen versuchen solche Gegensätze innerhalb und außerhalb der Philosophie zu überwinden. An die Stelle eines kontrastiven, weitgehend kompensatorisch legitimierten Verhältnisses wird die Idee einer Komplementarität von wissenschaftlichen, philosophischen und ästhetischen Erkenntnisformen dargelegt. Bestimmend ist hierfür der leitmotivartig wiederkehrende Gedanke einer Unterscheidung von Wahrheit und Erkenntnis.

Der Gegensatz von Logik und Literatur hat eine lange Geschichte, die bis auf den Begründer der formalen Logik, Aristoteles, zurückgeht. Dieser bestimmte, im Anschluß an seinen Lehrer Platon, die Aussage als Ort der Wahrheit und verbannte Sätze, die keinen Aussagecharakter haben, mit der Begründung, daß sie nicht wahrheitsfähig sind, aus der Logik in die Rhetorik oder Poetik. Die gesamte Logiktradition ist ihm hierin bis in das 20. Jahrhundert fast ausnahmslos gefolgt. Als Träger des Wahrheitswertes treten im Laufe der Entwicklung zwar noch andere Kandidaten auf, wie »Urteil«, »Gedanke«, »Behauptung« und »Proposition«, allen aber ist gemeinsam, daß sie sprachlich in Form von *Aussage*sätzen ausgedrückt werden und in diesem Sinne ohne Ausnahme aussageartig oder, wie es im folgenden heißen wird, propositional sind. Entsprechend können wir sagen, daß die Logik von Anbeginn auf einen propositionalen Wahrheitsbegriff festgelegt blieb. Dem könnte man in den Grenzen der Logik auch durchaus zustimmen, wenn nicht außerdem eine Gleichsetzung von Wahrheit mit Erkenntnis vorgenommen worden wäre. Diese hat nämlich eine Einschränkung des Erkenntnisbegriffs auf den der propositionalen Wahrheit zur Folge. Hiergegen ist in der Geschichte der Philosophie nun insbesondere von seiten der Dichterphilosophen Widerspruch eingelegt worden, meistens aber so, daß man an Stelle der ›bloßen‹ *Aussagen*wahrheit eine emphatische Wahrheit reklamierte und das Kunstwerk zum eigentlichen Ort der Wahrheit erhob. Wir haben es hier - bei entgegengesetzter Gewichtung - mit der Umkehrung der logisch-wissenschaftstheoretischen Position eines Kontrastprogramms von Wissenschaft und Kunst zu tun. Aus einer solchen ›unversöhnlichen‹ Dichotomie kann nur ein Erkenntnisbegriff herausführen, der nicht auf den Begriff der Wahrheit fixiert ist. Wahrheit mag dabei auf *Aussagen*wahrheit beschränkt bleiben, wenn es daneben zur Anerkennung anderer Erkenntnisformen kommt. Um Beispiele solcher nicht-propositionalen Erkenntnis wird es im folgenden gehen. Für die gegenwärtige Diskussion um die sogenannte Postmoderne möchten die Ergebnisse deshalb von Belang sein, weil ein pluralistischer Zugang auch als geeignetes Mittel erscheint, der Versuchung einer dekonstruktiven Auflösung des Erkenntnisbegriffs wirksam zu begegnen; denn diese gegen den Wahrheitsbegriff gerichtete Kritik bezieht ihre Plausibilität einzig aus der einseitigen Orientierung großer Teile der Philosophie am logischen Begriff der propositionalen Wahrheit als Paradigma von Erkenntnis.

Aus dem Grundgedanken einer Erweiterung des Erkenntnisbegriffs ergibt sich die Abfolge der Beiträge. Zunächst einmal gilt es, die angesprochene globale Aufteilung (und entsprechende Zuordnung) der Begriffe von Wahrheit und Gefühl infrage zu stellen. Dies geschieht anhand einer Analyse der semantischen Besonderheiten literarischer und insbesondere *fiktionaler* literarischer Texte mit dem Ziel, die Möglichkeit ästhetischer Erkenntnis aufzuweisen (I). Die dabei gewonnenen Ergebnisse führen zu verschiedenen Anschlußthemen. Eine unmittelbare Fortsetzung ergibt sich, wenn wir den Blick von fiktionaler auf nichtfiktionale Literatur lenken. Die Philosophie selbst kommt damit in den Blick und das Problem ihres eigenen Status zwischen Logik und Literatur. So hat die Philosophie nicht nur die Poesie ablösen wollen, sie sollte ihrerseits auch immer wieder in Wissenschaft aufgehen. In ihrem Versuch, sich von der Dichtung zu unterscheiden, hat sie sich verwissenschaftlicht, und in ihrer Sorge, von der Wissenschaft vereinnahmt zu werden, hat sie sich poetisiert. Und es ist auch geschehen, daß man ihr als weder-Dichtung-noch-Wissenschaft das Existenzrecht überhaupt abgesprochen hat. Die Stellung der Philosophie zwischen Dichtung und Wissenschaft, ohne doch eines von beiden ganz und gar zu sein, kommt zum Ausdruck in ihren mannigfachen Formen. Diesem Thema sind die Beiträge zur literarischen Form der Philosophie (II) gewidmet. Widersprochen wird hier anhand der Analyse unterschiedlichster Beispiele sowohl der Auffassung, daß die Verwendung literarischer Formen in der Philosophie *bloß* rhetorisch sei und deren Inhalte sich auf propositionale Gehalte reduzieren lassen (Szientismus) als auch der entgegengesetzten Auffassung, daß eine solche Verwendung das Rhetorische *auch* der Philosophie zeige und diese somit in ihrem systematischen Anspruch zunichte mache (Dekonstruktivismus). Es zeigt sich, daß die Tradition beiden Auffassungen bereits darin überlegen war, daß ein Bewußtsein für die *methodische* Funktion der literarischen Form bestand, verbunden mit dem Bemühen, über einen zu engen Erkenntnisbegriff hinauszukommen. Daß gerade rhetorische Elemente, wie z.B. Metaphern, den Erkenntnisanspruch keineswegs untergraben müssen, sondern im Gegenteil fördern oder sogar ermöglichen können, wird exemplarisch an den Arbeiten des Begründers der modernen Logik, Gottlob Frege, vorgeführt. Besondere Aufmerksamkeit finden daneben die Texte Wittgensteins, die Freges Einsichten folgend noch konsequenter logische Strenge in literarische Formen binden. Der abschließende Beitrag dieses Themenkomplexes macht die Bewältigung des Solipsismusproblems als eine der Triebfedern aus, die den Logiker Wittgenstein zu einem Literaten werden ließen. Deutlich wird dabei, daß Wittgensteins Kritik des traditionellen Subjektbegriffs keineswegs mit der postmodernen Kritik an sogenannter »subjektzentrierter Vernunft« verrechnet werden darf, sondern ganz im Gegenteil einem neuen Verständnis von Subjektivität den Weg zu bahnen sucht.

Auf eine Auseinandersetzung mit der These vom »Verschwinden des Subjekts« steuern auch die Beiträge (III) zum Problem des Textverstehens zu. Sie schließen in methodologischer Richtung an die Ausgangsüberlegungen (I) zum semantischen Status literarischer und philosophischer Texte an, indem aus den dort entwickelten Vorgaben Folgerungen für den interpretierenden Umgang mit beiden Textarten gezogen werden. Die vorangestellten, eher thesenartig formulierten Überlegungen zur Stellung der Literaturwissenschaft zwischen Literatur und Wissenschaft werden zunächst unter dem Gesichtspunkt der Begriffsbildungen in der Literaturwissenschaft fortgeführt. Es schließt sich eine sprachanalytische Verteidigung der in (I) begründeten semantischen Konzeption fiktionaler Rede an, die sich einmal gegen eine ontologisierende Anerkennung fiktiver Gegenstände wendet und dabei zum anderen den Gedanken vorbereitet, daß eine Theorie des Textverstehens nicht ohne einen semantischen Begriff von Sinn (als intensionaler Bedeutung) auskommt.

Dieser Sinnbegriff bildet im abschließenden Beitrag zu diesem Thema die Grundlage eines Verständnisses von Interpretation, das zur ›Rettung des Subjekts‹ am Intentionsbegriff festzuhalten sucht, ohne in eine psychologisierende Betrachtung zu verfallen.

Die anschließenden Beiträge (IV) tragen zu dem Gedanken einer nichtpropositionalen Erkenntnis Material aus dem vorpropositionalen Bereich bei, indem sie die welterschließende Rolle von Eigennamen und Definitionen gegen konkurrierende Theorien verteidigen. Die entsprechenden Thesen lauten, daß Eigennamen (entgegen der kausalen Deutung S. Kripkes) einen deskriptiven Bedeutungsgehalt (Sinn) haben und daß Definitionen (entgegen der in Logik und Wissenschaftstheorie verbreiteten Auffassung) unser Unterscheidungswissen erweitern. Die Untersuchungen laufen darauf hinaus, sowohl Eigennamen als auch Definitionen einen Erkenntniswert zu sichern.

Den Abschluß (V) bilden zwei Beiträge, die das Leitmotiv der hier versammelten Arbeiten, die Entwicklung eines übergreifenden Erkenntnisbegriffs, noch einmal hervortreten lassen, zunächst in Auseinandersetzung mit Nelson Goodman, einem für die gegenwärtige analytische Diskussion maßgeblichen Wanderer zwischen den Welten (von Wissenschaft und Kunst), und dann in einer weitergehenden Argumentation, die sich nun nicht nur gegen ältere Kontrast-, sondern auch gegen neuere Einheitsprogramme absetzt und an einer Vielfalt von einander ergänzenden Erkenntnisformen festhält. Diese Überlegungen dürfen als Zusammenfassung der vorausgegangenen Untersuchungen angesehen werden. Es möchte sich deshalb empfehlen, mit der Lektüre hier zu beginnen, um den Zusammenhang zwischen den Einzelschritten deutlicher vor Augen zu haben.

Rückblickend auf meine früheren Arbeiten »Definitionen und Interessen« (Stuttgart 1972) und »Fiktion und Wahrheit« (Stuttgart 1975) möchte ich bemerken, daß diese sich bereits das Ziel gesetzt hatten, Erkenntnisformen zur Anerkennung zu bringen, die im Rahmen analytischer Wissenschaftstheorie meistens bestritten worden sind. Die hier versammelten Beiträge sollen nun die komplementaristische Verbindung zwischen den seinerzeit unvermittelt gebliebenen Polen - Definition und Dichtung - herstellen.

Was bedeutet der Gedanke eines komplementären Pluralismus von Erkenntnisformen praktisch? Es kann für den einzelnen nicht darum gehen, sich des vollständigen Kontinuums anzunehmen. Ein solcher Universalismus ist heute unmöglich geworden; aber eine gewisse

»Bandbreite« sollten wir uns doch zumuten, im Sinne der Bemerkung eines unserer klassischen Komplementaristen, G. Chr. Lichtenbergs (Sudelbücher J 860): »Wer nichts als Chemie versteht, versteht auch die nicht recht.«

I
SEMANTIK DER LITERATUR

ÜBER BEDEUTUNG IN DER LITERATUR. ZUR MÖGLICHKEIT ÄSTHETISCHER ERKENNTNIS

Eine philosophische Antrittsvorlesung mit dem Titel »Über Bedeutung in der Literatur«, das klingt nach Einmischung in fremde Angelegenheiten, nämlich innere Angelegenheiten der Literaturwissenschaft. Und aus der Sicht der Philosophie könnten diese Angelegenheiten so fremd erscheinen, daß eine Frage danach, was ein solches Thema überhaupt mit Philosophie zu tun habe, nicht ganz unberechtigt sein möchte. Ich will deshalb kurz skizzieren, was ich mir und Ihnen von einer Behandlung dieses Themas philosophisch verspreche.

Zunächst einmal ist Literatur Gegenstand der Literaturwissenschaft - daher auch der Verdacht der Einmischung; als solche ist sie aber auch Gegenstand eines Teilbereichs der Wissenschaftstheorie, nämlich der Wissenschaftstheorie der Literaturwissenschaft. Und in dem Maße, wie die Wissenschaftstheorie auch eine Angelegenheit der Philosophie und nicht nur der jeweiligen Einzelwissenschaften ist, sollte die Philosophie auch mitsprechen dürfen. Im Sinne dieses Mitspracherechts werde ich im Verlaufe meiner Überlegungen auch darauf zu sprechen kommen, in welcher Weise die Bedeutung in der Literatur, also die semantische Konstitution des - oder jedenfalls eines wesentlichen - Gegenstandes der Literaturwissenschaft, Folgen hat für diese Wissenschaft selbst, und zwar für denjenigen Teil, den wir neutral als den verstehenden Umgang mit Literatur auszeichnen können. Mein eigentliches Anliegen ist damit jedoch nicht getroffen. Mir geht es vielmehr im Rahmen der allgemeinen Frage nach Arten von Erkenntnis um die Frage nach der Möglichkeit literarischer Erkenntnis. Auf diese Frage gibt es zwei gegensätzliche Antworten, die des Emotivismus und die des Kognitivismus. Der Emotivismus bestreitet der Literatur jeden Erkenntniswert und schreibt ihr stattdessen die Funktion zu, auf Gefühle zu wirken, wobei das Spektrum der Zwecke hier vom bloßen Vergnügen über die Katharsis bis zur politischen Aktivierung reicht. Demgegenüber schreibt der Kognitivismus der Literatur eine Erkenntnisfunktion zu. Er betrachtet Literatur zwar, wie schon Hegel die Poesie, nicht mehr als »höchstes Organon der Wahrheit«, hält aber doch an ihrem Erkenntniswert fest. Dies werde auch ich im folgenden tun, ohne allerdings auf einer strengen Unterscheidung von Gefühl und Erkenntnis zu bestehen.

Entgegen einer weit verbreiteten Neigung, insbesondere unter Wissenschaftstheoretikern, Erkenntnis einseitig den Wissenschaften zuzuordnen, möchte ich also den Erkenntniswert von Literatur verteidigen, und zwar durch eine Analyse der Bedeutung oder des Bedeutens in der Literatur. Dabei verstehe ich diesen Versuch als Beitrag zur Verteidigung des Erkenntnisanspruchs von Kunst überhaupt, und noch allgemeiner: als Beitrag zur Begründung der Möglichkeit ästhetischer Erkenntnis und ästhetischer Weltauffassung. In der Umkehrung betrachtet heißt dies: Eigentlich wird nach Möglichkeiten und Weisen nicht-wissenschaftlicher Erkenntnis und Weltauffassung gefragt und am Beispiel der Literatur eine Teilantwort zu geben versucht.

Wenn wir nach der Möglichkeit literarischer Erkenntnis fragen, so rückt zunächst die Wortverbindung ›Dichtung und Wahrheit‹ in den Blick. Bekanntlich nehmen es die Dichter mit der Wahrheit in einem bestimmten Sinne nicht so genau. Und so erwächst die Frage nach der Wahrheit der Dichtung nicht selten dem Wunsch, wissen zu wollen, ob es diese und jene Person wirklich gegeben hat, ob sie wirklich so gehandelt hat usw.. Irgendwie scheint dieser Wunsch im Menschen tief verwurzelt zu sein, und wer könnte sich davon freisprechen, Dichtung nicht auch schon einmal so befragt zu haben.

Wenn Gottfried Keller zur zweiten Auflage seines »Grünen Heinrich« bemerkt, daß er »allerlei hineingeflunkert« habe, um das Buch »deutlicher zum Roman zu machen«, und als Grund anfügt, daß es noch immer »Esel« gebe, »die es für bare biographische Münze nehmen«[1], so kann man davon ausgehen, daß diese »Esel« nun erst recht wissen wollen, was daran denn nun wirklich wahr und was erfunden ist. Und so eindeutig sind ja auch die Einstellungen der Dichter selbst nicht; hat nicht so mancher, sich hinter der Bezeichnung ›Roman‹ verschanzend, subtil Rache genommen an »alten Freunden«? Waren die verärgerten Lübecker Leser von Thomas Manns »Buddenbrooks« wirklich *nur* Esel, und war Thomas Mann selbst *nur* Dichter? Nun, mag es immerhin aus dem einen oder anderen Grunde auch einmal wichtig sein, festzustellen, wie es wirklich war, so nehmen wir, nachdem wir unser Karl-May-Erlebnis

---

[1] G. Keller, Brief an Maria Melos vom 29. 12. 1880; in: Sämtliche Werke und ausgewählte Briefe, ed. C. Heselhaus, München o. J., Bd. 1, S. 1155.

nebst schmerzlicher Ent-Täuschung überstanden haben, als »gereifte« und »verständige« Leser die »Flunkereien« der Dichter als dichterische »Freiheit« hin. Wir gestehen den Dichtern zu, daß sie Personen und Dinge sowie Verhältnisse, in denen diese Personen und Dinge zueinander stehen, erfinden, und wir gestehen ihnen zu, daß sie so sprechen, als ob ihre Erfindungen stimmen würden, ohne daß wir den Vorwurf der Lüge oder Täuschung erheben. Diese Form des Sprechens-als-ob kann am besten wertneutral »fiktionale Rede« genannt werden. (Die Bezeichnung »dichterische Rede« würde nach heutigem Sprachgebrauch bereits eine positive Wertung beinhalten.)

Nun haben Freiheiten bekanntlich ihren Preis, und für die Dichtung war er ziemlich hoch, indem man ihr die Fiktionalität zugestand, ihr dafür aber den Erkenntniswert bestritt, so daß die Verbindung der Worte ›Dichtung‹ und ›Wahrheit‹ schließlich eine Trennung in der Sache meinte. Jedenfalls gilt dies für jene Tradition, die eingangs als Emotivismus vorgestellt wurde. Es ist daher zunächst der Nachweis zu führen, daß Fiktionalität kein hinreichender Grund ist, Dichtung einen Erkenntniswert abzusprechen, sondern im Gegenteil dazu zwingt, diesen Erkenntniswert gewissermaßen »an der richtigen Stelle« zu suchen. Dazu bedarf es zunächst einer genaueren Bestimmung des Begriffs der fiktionalen Rede, die sich am besten so gewinnen läßt, daß man die Freiheiten der Dichter mit den Pflichten der »normalen« Sprecher vergleicht. Im weiteren Verlauf der Überlegungen wird sich dann zeigen, daß vom Sachverhalt der Fiktionalität eine Herausforderung an Sprachphilosophie und Erkenntnistheorie ausgeht, die ein Umdenken in Sachen Bedeutung, Wahrheit und Erkenntnis notwendig macht.

Das Als-Ob fiktionaler Rede kann sich auf die Art, die so genannte illokutionäre Rolle, und auf das Worüber des normalen Sprechens erstrecken. Wir können z. B., indem wir einen Behauptungssatz äußern, so tun, als ob wir eine Behauptung aufstellten, obwohl wir es eigentlich gar nicht tun. Und wir können z. B., indem wir einen Eigennamen oder eine Kennzeichnung in unserer Äußerung dieses Behauptungssatzes verwenden, so tun, als ob wir über jemanden reden würden, obwohl es diesen jemand gar nicht gibt. (So zu tun, als ob es niemanden gäbe, auf den das, was man äußert, zutrifft, obwohl es ihn doch gibt, ist keine fiktionale Rede.)

In normalen Sprechsituationen gelten für behauptende Äußerungen und die Verwendung von Eigennamen und Kennzeichnungen in ihnen bestimmte Regeln. Behauptungen sind Wahrheit beanspruchende

Sprechakte, so daß ein Sprecher von Behauptungen für deren Wahrheit einzustehen hat. Wegen des Wahrheitsanspruchs muß der Sprecher ferner darauf achten, daß er mit einem Eigennamen oder einer Kennzeichnung auf einen Gegenstand - im logischen Sinne gehören auch Personen zu den Gegenständen - Bezug nimmt und daß er dies eindeutig tut. Wäre der Bezug nämlich nicht gesichert, so könnte die Behauptung gar nicht wahr, ja, nicht einmal falsch sein. Die Regel, die der Sprecher hier zu befolgen hat, ist die Regel der Bezugnahme oder Referenz.

Fiktionale Rede als ein Sprechen-als-ob läßt sich nun genauer so charakterisieren, daß die in normalen Redesituationen geltenden Regeln der genannten Art außer Kraft gesetzt sind. Dies besagt, daß der Sprecher in Übereinstimmung mit diesen Regeln sprechen darf (sozusagen beiläufig), aber nicht dazu verpflichtet ist, diese Regeln zu befolgen.[2]

Ich bin bislang vom Sprecher ausgegangen. Wenn wir den Blick auf Literatur richten, empfiehlt es sich, auch den Hörer, Leser oder Zuschauer - ich halte mich im folgenden an den Leser - in die Betrachtung mit einzubeziehen. Und dies nicht etwa deshalb, um die Autorintention auszuklammern. Ich denke, man könnte sehr schnell zeigen, daß jeder Interpret zumindest mit der Unterstellung einer Autorintention, gewissermaßen als Bedingung der Möglichkeit von Verständnis, arbeitet. Man sieht es daran, daß selbst diejenigen Interpreten, die erklären, auf die Idee der Richtigkeit der Interpretation und in diesem Zuge auf die Autorinstanz verzichten zu wollen, es letztlich doch auch ganz genau zu wissen meinen. An der Hartnäckigkeit, mit der sie für ihre Interpretation einstehen, kann man sie erkennen! Doch das Problem der Autorintention ist hier nicht mein Thema.[3] Also, wozu dann der Übergang zum Standpunkt des Lesers? Zwei Gründe sprechen dafür.

Da ist zunächst einmal das Problem, wer denn eigentlich der Sprecher eines fiktionalen literarischen Textes wie z. B. eines Romans ist. (Dies ist nur eine Neuauflage des alten Problems, wer den Roman erzählt.) Lassen Sie mich dies am Beispiel von Thomas Manns Roman »Doktor Faustus« erläutern. Hier wird, wie es im Untertitel heißt, »die Lebensgeschichte des deutschen Tonsetzers Adrian Leverkühn« erzählt. Obwohl gewisse Ähnlichkeiten der Figuren mit wirklichen Personen durchaus beab-

---

[2] Zu den Regeln im einzelnen vgl. meinen Aufsatz: Fiction. A Semantic Approach. Poetics 8 (1979), S. 245-255, insbes. S. 246-249.
[3] Vgl. dazu den Beitrag »Zur Interpretation literarischer und philosophischer Texte«.

sichtigt sind - so sind in die Biographie Leverkühns Elemente der Biographie Nietzsches eingearbeitet - handelt es sich um einen fiktionalen Text. Ein Problem entsteht nun dadurch, daß sich Thomas Mann des erzählerischen Mittels bedient, besagte Lebensgeschichte »von einem Freunde« erzählen zu lassen, der sich selbst als Serenus Zeitblom vorstellt.[4] Somit wird ein fiktiver Sprecher (Schreiber) des Textes im Text eingeführt. Dieser Sprecher kann natürlich nicht als der von den Regeln des normalen Sprechens befreite Sprecher angesehen werden. Einmal ist er kein wirklicher Sprecher und könnte deshalb von uns auch gar nicht in die Pflicht genommen werden, zum anderen folgt er als getreuer Berichterstatter immanent durchaus den Regeln nicht-fiktionalen Sprechens. (Natürlich kann ein Erzähler sich auch immanent irren und sogar immanent lügen.) Das Sprechen-als-ob im Sinne fiktionaler Rede läßt sich demnach gar nicht auf der Ebene des Textes festmachen. Es ist zwar vorhanden, aber sozusagen vor dem Text. Man könnte es so ausdrücken: Der Autor Thomas Mann tut so, als ob jemand, der sich »Serenus Zeitblom« nennt, das und das erzählt. Der primäre Sprechakt hat hier nicht die Form einer Behauptung, sondern eher die Form eines Zitats. Die Regel, die hier aufgehoben ist, läßt sich als Regel der Zitattreue verbuchen. (Bekanntlich verbürgt man sich, wenn man zitiert, zwar nicht immer für die Wahrheit des Zitierten, aber doch für die Richtigkeit des Zitats.) In vielen Fällen kann man Zitieren als Behaupten der Zitattreue verstehen, aber das wäre in unserem Fall doch wohl etwas künstlich. Formal ginge dies nur dann, wenn ein Herausgeber oder dergleichen explizit auftreten würde, der sich für den Text verbürgt, wie z. B. - wenn auch ironisierend - in Martin Wielands »Geschichte des Agathon«. Eine solche Instanz bringt sich im Text des »Doktor Faustus« jedoch nicht zur Sprache. Es wird also z. B. nicht gesagt, daß hiermit ein Manuskript veröffentlicht werde, das man gefunden habe oder das einem der Verfasser übergeben habe o. ä., sondern der Erzähler tritt als Autor auf, ohne der Autor zu sein, bzw. der Autor läßt einen Erzähler als Sprecher auftreten, ohne selbst der Sprecher zu sein.

Solange wir ausschließlich vom Sprecher ausgehen, handeln wir uns bereits für etwas verwickeltere Erzählformen Probleme der beschriebenen Art ein. Diese Probleme lassen sich jedoch vermeiden, indem wir den

---

[4] Zu T. Manns Gründen, die Form der Biographie zu wählen, vgl. Die Entstehung des Doktor Faustus, Abschn. IV.

Leser in den Blick nehmen. Von dessen Standpunkt aus ist es gleichgültig, wer formal, vom erzählerischen Aufbau her gesehen, der Sprecher einer Äußerung ist. Stuft der Leser die Rede als fiktional ein, so wird er jedenfalls darauf verzichten, die Nichtbefolgung der Regel der Referenz und der Regeln für Behauptungen zu monieren. Ja, wir können geradezu umgekehrt sagen, daß der Verzicht darauf, diese Regeln befolgt zu sehen, definiert, was es heißt, Rede fiktional aufzufassen. Und damit komme ich zum zweiten Grund, warum es sich empfiehlt, den Leser in die Betrachtung mit einzubeziehen.

Unabhängig davon, daß es fast immer wichtig ist, zu wissen, ob jemand das, was er sagt, fiktional oder nicht-fiktional meint, ist hier nicht immer eine klare Entscheidung möglich. Tritt Tacitus in seiner »Germania« als Geograph und Völkerkundler auf oder will er seinen Zeitgenossen indirekt den politisch-moralischen Spiegel vorhalten oder will er beides oder noch anderes? Und selbst wenn wir genau wüßten, wie Tacitus es gemeint hat, kann ich die »Germania« so lesen, daß es mir auf die Frage der Tatsachenwahrheit sozusagen nicht ankommt, und damit lese ich sie teilweise wie einen fiktionalen Text.

Dieses Thema hat auch seine heiklen Seiten, wie man an dem bekannten Beispiel des Aufrufs zur Kaufhausbrandstiftung sieht, den - diesmal umgekehrt - die Leser als echten Sprechakt aufgefaßt haben, während die - wohl scheinheilige - Erklärung der Autoren darauf hinauslief, daß es sich um ein fiktionales Kunstwerk handle - und die Kunst ist ja bekanntlich frei! Ein weniger brisantes Beispiel, das mir zwar nicht zu Gesicht aber zu Ohren gekommen ist, ist eine Theateraufführung, »performance« sagt man wohl in solchen Fällen, die darin bestand, daß eine Schauspielerin, Jeanne Moreau soll es gewesen sein, Newtons »Principia« auf der Bühne sitzend vorlas. (Mir ist übrigens unklar, wie sie dies technisch bewältigt haben kann.) Was immer der ästhetische Zweck dieser »performance« gewesen sein mag, ich werde später auf diesen Punkt zurückkommen, er bestand wohl kaum darin, die Zuschauer Physik zu lehren. Feststellen können wir jedenfalls dieses, daß ein ursprünglich als behauptend intendierter Text in einem nicht-behauptenden Vortrag einer fiktionalen Auffassung zugeführt wurde.

Diese Beispiele sollten einen Beleg dafür abgeben, daß es zumindest aus literaturtheoretischer Sicht untunlich ist, eine starre Einteilung von Texten in fiktionale und nicht-fiktionale vorzunehmen. Würde man dies tun, so könnte sich ja gerade jemand einen Spaß daraus machen, eine solche Einteilung durch eine Aufführung der genannten Art zu unterlaufen. Da nutzt es dann wenig zu sagen, daß es Newton doch anders gemeint habe, obwohl er es zugestandenermaßen anders gemeint hat. (Und es gibt ja auch den umgekehrten Fall, z. B. wenn Schillers »Wilhelm Tell« schlicht als Geschichtsschreibung aufgefaßt wird, so daß es dann wiederum der ironischen Replik von Max Frischs »Wilhelm Tell für die Schule« bedarf, um dieser einseitigen Auffassung zu begegnen.) D. h., selbst wenn wir, wie im Falle von Newtons »Principia«, entscheiden können, daß dieser Text als behauptender intendiert ist, kann damit eine andere Verwendung nicht ausgeschlossen werden; denn *daß* er als behauptender intendiert ist, entscheiden wir letztlich nicht aufgrund von syntaktischen oder semantischen Eigenschaften des Textes, sondern danach, was wir sonst noch über den Autor, seine Zeit usw. wissen, also nach außertextlichen, so genannten pragmatischen Gesichtspunkten.

Durch all diese Überlegungen wird die frühere auf den Sprecher bezogene Bestimmung von »fiktional« in keiner Weise zurückgenommen. Es wird lediglich den Leser berücksichtigend eine Unterscheidung getroffen zwischen »fiktional beabsichtigt« und »fiktional aufgefaßt«. Jemand, der in fiktionaler Absicht einen Text *verfaßt*, nimmt *für sein Schreiben* die Befreiung von den genannten Regeln in Anspruch, und jemand, der einen Text fiktional *auffaßt*, nimmt *für sein Lesen* die Befreiung von eben diesen Regeln in Anspruch.

Kehren wir nach der Bestimmung des Begriffs der fiktionalen Rede zu unserer Frage nach der Möglichkeit literarischer Erkenntnis zurück. Sie hatte ihren Ausgangspunkt in der Feststellung der Fiktionalität von Dichtung. Da Werke der Dichtung großenteils aus fiktionaler Rede bestehen, und zwar in dem Sinne, daß wir mit einer durchgehend nichtfiktionalen Auffassung Probleme hätten, ist die Frage, wie solche Werke trotz Fiktionalität Erkenntnis vermitteln können. Die schlichteste Antwort lautet, daß es in der Dichtung neben fiktionalen und eventuell auch falschen Aussagen auch wahre gebe, so daß man auch aus einem Roman Geschichte und Geographie lernen könne. Eine nicht ganz so schlichte Antwort lautet, daß es nicht singuläre Aussagen über historische Personen, Orte und Ereignisse, sondern allgemeine Aussagen über den Menschen und die Welt sind, auf deren Wahrheit es in der Dichtung ankomme. Beide Antworten setzen sich dem Einwand aus, daß die Dichtung etwas mitteile, das Wissenschaften wie Geschichte, Geographie, Psychologie und Soziologie genauer sagen können. Und dieser Einwand bleibt auch dann noch bestehen, wenn man den Boden der wissenschaftlichen Tatsachen zu Gunsten utopischer Entwürfe oder moralischer Aufforderungen verläßt; denn auch diese gibt es ja in entsprechenden »Klartexten«. Insofern hat der Emotivismus vordergründig durchaus etwas für sich, wenn er, um einem Verdoppelungs- oder Trivialitätseinwand zu begegnen, den Wahrheitsanspruch der Dichtung lieber opfern will.

Eine wesentliche Voraussetzung dieses Opferwillens ist jedoch, daß zunächst Wahrheit auf Aussagenwahrheit eingeschränkt wird und dann das Verhältnis von Werk und Wahrheit als bloßes Mitteilungsverhältnis gesehen wird, so daß man dann die Wahrheit der Dichtung mit den irgendwie im Werk enthaltenen wahren Aussagen meint gleichsetzen zu können. Dem ist nun entgegenzuhalten, daß selbst in Fällen, in denen wir es tatsächlich mit Aussagenwahrheit zu tun haben, wie z. B. in didaktischer Dichtung, das semantische Verhältnis von Werk und Wahrheit kein Mitteilungs-, sondern ein Darstellungsverhältnis ist. Auch der Moral von der Geschicht' geht noch eine Geschichte voraus. Zum anderen darf man Wahrheit nicht so ohne weiteres mit Aussagenwahrheit gleichsetzen, jedenfalls darf man, wenn man es tut, nicht außerdem Wahrheit und Erkenntnis gleichsetzen; denn auch ohne daß ein Werk wahre Aussagen darstellt, kann es sehr wohl Erkenntnis vermitteln. Dabei muß dem Mißverständnis entgegengewirkt werden, literarische Erkenntnis sei eine in literarischen Texten *enthaltene* Erkenntnis; denn wäre sie es, so würden abermals zustimmungsfähige Inhalte und damit wahre Aussagen erwartet werden. Literarische Erkenntnis jedoch wird *vermittelt*, d. h. sie ist kein fertiges Gebilde, das es aufzusuchen gilt, sondern sie entfaltet sich im Verstehensvorgang, und sie kann so weit gefaßt werden, daß jede Veränderung der Sicht der Dinge einbezogen bleibt. Ob ein literarischer Text Erkenntnis in diesem weiten Sinne vermittelt, hängt nicht nur vom Wissen der Leser, sondern von deren gesamten Erfahrungen ab. Daran, wie man in diesem Zusammenhang von Erfahrung spricht, wird deutlich, daß es hier unsinnig wäre, Denken und Gefühl entgegenzusetzen. Wenn man die Welt neu sieht, so sieht man sie als ganzer Mensch neu, d. h. man gewinnt eine neue Einstellung.[5]

Wenn die durch Dichtung vermittelte literarische Erkenntnis von wissenschaftlicher Erkenntnis dadurch unterscheidbar ist, daß das Verhältnis von Text und Erkenntnis kein Mitteilungs-, sondern ein

---

[5] Ich verwende hier »Einstellung« entgegen emotivistischem Sprachgebrauch gerade so, daß emotive und kognitive Aspekte eingeschlossen sind.

Darstellungsverhältnis ist, so gilt es nun dieses Darstellungsverhältnis semantisch näher zu bestimmen. Versuchen wir es so: Was Dichtung wesentlich meint, wird nicht in ihr gesagt oder als in ihr enthalten mitgeteilt, sondern gezeigt, und zwar in der Weise, daß ein fiktional berichtetes Geschehen aufgrund seiner Fiktionalität den Charakter des Historisch-Einzelnen verliert und so zu einem Besonderen geworden ein Allgemeines als neuen Sinn aufweist. Wenn ich sagte, daß der Sachverhalt der Fiktionalität uns zwinge, den Erkenntniswert der Dichtung »an der richtigen Stelle« zu suchen, so ist diese Stelle hiermit angegeben: literarische Erkenntnis wird im Sprachmodus des Zeigens allererst möglich. Eine weitere Bestimmung soll im Vergleich erfolgen.

In den bisherigen Überlegungen kamen drei Arten des Meinens oder Bedeutens und entsprechend drei semantische Funktionen sprachlicher Zeichen zur Sprache: das *Verweisen* (Bezugnehmen, Hinweisen) auf Gegenstände; das *Mitteilen* (Sagen) von Inhalten, insbesondere das Aussagen; das *Aufweisen* (Darstellen, Zeigen) von Allgemeinem und Sinn. Ein wesentlicher Teil literarischer Texte, verstanden als komplexe Zeichen, ist dadurch ausgezeichnet, daß die Verweisungsfunktion fehlt, dafür aber zur Mitteilungsfunktion die Aufweisungsfunktion hinzukommt.

An dieser Stelle möchte ich, obwohl es aus dem bisher Gesagten eigentlich schon ersichtlich ist, ausdrücklich betonen, daß Fiktion und Literatur zunächst einmal nichts miteinander zu tun haben (es gibt nicht nur nicht-fiktionale Literatur, sondern auch nicht-literarische Fiktionen), daß sie aber in literarischer Fiktion eine Verbindung eingehen, für die ich keine bessere Bezeichnung als das übliche Wort »Dichtung« kenne - mag die Wortgeschichte immerhin einen weiteren Gebrauch belegen.

Während nun in wissenschaftlichen Texten und auch in alltäglichen Gesprächen die Erkenntnis über das Mitteilen in Verbindung mit dem Verweisen übermittelt wird, wird sie in dichterischen Texten über das Mitteilen in Verbindung mit dem Aufweisen vermittelt. Da dichterische Texte somit gewissermaßen nicht *unter sich*, direkt auf die Wirklichkeit verweisen, sondern *über sich hinaus* weisen und den Zusammenhang mit der Wirklichkeit indirekt herstellen, kann für sie eine Umkehrung der Richtung des Bedeutens geltend gemacht werden.

In nicht-fiktionalen literarischen Texten schließlich wird die Erkenntnis durch alle drei Funktionen über- und vermittelt. Da hier mit dem Verweisen die Regel der Referenz in Kraft bleibt, haben wir es dann nicht mit einer Umkehrung der Richtung des Bedeutens zu tun, sondern mit einer Erweiterung. Diesen Fall einschließend soll im folgenden allgemein von einer *Richtungsänderung des Bedeutens* gesprochen werden. Halten wir fest: Literarische Texte zeichnen sich semantisch durch eine Richtungsänderung des Bedeutens aus, und, soweit sie Erkenntnisse vermitteln, ist diese Richtungsänderung des Bedeutens daran wesentlich beteiligt.

Es ist nun an der Zeit, wie in der Vorbemerkung angekündigt, auf die Folgen aufmerksam zu machen, die sich aus der bisherigen Analyse für den verstehenden Umgang mit Literatur ergeben. Hat man sich klar gemacht, was Bedeutung in der Literatur heißt, daß Literatur durch die Richtungsänderung des Bedeutens ausgezeichnet ist, so wird man eine Einigung in Sachen Verstehen schon aus semantischen Gründen gar nicht erwarten; denn diese Richtungsänderung besagt, daß bei der Feststellung des Sinns eines Textes nicht die bestimmende Urteilskraft, die das Besondere unter ein vorgegebenes Allgemeines subsumiert, sondern die reflektierende Urteilskraft, die zu einem Besonderen Allgemeines entwirft, bemüht werden muß. Dem Allgemeinen im Besonderen kommt hier eine Unbestimmtheit zu. Es gilt, was Kant von der »ästhetischen Idee« sagt, daß dieser als derjenigen »Vorstellung der Einbildungskraft, die viel zu denken veranlaßt", kein »bestimmter Gedanke, d. i. *Begriff*, adäquat sein kann, die folglich keine Sprache völlig erreicht und verständlich machen kann.«[6]. Diese Eigentümlichkeit des literarischen Bedeutens schlägt sich nun in der Unbestimmtheit, insbesondere der Unabgeschlossenheit von Verständnissen nieder. Es wäre demnach ein Irrtum zu glauben, man könnte den Sinn eines literarischen Textes abschließend auf den Begriff bringen, den Text »sinngemäß« ausschöpfen. Und wie es abwegig wäre, dies dennoch zu wollen, so ist es nicht minder abwegig, Interpreten als Leuten, die ihre Verständnisse einer Öffentlichkeit plausibel zu machen versuchen, vorzuwerfen, daß sie eine Einigung nicht zustandebringen. Einige Literaturwissenschaftler werden mit gewissem Recht darauf hinweisen wollen, daß sie dies doch schon immer gesagt hätten. Da muß ich als Entschuldigung anführen, daß unsereiner halt erst dann überzeugt ist, wenn er es auf den Begriff gebracht sieht, auf den Begriff der Bedeutung in der Literatur.

---

[6] Kant, Kritik der Urteilskraft, § 49.

Gehen wir noch einen Schritt weiter: Neben der Unbestimmtheit des Allgemeinen als begrifflicher Unausschöpfbarkeit des Besonderen könnte geltend gemacht werden, daß das Allgemeine im Besonderen nicht nur nicht abschließend, sondern überhaupt nicht auf den Begriff gebracht werden könne. Dies darf zunächst als Warnung vor einer Vergegenständlichung von Sinn verstanden werden, als Warnung, das Allgemeine so gesondert vom Besonderen zu denken, daß das Besondere selbst nur als Vehikel für das Allgemeine genommen wird und damit letztlich der Text durch seinen Sinn ersetzt werden könnte. In diesem Sinne unterscheidet bereits Goethe von der bloßen Allegorie, in der das Allgemeine vom Besonderen getrennt besteht, positiv das Symbol als Einheit von Allgemeinem und Besonderem: »Es ist ein großer Unterschied, ob der Dichter zum Allgemeinen das Besondere sucht oder im Besondern das Allgemeine schaut. Aus jener Art entsteht Allegorie, wo das Besondere nur als Beispiel, als Exempel des Allgemeinen gilt; die letztere aber ist eigentlich die Natur der Poesie, sie spricht ein Besonderes aus, ohne an's Allgemeine zu denken oder darauf hinzuweisen. Wer nun dieses Besondere lebendig faßt, erhält zugleich das Allgemeine mit, ohne es gewahr zu werden, oder erst spät.«[7] Daneben bringt Goethe aber noch als eigentliche Verschärfung das Problem des Unaussprechlichen in Dichtung und Kunst zur Sprache, ja, in seine Bestimmung von »Symbol« geht ein, daß dessen »Idee« »selbst in allen Sprachen ausgesprochen, doch unaussprechlich bliebe«.[8] Die Unaussprechlichkeit der Idee verneint insofern mehr als die begriffliche Unausschöpfbarkeit, als sie die Angemessenheit des begrifflichen Sprechens für das Verstehen von Literatur und Kunst überhaupt in Frage stellt. »Die Kunst«, so heißt es bei Goethe, »ist eine Vermittlerin des Unaussprechlichen; darum scheint es eine Thorheit, sie wieder durch Worte vermitteln zu wollen«.[9] Einschränkend und damit das »scheint« im ersten Satz erläuternd fährt er dann fort: »Doch indem wir uns darin bemühen, findet sich für den Verstand so mancher Gewinn, der dem ausübenden Vermögen auch wieder zu Gute kommt«. So tröstlich der zweite Satz für alle Literatur- und Kunstinterpreten auch

---

[7] Goethe, Maximen und Reflexionen, ed. M. Hecker, Weimar 1907 (Neudruck Frankfurt a. M. ²1979), Nr. 279, vgl. auch Nr. 314.
[8] Goethe, a. a. O., Nr. 1113, vgl. auch 1112. Der Gedanke der Unaussprechlichkeit ist übrigens auch bei Kant angelegt, der sagt, daß eine ästhetische Idee »zu einem Begriff viel Unnennbares hinzudenken läßt« (Kritik der Urteilskraft, § 49).
[9] Goethe, a. a. O., Nr. 384.

sein mag, so ist damit doch bereits das Paradox interpretierender Analyse angesprochen, nämlich sagen zu wollen, was sich zeigt. Zumindest besteht dieses Paradox für solche sprachlichen und nichtsprachlichen Kunstwerke, die für sich das Aufweisen des Unaussprechlichen in Anspruch nehmen und sich von diesem Anspruch her gegen das »Übersetzen« der Interpreten sperren. Und auch in den anderen Fällen kann man immer mit der »dummen« Frage kommen: ›wenn *das* der Sinn ist, nun, warum hat es der Dichter dann nicht gleich *so* gesagt?‹. Und daß diese Frage gar nicht so dumm ist, dafür steht die bekannte Bemerkung Tolstojs zum »Hauptgedanken« der »Anna Karenina«, daß, wollte er mit Worten all das sagen, was er durch den Roman habe ausdrücken wollen, er den gleichen Roman noch einmal schreiben müßte.[10]

Wird das Interpretieren bei Goethe immerhin schon andeutungsweise als paradox empfunden, so ist es angesichts moderner Texte längst zum eigenen Thema geworden. Texte von Kafka werden häufig als Beispiele genannt, weil sie in ganz verschiedenen und miteinander nicht verträglichen Interpretationslinien »Sinn machen«. Die Tatsache, daß man mit Kafka fast alles machen kann, wird dann zum Anlaß genommen, sich überhaupt gegen solche Interpretationen zu wenden, die seine Texte auf Sinn hin interpretieren und so zu vereinnahmen scheinen. Nach meinen Erfahrungen hat allerdings bisher noch niemand der Versuchung widerstehen können, schließlich doch - und sei es heimlich - zu sagen, was der Dichter meint. Und es geht auch gar nicht anders, als Interpret muß man mit dem Paradox des Interpretierens leben. Anzufragen bliebe allenfalls noch angesichts der semantischen Eigentümlichkeit von Literatur der richtige Ort für den verstehenden Umgang mit ihr, ob da ein Ortswechsel von Nöten sei, hinaus aus der Welt der Wissenschaft, hinein in den Kopf des Lesers; aber das ist hier nicht mein Problem, das mögen die Dichter und ihre Denker einstweilen als ihre innere Angelegenheit untereinander ausmachen.

Berücksichtigen möchte ich noch den Einwand, daß der hier dargelegte Erkenntniswert von Literatur einzig für die klassische oder realistische Literatur zutreffe. Dieser Eindruck könnte entstehen, weil die Rede von der »Richtungsänderung des Bedeutens« in Verbindung mit der Formulierung »Darstellung des Allgemeinen im Besonderen« erläutert

---

[10] L. Tolstoj, Brief an N. N. Strachov vom 23. und 26. 4. 1876; engl. Übers. in: Tolstoy's Letters I, ed. R. F. Christian, London 1978, S. 296-297.

wurde, einer Formulierung, von der die Übertragbarkeit auf moderne literarische Gebilde bestritten werden könnte. Nun belegt das zuvor Gesagte, daß diese Formulierung auch da noch berechtigt ist, wo das Allgemeine nicht so ohne weiteres nennbar ist, so daß sie sich also - mit Goethe - auch für moderne literarische Texte als zutreffend verteidigen ließe. Doch muß man es darauf nicht ankommen lassen; denn dem Einwand kann einfacher durch die Feststellung begegnet werden, daß die Richtungsänderung des Bedeutens gegenüber der Darstellung des Allgemeinen im Besonderen grundlegender ist. Es ist die Richtungsänderung des Bedeutens, die aus dem Einzelnen ein Besonderes macht: Das Besondere ist das be-deutende Einzelne. Die Richtungsänderung aber besteht auch dann noch, wenn sozusagen der von einem Besonderen ausgehende Bedeutungspfeil kein Allgemeines trifft. Somit käme es jetzt darauf an, für literarische Texte, bei denen man meint, von einer Darstellung des Allgemeinen im Besonderen nicht sprechen zu dürfen, nachzuweisen, daß Erkenntnis auch durch die Richtungsänderung des Bedeutens allein vermittelt werden kann. Solch ein Nachweis kann nur an Beispielen geführt werden, und er wird umso überzeugender sein, je ausgefallener die Beispiele sind, die man auswählt; denn hier ist der Gesichtspunkt leitend: ›Sieh mal, selbst dieses Beispiel ist kein Gegenbeispiel!‹.

Mein Beispiel ist Peter Handkes »Die Aufstellung des 1. FC Nürnberg vom 27. 1. 1968«.[11] Diese Aufstellung ist (wie es in der guten alten Zeit des Fußballs noch Brauch war) in der Form des bekannten Dreiecks mit dem Torwartnamen an der Spitze, dann den beiden Verteidigernamen, den drei Läufernamen und schließlich fünf Stürmernamen angeordnet. Wir haben es also, wenn man so will, mit einem Stück so genannter konkreter Poesie zu tun. Der gesamte Text besteht lediglich aus der Überschrift, den in der genannten Weise angeordneten Eigennamen und dem Hinweis »Spielbeginn: 15 Uhr« darunter. Ein »Witz« dieses Textes besteht sicher darin, daß er als Text allenfalls durch die Überschrift, aber sonst von einer Mitteilung im Schaukasten des Vereins nicht unterscheidbar ist.

Normalerweise wird ein Text dieser Art als ankündigende Bekanntgabe einer Mannschaftsaufstellung verfaßt und aufgefaßt. Finden wir ihn nun aber in einer Textsammlung wie Handkes »Die Innenwelt der

---

[11] P. Handke, Die Innenwelt der Außenwelt der Innenwelt, Frankfurt a. M. 1969, S. 59.

Außenwelt der Innenwelt«, so ändert sich unsere Auffassung. Zunächst ließe sich der Text als Text auch als Zitat verstehen, und zwar in dem Sinne, daß er nicht gebraucht wird (Vergangenes kann man nicht ankündigen), sondern als ein in der Vergangenheit gebrauchter Text erwähnt wird. Angesichts des Kontextes, in dem der Text steht, es handelt sich ja nicht um eine Vereinsgeschichte des 1. FC Nürnberg, erwarten wir jedoch nicht unbedingt korrekte Erwähnung (Zitattreue), so daß eine fiktionale Auffassung möglich ist. Es kommt uns dann gar nicht darauf an, ob z. B. die Verwendung der Kennzeichnung, die die Überschrift bildet, und die Verwendung der Eigennamen, die die Aufstellung bilden, der Regel des Bezugs (der Referenz) folgen, ob dies wirklich, zumindest die geplante Aufstellung des 1. FC Nürnberg vom 27. 1. 1968 war usw.. Und indem es uns darauf nicht ankommt, ist bereits die Richtungsänderung des Bedeutens vollzogen. Aber selbst, wenn es uns auf den direkten Wirklichkeitsbezug *auch* ankäme (wir können z. B. der Aufstellung die Information entnehmen, daß »Schorsch« Volkert schon damals dabeigewesen ist), der Umstand, daß der Text an dieser Stelle nicht die normale Funktion einer ankündigenden Bekanntgabe haben kann, bringt uns mit der herausfordernden Frage »ja, was dann?« auf den Weg in die andere Richtung, weg von der Referenz, hin zum Sinn.

Die Umgebung des Textes, sowohl der sprachliche als auch der pragmatische Kontext, schließt noch ein anderes Verständnis aus, das sonst ebenfalls möglich wäre. Der Text als Text könnte auch als Beispiel in einem Sprachlehrbuch vorkommen (zumindest in einem modernen, das Sprechakt- und Sprachspielanalysen berücksichtigt). Hier könnte er erwähnt werden als Beispiel für Mannschaftsaufstellungen. Immerhin wäre auch hier eine Art Richtungsänderung des Bedeutens gegeben, und selbst die Wahl eines fingierten Beispiels ist möglich. Wir können geradezu sagen: der Text steht für Mannschaftsaufstellungen, jedoch, und das ist der entscheidende Unterschied zu seiner Auffassung als Literatur, er steht für Mannschaftsaufstellungen und nichts sonst. Der Text und dasjenige, wofür er steht, haben schlicht ein prädikatives (subsumptives) Verhältnis zueinander. Dem Text als Gegenstand kommt das Prädikat »Mannschaftsaufstellung« zu, erst die Umgebung öffnet ihm eine andere, eben literarische Auffassung, die sich mit der Feststellung des logischen Verhältnisses nicht begnügt.

In grammatischer Auffassung gibt der Text ein Beispiel im Rahmen einer exemplarischen Bestimmung von »Mannschaftsaufstellung«. In literarischer Auffassung gibt er zu denken und setzt die reflektierende Urteilskraft in Richtung Sinn in Gang. Daß Handkes Text allerdings »viel zu denken veranlaßt« und ihm somit eine begrifflich unausschöpfbare ästhetische Idee im Sinne Kants zugrunde liegt, das möchte auch ich nicht behaupten. Im Gegenteil, das Denken kommt hier sehr schnell an ein Ende - sobald nämlich der »Witz« begriffen ist.

Was hier am Beispiel eines Gebrauchstextes in literarischem Kontext erläutert wurde, gilt auch für die Aufstellung von Gebrauchsgegenständen in Museen, und zwar Kunstmuseen, nicht in Kultur- oder Technikmuseen, denn dort haben solche Gegenstände ja ihren »natürlichen« Ort im Kontext der Erwähnung (Vorführung) eines vergangenen Gebrauchs. Literarische Texte und ästhetische Gegenstände der genannten Art mögen keinen besonders großen *Wert* haben, zu bestreiten ist ihnen jedoch nicht ihre literarische und ästhetische *Funktion*. Und in dieser Funktion könnten sie z. B. den Sinn haben, uns unser eigenes Verhalten gegenüber dem Phänomen Literatur und Kunst problematisierend geradezu sinnfällig vor Augen zu führen. (Dies könnte auch der Sinn der oben erwähnten »Newton-Lesung« gewesen sein.) Und selbst wenn der Sinn bloß der wäre, die Frage nach dem Sinn zu unterlaufen, so wäre *dies* eben der Sinn. Und sofern hier eine neue Sicht der Dinge ermöglicht wird, würde ich sogar am Erkenntniswert solcher Literatur und Kunst festhalten. Allerdings haben wir hier einen Erkenntniswert, der sich, wie gesagt, bald verbraucht; noch mehr: Ein beschreibender Bericht kann häufig die Lektüre des Textes, den Besuch der Aufführung und den Gang durch die Ausstellung ersetzen. Und schließlich wird das Kunstwerk gar nicht mehr geschaffen, sondern unter Aufgabe des Werkcharakters durch bloßes Erzählen seines »Witzes« ersetzt.

Aus alledem ergibt sich, daß die Richtungsänderung des Bedeutens bereits dadurch vorgenommen werden kann, daß ein Gebrauchstext oder Gebrauchsgegenstand in einen Kontext des Nichtgebrauchs gestellt wird. Doch selbst ein solcher Versuch, die Unterscheidung von Gebrauchs- und Kunstgegenstand aufzuheben, bewahrt den Unterschied noch als sein Thema.

Fast möchte ich nun die ästhetische Funktion eines Textes oder Gegenstandes dadurch bestimmen, daß die reflektierende Urteilskraft durch die Richtungsänderung des Bedeutens in Gang gebracht wird. Der ästhetische Wert, der dann freilich nicht einfach mit Schönheit oder einem anderen »Gefallenswert« gleichzusetzen wäre, sondern eine besondere Art des Erkenntniswertes ausmachen würde, bestünde dann darin, daß die reflektierende Urteilskraft in Gang oder hier vielleicht besser »in Schwung« *gehalten* wird. Die Bestimmung, daß die reflektierende Urteilskraft durch die Richtungsänderung des Bedeutens in Gang gebracht wird, enthält zwei Momente, die Richtungsänderung des Bedeutens und die Tätigkeit der reflektierenden Urteilskraft. Die Richtungsänderung alleine genügt nicht zur Bestimmung der ästhetischen Funktion; denn sonst müßte sie bereits jedem Beispiel zugebilligt werden. Diese Ausweitung wird durch das zweite Moment ausgeschlossen, da ein Beispiel für etwas zu geben, die subsumierende und nicht die reflektierende Urteilskraft bemüht. Es genügt aber auch nicht die reflektierende Urteilskraft alleine, sonst hätte im Sinne des Satzes »individuum est ineffabile« (das Individuum ist unaussagbar) jedes Individuum eine ästhetische Funktion und sogar einen ästhetischen Wert, insofern es begrifflich nicht ausschöpfbar ist. (Und die Leute, die sich selbst zu Kunstwerken erklären, behielten womöglich noch recht! Immerhin drückt sich in der begrifflichen Unausschöpfbarkeit von Kunstwerk und Individuum durchaus eine wesentliche Gemeinsamkeit aus, nämlich der Gedanke der Ganzheit, daß beide mehr sind als die Summe ihrer Teile bzw. die Konjunktion ihrer Bestimmungen.) Durch das Moment der Richtungsänderung des Bedeutens, das dem Individuum fehlt, wird ausgeschlossen, daß jedem Individuum bereits eine ästhetische Funktion zukommt. Eine Sicht der Dinge allerdings, in der jedes Individuum und überhaupt jedes Einzelne bereits ein Besonderes ist und insofern nicht nur unausschöpfbar, sondern auch bedeutsam ist, eine solche Sicht der Dinge verdient dann auch zu Recht, »ästhetisch« genannt zu werden (die Sicht der Dinge, nicht die Dinge selbst!). Da der Gebrauch des Wortes »ästhetisch« - übrigens abweichend von der Tradition - gegenwärtig meist auf den Bereich der Kunst beschränkt bleibt, wird man diese Sicht der Dinge wohl besser »kontemplativ« nennen. Wir können dann von einer *kontemplativen Weltauffassung* sprechen, und zwar im Unterschied zur natürlichen und zur wissenschaftlichen Weltauffassung. Die Darlegung dieser kontemplativen Weltauffassung, die so unterschiedliche Autoren wie Platon, Goethe, Schopenhauer und Wittgenstein vereint - sie alle sprechen vom »Schauen« -, muß freilich einem nächsten Schritt vorbehalten bleiben.

Damit komme ich zum Schluß und möchte hier den bisherigen Überlegungen noch eine ganz andere, selbstbezügliche Wendung geben: Die vorgelegte sprachphilosophische Analyse des Bedeutens in der Literatur und die daran anschließenden Unterscheidungen haben nämlich auch Folgen für das Verständnis der Philosophie selbst.

Eingangs hatte ich von einer Neigung insbesondere unter Wissenschaftstheoretikern gesprochen, Erkenntnis, die dabei mit Wahrheit gleichgesetzt wird, einseitig den Wissenschaften zuzuordnen. Es ist nicht verwunderlich, daß ein solchermaßen eingeschränktes Verständnis von Erkenntnis meist auch ein entsprechendes der Philosophie mit sich bringt, indem diese sich mit ihrem Erkenntnisanspruch einseitig an den Wissenschaften ausrichtet und, sofern sie sich selbst als Wissenschaft versteht, in Wissenschaftstheorie ohne Rest meint aufgehen zu müssen.

Wenn es nun aber richtig ist, daß Literatur Erkenntnis vermitteln kann, und zwar in einer eigentümlichen, durch Wissenschaft nicht ersetzbaren Weise, dann stehen für die Philosophie zwei Wege der Erkenntnis offen: der direkte, argumentierende (unterscheidende und behauptende) Weg, wie ihn die Wissenschaft vorzeichnet, und der indirekte, zeigende, wie ihn die Literatur weist. In meinem Vortrag habe ich den ersten Weg gewählt - und für die akademische Philosophie gibt es wohl auch keinen anderen. Aber ich hoffe doch, daß der andere Weg der Philosophie wenigstens in den Blick gekommen ist, derjenige Weg, von dem es bei Wittgenstein heißt, daß er zur richtigen Sicht der Welt führt - der Welt als einem Ganzen. Und wenn diese Hinführung - zur kontemplativen Weltauffassung - die eigentliche Aufgabe der Philosophie ist, dann hat Wittgenstein recht, wenn er bemerkt[12], daß man Philosophie »eigentlich nur dichten« dürfte. Dies heißt nun nicht, daß philosophische Inhalte die Gestalt fiktionaler Literatur anzunehmen hätten, sondern daß die Philosophie *methodisch* in die Nähe der Literatur gerückt wird. Mit diesem Thema beschäftigen sich die folgenden Beiträge.

---

[12] L. Wittgenstein, Vermischte Bemerkungen, Frankfurt a. M. 1977, S. 53.

II
LITERARISCHE FORMEN DER PHILOSOPHIE

LOGIK ALS LITERATUR? ZUR BEDEUTUNG DES LITERARISCHEN BEI WITTGENSTEIN

Wenn von Wittgensteins »Tractatus logico-philosophicus« die Rede ist, dann denken die einen an Wahrheitstafeln der Logik und die anderen an schöne Sätze der Literatur. Philosophisch bedeutet dieses, daß Wittgenstein von den einen mit Carnap und dem Wiener Kreis und von den anderen mit Heidegger in Verbindung gebracht wird. Die einen machen ihn zum Positivisten, die anderen zum Existentialisten. Größere Gegensätze aber, so sollte man meinen, kann es nicht geben. Hier wird auch der Grund dafür zu suchen sein, daß sich die Interpreten Wittgensteins häufig alternativ entweder der einen oder der anderen Seite zuwenden; und dabei werden die Aspekte der jeweiligen Gegenseite nicht etwa geleugnet, sondern einfach ausgeklammert, indem die Bedeutung (die Relevanz) des Ganzen wissenschaftstheoretisch oder existentialistisch gedeutet wird. Somit stehen die beiden Interpretationstraditionen gleichzeitig für einander widerstreitende Auffassungen von Philosophie, für die wissenschaftstheoretische und die existentialistische.

Die Frage, auf die ich im folgenden eine Antwort zu geben versuche, lautet: Wie ist das Verhältnis von wissenschaftstheoretischen und existentialistischen Aspekten in Wittgensteins »Tractatus« zu verstehen? Für die Antwort, die nicht *nur* philosophie*historisch* ausfallen soll, ist mir die literarische Form des Textes der Schlüssel. So erklärt sich der Titel dieses Beitrages.

1

Ich beginne mit einer kurzen paraphrasierenden Darstellung der Gedanken Wittgensteins. Dies tue ich aus zwei Gründen: zum einen, weil ich für den äußeren Rahmen dieses Vortrages nicht davon ausgehen möchte, daß jeder der hier Anwesenden mit dem Inhalt des »Tractatus« vertraut ist, zum anderen, weil jede Darstellung von Wittgensteins Gedanken bereits das Problem in sich birgt, das im Thema meines Vortrages angedeutet ist, das Problem nämlich des Zusammenhanges von philosophischen Gedanken und ihrer sprachlichen Darstellung. Deshalb ist es notwendig, eine Darstellung vorzuführen, auf die ich mich dann später kritisch zurückbeziehen kann. Ich erwarte nicht, daß diese Bemerkung bereits jetzt voll verständlich ist!

Der Reihe nach werden im »Tractatus« die folgenden Themen behandelt: Welt, Denken, Sprache, Logik und abermals Welt. Der erste Satz - er gehört zu den »schönen« Sätzen - lautet »Die Welt ist alles, was der Fall ist« und besagt: Was Tatsache ist, gehört zur Welt, und die Welt ist von Tatsachen ausgefüllt. Alle Tatsachen gehören zur Welt und nur Tatsachen gehören zur Welt. Was dem ersten Satz folgt, sind in gewissem Sinne bis zum Schluß des »Tractatus« Erläuterungen zum richtigen Verständnis dieses Satzes. Tatsachen kann man zerlegen, bis man auf einfache Tatsachen stößt, auf bestehende Sachverhalte. Sachverhalte sind Konfigurationen einfacher Gegenstände. Sie sind in ihrem Bestehen (oder Nichtbestehen) von einander unabhängig, d.h. aus dem Bestehen oder Nichtbestehen eines Sachverhaltes kann nicht auf das Bestehen oder Nichtbestehen eines anderen geschlossen werden. Wir versuchen zu erkennen, indem wir uns Bilder der Tatsachen machen. Indem wir uns *logische* Bilder der Tatsachen machen, denken wir: »Das logische Bild der Tatsachen ist der Gedanke« (3). Ausgedrückt werden Gedanken durch Sätze, ja, »Der Gedanke ist der sinnvolle Satz« (4). Dem Verhältnis von Tatsache und Sachverhalt entspricht auf der Satzebene das Verhältnis von komplexem Satz und Elementarsatz. Elementarsätze sind Sätze, die sich in der logischen Analyse nicht in einfachere Sätze zerlegen lassen. Sie sind logische Bilder von Sachverhalten, d.h. sie haben mit den Sachverhalten die logische Form gemeinsam, und die Konfiguration der Namen, aus denen sie bestehen, entspricht der Konfiguration der Gegenstände in den jeweiligen Sachverhalten. Jeder Elementarsatz ist entweder wahr oder falsch, je nachdem, ob der Sachverhalt, den er beschreibt, besteht oder nicht besteht. Jeder komplexe Satz läßt sich wahrheitswertfunktional mit Hilfe von Junktoren aus Elementarsätzen konstruieren. Damit kann die Wahrheit oder Falschheit eines komplexen Satzes ermittelt werden, wenn man seinen logischen Aufbau kennt und die Wahrheit oder Falschheit der Elementarsätze, aus denen er aufgebaut ist. Die Gesamtheit der so aufgebauten Sätze, und das heißt für Wittgenstein: der sinnvollen Sätze, ist die (sinnvolle) Sprache (vgl. 4.001). Und derjenige Teil dieser sinnvollen Sätze, der aus den wahren Sätzen besteht, macht die gesamte Naturwissenschaft aus (vgl. 4.11).

Die Gesamtheit dieser wahren Sätze, also die Naturwissenschaft, beschreibt vollständig die Welt als die Gesamtheit der Tatsachen. Sätze, die keinen Weltausschnitt beschreiben, sei es zutreffend oder nicht, sind in Wittgensteins Terminologie keine eigentlichen, keine sinnvollen Sätze. Zu ihnen gehören z.B. die Sätze der Logik, der Philosophie und der Ethik. Innerhalb der Gruppe der nicht-sinnvollen Sätze unterscheidet Wittgenstein noch einmal zwischen sinnlosen und unsinnigen Sätzen. Sinnlos sind die Sätze der Logik. Dies ist aber nicht abwertend gemeint, sondern bedeutet nur, daß sie Tautologien sind. Unsinnig sind die Sätze der Philosophie und der Ethik. Von diesen brauchen die Sätze der Philosophie aber nicht wertlos zu sein. Sätze der Ethik dagegen haben nach Wittgenstein keinen Wert. Erkenntniswert haben sie ohnehin nicht und helfen können sie auch nicht. Sätze der Philosophie haben dann einen Wert, wenn sie uns helfen, den Sinn eigentlicher Sätze zu klären, bzw. die Unsinnigkeit anderer Sätze, insbesondere die Unsinnigkeit philosophischer Sätze selbst, aufzuweisen.

2

Soweit die Paraphrase der Hauptgedanken des »Tractatus«. Bestimmte sehr wesentliche Gesichtspunkte wie die Unterscheidung von Sagen und Zeigen, den transzendentalen Charakter der Sprache u. a. habe ich bewußt in meiner Darstellung ausgeklammert. Alles bisher Gesagte spricht für die positivistische Interpretation. Ich komme nun zu den Bemerkungen, vor allem gegen Ende des Textes, mit existentialistischem Anliegen. Hier wird noch einmal das Thema Welt aufgegriffen, aber in einem anderen Sinne als zu Beginn.

Wittgenstein hatte bis dahin betont, daß man über die Welt als Ganzes betrachtet nicht sinnvoll sprechen könne. Insbesondere seien Existenzsätze über die Welt als Ganzes unsinnig. Dies ergibt sich daraus, daß sinnvolle Sätze Tatsachen betreffen müssen, also etwas *in* der Welt. Sinnvolle Existenzsätze können daher nur über Gegenstände in der Welt und nicht über die Welt als Gegenstand etwas aussagen. Ein sinnvoller Existenzsatz ist z. B. »es gibt Bücher« (vgl. 4.1272). Daß es aber überhaupt etwas (Gegenstände, Tatsachen usw.) gibt, daß die Welt überhaupt existiert, kann sinnvoll weder behauptet noch bestritten werden. Das Wort »überhaupt« deutet an, daß die Welt als ein Ganzes aufgefaßt wurde. Ungeachtet dieser sprachlogischen Einsicht, die insbesondere in Carnaps Metaphysikkritik an Heidegger wiederkehrt, finden wir dann bei Wittgenstein die folgende Bemerkung: »Nicht *wie* die Welt ist, ist das Mystische, sondern *daß* sie ist.« (6.44).

Vor allem hier ergibt sich eine Parallele zu Heidegger und der von ihm so genannten »Grundfrage der Metaphysik«: »Warum ist überhaupt Seiendes und nicht vielmehr Nichts?« (vgl. »Was ist Metaphysik?«). Doch wie ist diese Parallele zu deuten? - Wittgenstein meint mit dem *Wie* der Welt die Beschaffenheit der Welt, das Sosein der Welt, das sich in Tatsachen erschöpft und daher nichts Mystisches verbergen kann; und er meint mit dem *Daß* der Welt die Existenz, das Dasein der Welt. Wenn er dieses Dasein das Mystische nennt, so gibt er der Frage nach der Existenz der Welt, nach dem Seienden überhaupt Gewicht; aber er nimmt damit nicht etwa seine Auffassung von der Unsinnigkeit der Rede über die Existenz der Welt zurück. Gewicht hat die Frage nach der Existenz der Welt, sofern sie den Menschen bedrängt; aber es kann auf sie keine Antwort geben. Wittgenstein hat mit den Existentialisten gemeinsam, daß er den existentiellen und nicht bloß metaphysischen Charakter der Frage nach der Existenz der Welt anerkennt; aber er unterscheidet sich von ihnen dadurch, daß er keine Bücher darüber schreibt. Wenn der »Tractatus« mit dem berühmten Satz schließt »Wovon man nicht sprechen kann, darüber muß man schweigen«, so ist zwar unterstellt, daß es das Unaussprechliche *gibt*; aber man muß eben auch darüber *schweigen*. Wittgensteins Schweigen ist also ein bedeutsames Schweigen. Weil es *bedeutsam* ist, ist Wittgenstein kein Positivist, und weil es ein Schweigen *bleibt*, ist er kein Existentialist, sondern - positiv gewendet - ein existentiell Philosophierender. Klar wird dies in dem Satz, der der Aufforderung zum Schweigen vorangeht, in dem Satz, der die Sätze des »Tractatus« (die Sätze, aus denen der Text besteht) als Stufen einer Selbstreflexion ausweist:

> »Meine Sätze erläutern dadurch, daß sie der, welcher mich versteht, am Ende als unsinnig erkennt, wenn er durch sie - auf ihnen - über sie hinausgestiegen ist. (Er muß sozusagen die Leiter wegwerfen, nachdem er auf ihr hinaufgestiegen ist.) - Er muß diese Sätze überwinden, dann sieht er die Welt richtig.« (6.54)

Das Ziel seines Philosophierens ist also nicht die Erkenntnis der Welt, sofern sie als Gesamtheit der Tatsachen verstanden wird (dies ist Aufgabe der Naturwissenschaft oder allgemeiner: der Wissenschaft), auch nicht die Analyse der Bedingungen dieser Erkenntnis (dies ist die Aufgabe der Wissenschaftstheorie), das Ziel seines Philosophierens ist vielmehr, die Welt, und das ist eben die Welt als Ganzes aufgefaßt, *richtig zu sehen* (»Er muß diese Sätze überwinden, dann sieht er die Welt richtig«). Die Welt richtig sehen, das bedeutet, die richtige Einstellung zur Welt und damit zum Leben haben (»Die Welt und das Leben sind Eins« (5.621)). Das Ziel seines Philosophierens ist also, das zu erlangen, was die Ethik lehren will, aber nicht zu lehren vermag. Somit besteht für das Verständnis des »Tractatus« das denkwürdige Paradoxon, daß Wittgenstein gerade über das am beharrlichsten schweigt, was ihm das Wichtigste ist. Für diejenigen, die an dieser Interpretation noch zweifeln, möchte ich eine längere Passage eines Briefes an Ludwig von Ficker aus dem Jahre 1919 zitieren:

> »[...] der Sinn des Buches ist ein Ethischer. Ich wollte einmal in das Vorwort einen Satz geben, der nun tatsächlich nicht darin steht, den ich Ihnen aber jetzt schreibe, weil er Ihnen vielleicht ein Schlüssel sein wird: Ich wollte nämlich schreiben, mein Werk bestehe aus zwei Teilen: aus dem, der hier vorliegt, und aus alledem, was ich *nicht* geschrieben habe. Und gerade dieser zweite Teil ist der Wichtige. Es wird nämlich das Ethische durch mein Buch gleichsam von Innen her begrenzt; und ich bin überzeugt, daß es, *streng*, NUR so zu begrenzen ist. Kurz, ich glaube: Alles das, was *viele* heute *schwefeln*, habe ich in meinem Buch festgelegt, indem ich darüber schweige.«[1]

Dennoch, den Zweiflern ist zuzugeben: Jeden, der den »Tractatus« von vorne bis hinten liest und nicht nur einzelne Sätze herauspickt, muß diese Feststellung zunächst überraschen. Wittgenstein war sich dessen bewußt. Er vermutete, daß von Ficker nicht sehen würde, daß der Text einen ethischen Sinn hat. Und wie, so möchte man hinzufügen, hätte er es auch sehen können, da der geschriebene Teil doch anscheinend fast nur aus logischer Sprachanalyse und Wissenschaftstheorie besteht. Wittgenstein empfiehlt seinem Briefpartner deshalb, »das *Vorwort* und den *Schluß* zu lesen, da diese den Sinn am Unmittelbarsten zum Ausdruck bringen«. Ich betone: *am unmittelbarsten!* Dies läßt die Vermutung zu, daß der Sinn auch im wissenschaftstheoretischen Teil zum Ausdruck kommt, und zwar mittelbar, indirekt. Damit komme ich zum zweiten Teil meiner Überlegungen, zum Literarischen an Wittgensteins »Tractatus«.

3

Ich sprach davon, daß ein paradoxes Mißverhältnis besteht zwischen dem, was Wittgenstein ausspricht, und dem, was er wirklich meint, d.h. worauf er hinaus will. Dieses Paradoxon kommt am Schluß in der

---

[1] L. Wittgenstein, Briefwechsel, ed. B. F. McGuinness/G. H. von Wright, Frankfurt a. M. 1980, S. 96f.; »schwefeln« ist eine ältere, im Österreichischen erhalten gebliebene Form von »schwafeln«.

Verwendung der Leiter-Metapher als Selbstaufhebung zur Sprache. Es läßt sich nicht auflösen, indem man es beseitigt, aber man kann es verständlich machen. Wäre eine Auflösung möglich, dann hätte der »Tractatus« nicht den Sinn, den er hat; denn dieses Paradoxon gehört geradezu zu seinem Sinn: Das Wichtigste läßt sich nicht in sinnvollen, den Kriterien der wissenschaftlichen Verständlichkeit genügenden Sätzen sagen.

Wer den wissenschaftstheoretischen Teil so liest, wie ich ihn vorhin selbst paraphrasierend dargestellt habe, für den muß das Paradoxon am Schluß überraschend kommen und letztlich, wenn er nicht Bemerkungen Wittgensteins zu seinem Text hinzuzieht, unverständlich bleiben. So ging es Russell, und so ging es Carnap und den meisten Mitgliedern des Wiener Kreises. Dieses Mißverständnis läßt sich aber vermeiden, wenn man der Paraphrase des Inhalts die sprachliche Form entgegenhält und nun gewissermaßen einen zweiten Interpretationsdurchgang vornimmt.

Die Paraphrase ist es, die nahelegt, daß der »Tractatus« im wesentlichen ein wissenschaftstheoretisches Werk ist. Wenn man die sprachliche Form für bloßes Beiwerk, für eine bloße Stileigentümlichkeit des Autors hält, dann verstellt man sich das richtige Verständnis. Man übersieht die Anzeichen, die Anzeichen nämlich, die darin bestehen, daß ein großer Teil auch der wissenschaftstheoretischen Sätze Aphorismen sind. Der ethische Sinn kommt bereits in dieser literarischen Form, wenn auch indirekt, zum Ausdruck. Das Literarische hat philosophische Bedeutung. Diese Interpretation möchte ich in zwei Schritten begründen. Zunächst einmal kommt es darauf an, nachzuweisen, daß die literarische Form von Wittgenstein nicht beiläufig gewählt worden ist, sondern ihm wesentlich war. Dann wird zu zeigen sein, worin der Zusammenhang von literarischer Form und ethischem Sinn besteht.

Es ist bekannt, daß Wittgenstein mit Russells Einleitung zum »Tractatus« nicht einverstanden war. Ja, Wittgenstein wehrte sich sogar dagegen, daß sein Werk zusammen mit Russells Einleitung veröffentlicht wurde. Dies erstaunt um so mehr, als man durchaus den Eindruck hat, daß Russell eine klärende paraphrasierende Darstellung der wesentlichen wissenschaftstheoretischen Positionen Wittgensteins gibt. Wittgenstein selbst nennt dagegen die englische Fassung ein »Gebräu« und meint, die deutsche Übersetzung sehe noch »viel unmöglicher« aus.[2] Gegenüber

---

[2] Briefe an P. Engelmann vom 24. 4. und 8. 5. 1920, Briefwechsel, S. 110 und 112.

Russell begründet er seine Ablehnung damit, daß die Übersetzung die »Feinheit« des »englischen Stils« vermissen lasse und »Oberflächlichkeit und Mißverständnis« übrig geblieben seien.[3] Allgemein gesprochen: Wittgenstein wendet sich nicht nur gegen das, *was* Russell sagt, sondern auch *wie* er es darstellt. Als es dann doch zur Veröffentlichung (mit Russells Einleitung) in den »Annalen der Naturphilosophie« kommt, schärft Wittgenstein Russell ein, er solle ja darauf achten, daß am Text nichts, aber auch gar nichts, auch nicht die Orthographie, verändert werde.[4]

Wittgensteins fast ängstliche Besorgnis wird verständlich, wenn man in einem Brief an L. von Ficker liest: »Die Arbeit ist streng philosophisch und zugleich literarisch.«[5] Wie der Ausdruck »literarisch« *nicht* zu verstehen ist, sagt er im Nachsatz: »es wird aber nicht darin geschwefelt«. Was Wittgenstein mit dem Ausdruck »literarisch« meint, deutet er im Vorwort an. Er betont hier eigens, daß, wenn seine Arbeit einen »Wert« habe, dieser darin bestehe, »daß in ihr Gedanken ausgedrückt sind«. Wieso aber, möchte man fragen, soll Gedanken ausdrücken den Wert einer philosophischen Arbeit ausmachen? Versteht man den Ausdruck »Gedanke« umgangssprachlich, so ist dies doch eher eine Selbstverständlichkeit. Zieht man hingegen Wittgensteins eigene terminologische Bestimmung von »Gedanke« als »sinnvoller Satz« (4) erläuternd hinzu, so ist es sogar eine Unmöglichkeit, daß die Sätze des »Tractatus« Gedanken ausdrücken; denn nach Wittgenstein sind sie ja gerade nicht sinnvoll, sondern unsinnig. Demnach kann »Gedanke« im Vorwort weder umgangssprachlich noch terminologisch gemeint sein.

Den aufklärenden Hinweis erhält man, wenn Wittgenstein fortfährt, daß der Wert seiner Arbeit um so größer sein werde, »je besser die Gedanken ausgedrückt sind. Je mehr der Nagel auf den Kopf getroffen ist«.[6] Gedanken treffend ausdrücken, das ist in Kurzform das Ziel aphoristischer Schreibweise. Und ich füge hinzu, daß »Gedanke« häufig im Sinne von »Aphorismus« verwendet wird und insbesondere von Karl Kraus verwendet wurde, dessen Einfluß auf Wittgenstein noch genauer

---

[3] Brief an Russell vom 6. 5. 1920, Briefwechsel, S. 111.
[4] Brief an Russell vom 28.11.1921, Briefwechsel, S. 122.
[5] Briefwechsel, S. 95.
[6] Der letzte wichtige Satz fehlt aus mir nicht bekannten Gründen in der Suhrkamp-Ausgabe. Zu »Gedanke« vgl. auch Wittgensteins Brief an Russell vom Januar 1914, Briefwechsel, S. 49.

zu betrachten sein wird. Somit wird aus einer scheinbaren Selbstverständlichkeit im Vorwort eine Bedeutsamkeit für das Verständnis des Ganzen. Der Wert des »Tractatus« ist für Wittgenstein entscheidend mit dadurch bestimmt, daß er aus Aphorismen besteht.

Den ersten Teil meiner Behauptung, daß das Literarische am »Tractatus« philosophische Bedeutung hat, meine ich zureichend begründet zu haben. Die literarische Form war Wittgenstein wesentlich. Der zweite Teil meiner Behauptung besagte, daß diese Form den ethischen Sinn indirekt zum Ausdruck bringe.

Doch was ist dieser ethische Sinn? Er kann nach Wittgensteins eigener Auffassung nicht Gegenstand einer Lehre sein. In Gesprächen, die von Friedrich Waismann aufgezeichnet worden sind, hat Wittgenstein bemerkt, daß das Anrennen gegen die Grenzen der Sprache, gegen das Paradoxon, wie er sich unter Berufung auf Kierkegaard ausdrückt, die Ethik sei.[7] Der ethische Sinn könnte danach die Einsicht sein, daß die Ethik dieses Anrennen ist, also eine Handlung und keine Lehre. Anders ausgedrückt, daß es zwar keine Ethik, aber das Ethische gibt. Ergänzend könnte man noch darauf hinweisen, daß Wittgenstein ja auch nicht von der Mystik, sondern von dem Mystischen spricht. Aufgrund dieser Auffassung des Ethischen läßt sich der ethische Sinn dann aber auch als ethischer Zweck bestimmen. Wittgenstein rennt ja selbst gegen die Grenzen der Sprache an, indem er das Unsagbare, wenn auch nur andeutend, zur Sprache bringen will. Der »Tractatus« vertritt nicht nur eine Auffassung des Ethischen, sondern er ist selbst eine ethische Tat, indem er mit Hilfe von unsinnigen Sätzen die richtige Sicht der Welt vermitteln will.[8]

Meine Behauptung, daß die Form des Aphorismus den ethischen Sinn indirekt zum Ausdruck bringe, meint vor allem diesen zweiten Aspekt. Um ihn klarer hervortreten zu lassen, ist ein Blick auf den geistesgeschichtlichen Hintergrund notwendig.

---

[7] F. Waismann, Wittgenstein und der Wiener Kreis, ed. B. F. McGuinness, Oxford 1967 (= Wittgenstein, Schriften, Bd. 3, Frankfurt a. M. 1967), S. 68f. Vgl. dazu Wittgenstein, Lecture on Ethics, Philosophical Review 74 (1965), S. 3-12, insb. den Schluß.
[8] Ein detailliertes und überzeugendes Bild des geistesgeschichtlichen Gesamthintergrundes entwerfen A. Janik und St. Toulmin in ihrem Buch: Wittgenstein's Vienna, New York 1973. Zu empfehlen ist die von R. Merkel überarbeitete deutsche Fassung: Wittgensteins Wien, München/Wien 1984. Vgl. dort S. 240-272 die Interpretation des »Tractatus« mit der Betonung des Zusammenhangs von Aphoristik und ethischem Sinn in der Tradition von K. Kraus (S. 268-270).

4

Ich denke da vor allem an den bereits erwähnten Wiener Sprach-, Literatur- und Kulturkritiker Karl Kraus.[9] Wittgensteins Übereinstimmung mit ihm erkennt man z.B. an den inhaltlich verwandten Aphorismen zur Sprache und deren Grenze. Um nur ein Beispiel (von Kraus) zu nennen: »Wenn ich nicht weiter komme, bin ich an die Sprachwand gestoßen. Dann ziehe ich mich mit blutigem Kopf zurück. Und möchte weiter.«[10] Die inhaltliche Übereinstimmung reicht demnach bis zur existentiellen Deutung des Anrennens gegen die Grenze der Sprache. Darüber hinaus aber ist Wittgensteins Verwendung der aphoristischen Schreibart als bewußte Anwendung der Krausschen Auffassung des Aphorismus' rekonstruierbar. Kraus formuliert in einem Aphorismus über den Aphorismus: »Ein Aphorismus braucht nicht wahr zu sein, aber er soll die Wahrheit überflügeln. Er muß mit einem Satz über sie hinauskommen.«[11] Die gezielte Doppeldeutigkeit - von ›mit einem Satz‹ im Sinne von ›mit einem Sprung‹ und ›mit *einem* Satz‹, d. h. ›treffend‹ - unterstreicht, was Kraus in einem anderen Aphorismus ausdrückt: »Einen Aphorismus kann man in keine Schreibmaschine diktieren. Es würde zu lange dauern.«[12]

Wie, das ist die abschließende Frage, wird die Kraussche Auffassung des Aphorismus im »Tractatus« philosophisch bedeutsam? Die Antwort - sie kann kurz ausfallen - ergibt sich, wenn man das, was Kraus zum Aphorismus sagt, auf Wittgensteins Beurteilung seiner eigenen Sätze

---

[9] Eine ausgiebige Betrachtung der Parallelen zwischen Kraus und Wittgenstein hat Werner Kraft unter Einbeziehung der »Philosophischen Untersuchungen« angestellt (Rebellen des Geistes, Stuttgart 1968). Daß Wittgenstein Kraus überaus schätzte, ist durch einen Brief vom 19. 7. 1914 an L. von Ficker belegt (Briefwechsel, S. 59). Genaueres über Wittgensteins Einstellung zu Kraus wurde durch P. Engelmann bekannt: Ludwig Wittgenstein, Briefe und Begegnungen, Wien/München 1970. Aufschlußreich ist hier vor allem ein Schreiben Wittgensteins vom 25. 10. 1918, in dem er Engelmann mitteilt, daß der Verleger Jahoda, bei dem auch Kraus' Zeitschrift »Die Fackel« erschien, den Druck seiner Arbeit »angeblich aus technischen Gründen« abgelehnt habe. Und Wittgenstein fährt dann fort: »Ich wüßte aber gar zu gern, was Kraus zu ihr gesagt hat. Wenn Sie Gelegenheit hätten es zu erfahren, so würde ich mich sehr freuen.« (Briefwechsel, S. 83).
[10] K. Kraus, Werke, ed. H. Fischer, Bd. 3, S. 326.
[11] A. a. O., S. 117. Vgl. auch: »Der Aphorismus deckt sich nie mit der Wahrheit; er ist entweder eine halbe Wahrheit oder anderthalb.« (S. 161).
[12] A. a. O., S. 116.

überträgt: Diese Sätze sind zwar nicht wahr (im Sinne der logischen oder empirischen Wahrheit), sondern unsinnig (also auch nicht falsch); aber sie »überflügeln die Wahrheit« (der Logik und der Wissenschaft), indem sie den Weg weisen, die Welt richtig zu sehen. Und da die richtige Sicht der Welt der ethische Sinn (Zweck) des »Tractatus« ist, wird für Wittgenstein der Aphorismus zur adäquaten Form, diesen Sinn zum Ausdruck zu bringen.

Dabei fügen sich die Sätze des Textes - im Bilde Wittgensteins gesprochen - gewissermaßen als Sprossen zu einer Leiter zusammen. Frühere Sätze werden durch spätere überwunden. Beispiel dafür ist bereits der erste Satz »Die Welt ist alles, was der Fall ist«. Wittgenstein scheint hier die Welt als Gegenstand aufzufassen, indem er die Kennzeichnung »Die Welt« verwendet, und eine Aussage über die Welt als Ganzes machen zu wollen, indem er sie im darauffolgenden Satz als die Gesamtheit der Tatsachen bestimmt. Dies ist aber unsinnig, verstößt gegen die logische Syntax, wie auf höherer Sprosse (4.1272) der Leiter erst klar wird. Die ontologischen Aussagen werden als tieferliegende Sprossen, obwohl für den Aufstieg notwendig, überwunden und im Blick auf den ethischen Sinn des Gesamttextes »überflügelt«. Und mag der Sprachgebrauch von »ethisch« und »Ethik« heutigem Verständnis auch ungewohnt erscheinen, klar ist, daß Wittgenstein keine Methode der rationalen Konfliktbewältigung im Sinn hat, wenn es bei ihm heißt: »Kann es eine Ethik geben, wenn es außer mir kein Lebewesen gibt? Wenn die Ethik etwas Grundlegendes sein soll: ja!«[13] Für Wittgenstein sind nicht Ethik und praktische Philosophie, sondern Ethik und Ästhetik »Eins« (6.421). Für ihn, dem die Verwandtschaft von »schön« und »schauen« aus seiner Schopenhauer-Lektüre bekannt war, besteht ein Zusammenhang von richtiger Sicht der Welt - dem Schauen - und schönen Sätzen: Der ethische Sinn, der sich in Sätzen nicht »sagen« läßt, »zeigt sich« in der ästhetischen Form des Aphorismus. Dies ist die philosophische Bedeutung des Literarischen an Wittgensteins »Tractatus«.

---

[13] Tagebücher, Eintragung vom 2. 8. 1916.

5

Es kam mir nicht darauf an, Wittgenstein im einzelnen, also gewissermaßen einzelne Sprossen seiner Leiter zu rekonstruieren, sondern klarzumachen, daß es eine wichtige Weise des Philosophierens gibt, die nicht in Wissenschaftstheorie aufgeht, nicht auf fester Sprosse stehen bleibt; eine Weise des Philosophierens, die aber auch nicht ohne feste Sprossen, gleichsam »schwefelnd«, hinaufzusteigen trachtet.

Wittgenstein selbst hat an den meisten seiner Auffassungen später Kritik geübt; aber das Ziel seines Philosophierens ist das gleiche geblieben, auch noch in seiner sogenannten zweiten Philosophie, den »Philosophischen Untersuchungen«; und dies findet auch darin seinen Ausdruck, daß die sprachliche Form seines Philosophierens literarisch geblieben ist. Hier zeigt sich die Einheit des Philosophierens in Wittgensteins beiden Philosophien.[14] Auf die erwartbare Frage, welches denn die Ergebnisse solcher Philosophie seien, hat Wittgenstein selbst (in den »Philosophischen Untersuchungen«) die Antwort gegeben:

> »Die Ergebnisse der Philosophie sind die Entdeckung irgend eines schlichten Unsinns und Beulen, die sich der Verstand beim Anrennen an die Grenzen der Sprache geholt hat. Sie, die Beulen, lassen uns den Wert jener Entdeckung erkennen.« (§ 119)

Und von der »eigentlichen Entdeckung« heißt es dann später, daß sie diejenige ist,

> »die mich fähig macht, das Philosophieren abzubrechen, wann ich will. - Die die Philosophie zur Ruhe bringt, sodaß sie nicht mehr von Fragen gepeitscht wird, die sie *selbst* in Frage stellen [...]« (§ 133).

---

[14] Das Erscheinen von Wittgensteins »Vermischten Bemerkungen« (Frankfurt a. M. 1977) bestätigte in mehr als einer Hinsicht die Grundgedanken dieses (1976 geschriebenen) Beitrages; zum einen sind die Bemerkungen zum großen Teil Aphorismen, zum anderen vergleicht Wittgenstein seine Schreibweise mit derjenigen von Karl Kraus (z. B. S. 51 und S. 127), und schließlich finden sich unter den Aphorismen solche, in denen Wittgenstein die Nähe der Philosophie zur Literatur betont. So heißt es in einer Bemerkung (S. 53): »Ich glaube meine Stellung zur Philosophie dadurch zusammengefaßt zu haben, indem ich sagte: Philosophie dürfte man eigentlich nur *dichten*.« Als weiterer Beleg darf ein Brief Freges an Wittgenstein vom 16. 9. 1919 (Grazer Philosophische Studien 33/34 (1989), S. 21) angeführt werden, aus dem hervorgeht, daß Wittgenstein (in einem nicht erhaltenen Brief) auf die Bedeutung der literarischen Form für das richtige Verständnis des Textes hingewiesen haben muß; denn Frege schreibt erstaunt: »Die Freude beim Lesen Ihres Buches kann also [...] nur durch die Form erregt werden [...] . Dadurch wird das Buch eher eine künstlerische als eine wissenschaftliche Leistung [...] .«

Für »Tractatus« und »Philosophische Untersuchungen« gilt: Beide sind keine Lehrbücher. Ihre Entdeckungen sollen keine wahren Sätze sein, sondern bestimmte Haltungen. Will man für diese einen gemeinsamen Oberbegriff angeben, so könnte er »Weisheit« heißen. Und wer wollte bezweifeln, daß es Philosophie außer mit Wissen und Wissenschaftstheorie auch mit Weisheit zu tun hat?

LITERARISCHE FORM UND NICHT-PROPOSITIONALE ERKENNTNIS IN DER PHILOSOPHIE

Gegenstand dieser Untersuchung ist, ganz allgemein gesprochen, die Philosophie als Literatur. Die literarischen Formen der Philosophie sollen dabei allerdings nur insoweit in den Blick kommen, als sie selbst Ausdruck einer bestimmten Auffassung von Philosophie und deren Methode sind. Es versteht sich, daß in Fällen, in denen eine entsprechende Abhängigkeit von literarischer Form und philosophischer Methode besteht, die Nichtbeachtung dieser Form zu einem Mißverständnis des philosophischen Gehaltes führen muß. Belege für solche Mißverständnisse reichen von der Interpretation Platons bis zur Interpretation Wittgensteins. Im folgenden werden einige sehr unterschiedliche Beispiele für den Zusammenhang von Methode, Form und philosophischem Gehalt vorgeführt (oder manchmal auch nur angedeutet). Die Darstellung folgt jedoch einem ganz bestimmten Leitgedanken, indem die Behandlung der Einzelfälle uns zwangsläufig zu der Frage nach der Stellung der Philosophie selbst (zwischen Literatur und Wissenschaften) und den Formen philosophischer Erkenntnis führen wird. Der Leitgedanke ist, Argumente für eine Erweiterung des Erkenntnisbegriffs über den Begriff der propositionalen Erkenntnis hinaus beizubringen. Damit wird einer einseitigen Orientierung der Philosophie an der Wahrheit im Sinne der Aussagenwahrheit entgegengetreten. Dieser Wahrheitsbegriff als solcher soll jedoch keineswegs in Frage gestellt werden, auch nicht für die Philosophie. Dies sei hier betont, weil eine Formulierung wie »Philosophie als Literatur« sonst leicht den Anschein einer »dekonstruktiven« Gleichmacherei von Philosophie und Literatur erwecken könnte. Das Gegenteil ist jedoch der Fall. Mit der Unterscheidung von propositionaler und nicht-propositionaler Erkenntnis wird auch der Schein von Plausibilität verschwinden, der den Dekonstruktivismus sonst umgibt in seiner Absetzung von einer an den Wissenschaften ausgerichteten Philosophie mit deren Gleichsetzung von Erkenntnis und propositionaler Erkenntnis, d.h. Aussagenwahrheit. Worauf es also ankommt, ist eine Erweiterung des Erkenntnisbegriffs im

Sinne einer größeren Vielfalt, einer Unterscheidung *verschiedener* Erkenntnisweisen.[1]

Bevor wir uns der Frage nach der Notwendigkeit einer solchen Erweiterung ausdrücklicher annehmen können, gilt es, sich den Beispielen zuzuwenden, um einen ungefähren Überblick zu bekommen. Dieser Überblick kann hier nur skizzenhaft erfolgen, die Darstellung selbst wird daher auch, mit Kant zu reden, zunächst etwas »rhapsodisch« ausfallen und, was die historische Abfolge der Beispiele anbelangt, einen leichten Zickzackkurs einschlagen. Grenzen wir zunächst den Bereich möglicher Beispiele ein.

»PHILOSOPHIE ALS LITERATUR«

Die Formulierung »Philosophie als Literatur« ist hier nicht so gemeint, daß auch die Behandlung philosophischer *Inhalte* in *Form* von Literatur eingeschlossen ist. Es geht also nicht um Fragen der Art, wie bestimmte Dichter und Schriftsteller philosophische Gedanken in ihren Dramen, Romanen usw. aufgenommen haben. In diesem Sinne ließe sich z. B. der Einfluß von Schopenhauers Willensmetaphysik in Thomas Manns Romanen feststellen oder auch, weniger weltanschaulich, die Verarbeitung von J. Lockes Assoziationstheorie in Laurence Sternes »Tristram Shandy«. Autoren, die Literatur und Philosophie in ihrer eigenen Person miteinander verbinden, möchten sich hier ganz besonders zu Vergleichen ihrer »zwei Seelen« eignen (J. P. Sartre). Doch, wie gesagt, solche Untersuchungen sind im folgenden nicht im Blick. Philosophie als Literatur meint hier nicht Philosophie *in* Literatur, sondern Philosophie, *sofern* sie Literatur ist. Und diese Bestimmung ist hier zunächst in dem ganz neutralen Sinne zu verstehen, in dem auch wissenschaftliche Literatur zur Literatur gehört. Damit ist bereits eine Beschränkung auf schriftliche Philosophie, auf philosophische *Texte* vorgenommen. Diese Beschränkung ist überhaupt nicht selbstverständlich, wie wir seit Platons Schriftkritik wissen. Eine weitere Einschränkung schließt sich an:

---

[1] Damit schließt dieser Beitrag unmittelbar an die Thematik von »Über Bedeutung in der Literatur« an. Vgl. auch C. Schildknecht, Philosophische Masken. Studien zur literarischen Form der Philosophie bei Platon, Descartes, Wolff und Lichtenberg, Stuttgart 1990, sowie den Sammelband: G. Gabriel/C. Schildknecht (eds.), Literarische Formen der Philosophie, Stuttgart 1990.

Philosophen haben, sofern sie überhaupt bei der Verleihung des Nobelpreises bedacht worden sind, den Nobelpreis für Literatur bekommen, wie z. B. so unterschiedliche Autoren wie Rudolf Eucken und Bertrand Russell. Allerdings hat Russell diesen Preis gerade nicht für seine eigentlichen Hauptwerke in Logik und Erkenntnistheorie, sondern für seine eher »literarische« Produktion erhalten. (Vermutlich hätte auch Kant kaum eine Chance mit seinen drei »Kritiken« gehabt, allenfalls mit seiner populären »Anthropologie in pragmatischer Hinsicht«). So gesehen scheint unserem Sprachgebrauch die paradox anmutende Regel zugrundezuliegen, daß nicht jede Literatur »literarisch« zu heißen verdient. Wir verwenden das Substantiv »Literatur« auch als schlichten Gattungsbegriff, das Adjektiv »literarisch« dagegen als eher wertenden Begriff (Beurteilungsbegriff). Weil dies so ist, möchte ich bemerken, daß die Wortverbindung »literarische Form« dieses Wertungsmoment zunächst nicht einschließt.

Neutral gesagt sind mit literarischen Formen der Philosophie die Darstellungsformen und sprachlichen Darstellungsmittel gemeint, derer sich die Philosophie bedient hat und bedient. Nach solchen Formen gefragt, wird jedem vermutlich als erste die Dialogform, in Erinnerung an Platons Dialoge, in den Sinn kommen. Dies ist ein Indiz dafür, daß wir bei literarischen Formen meist an Abweichungen von den gewöhnlichen Formen denken. Deshalb eine letzte Neutralisierung: Eine Bestandsaufnahme literarischer Formen der Philosophie hat auch die gewöhnlichen akademischen Formen, wie Zeitschriftenaufsatz, Lehrbuch und Dissertation, einzuschließen. Auch hier gibt es bemerkenswerte Unterschiede. Eine philosophische Dissertation ist etwas anderes als ein philosophisches Lehrbuch. Mit der Vorlage eines Lehrbuchs der Philosophie, z.B. einer Einführung in die Philosophie, wird man nicht promoviert. Der Grund ist, daß man von einer Dissertation einen »wissenschaftlich beachtenswerten Beitrag [...] zur wissenschaftlichen Forschung« verlangt (Promotionsordnung der Universität Konstanz, §8). Um dieses Verlangen einzulösen, bedarf es gleichzeitig einer bestimmten Darstellungsform. Im Falle der Dissertation ist diese geradezu normiert. Die Normen betreffen in erster Linie den Umgang mit Zitaten, das Anmerkungswesen (oder -unwesen) usw., schließlich aber auch sprachliche und stilistische Mittel. Auch ohne daß es eigens gesagt würde, ein dozierender Stil ist einer Dissertation nicht angemessen.

LITERARISCHE FORM UND NICHT-PROPOSITIONALE ERKENNTNIS

WISSENSCHAFTLICHE DARSTELLUNGSFORMEN UND DEREN VERWEIGERUNG (WITTGENSTEIN)

Unter dem angekündigten Titel werde ich gewiß keine Anleitung zum Abfassen philosophischer Dissertationen vortragen, ich habe nur zur Verdeutlichung dessen, was alles unter literarische Form zu fassen ist, ein extremes Beispiel heranziehen wollen. Daß selbst Dissertation und Lehrbuch als Beispiele nicht so unwesentlich sind, wie es auf den ersten Blick erscheinen mag, wird sofort deutlich, wenn wir in historischer Perspektive allgemein fragen, ab wann es eigentlich so etwas wie wörtliche Zitate, Anmerkungen oder auch Inhaltsverzeichnisse und Register gibt. Sicher ist das Auftreten dieser Darstellungsformen ein Anzeichen einer bestimmten veränderten Auffassung von Diskursivität, und bezogen auf die Philosophie werden wir wohl ohne Übertreibung davon sprechen dürfen, daß es einhergeht mit der Verwissenschaftlichung von Philosophie als einer akademischen Disziplin. Diese Entwicklung ist bekanntlich selbst ein Thema der Philosophie. Man denke nur an Schopenhauers Polemiken gegen die Universitäts-Philosophie. Eine Aufarbeitung dieser Entwicklung könnte recht gut mit einer historischen Bestandsaufnahme der wissenschaftlichen »Vertextungsformen« von Philosophie beginnen.

Als exemplarischen Beleg dafür, daß die Verwendung dieser Formen im Zusammenhang mit einer bestimmten Auffassung von Philosophie zu sehen ist, möchte ich Wittgenstein anführen. Dieser ist ein eindrucksvolles Beispiel dafür, wie (in der Umkehrung) eine Ablehnung der Verwissenschaftlichung von Philosophie einhergeht mit einer Verweigerung entsprechender Darstellungsformen. Sein Vorwort zum »Tractatus« beginnt mit der Feststellung:

> »Dieses Buch wird vielleicht nur der verstehen, der die Gedanken, die darin ausgedrückt sind - oder doch ähnliche Gedanken - schon selbst einmal gedacht hat.«

Hierauf folgt (in Gewicht gebende Gedankenstriche eingeschlossen) eine *negative* Schlußfolgerung, die Form betreffend: »Es [dieses Buch] ist also *kein Lehrbuch*«. Und dieses Bekenntnis zur »Subjektivität« wird dann fortgesetzt mit der Weigerung:

> »[...] darum gebe ich auch *keine Quellen* an, weil es mir gleichgültig ist, ob das, was ich gedacht habe, vor mir schon ein anderer gedacht hat.« (Hervorhebungen G. G.)

Wittgensteins Buch genügt also weder den formalen Bedingungen eines Lehrbuchs, noch denen einer Dissertation, und nicht einmal eine »Abhandlung« ist es, obwohl der ursprüngliche Titel »Logisch-philosophische Abhandlung« (später latinisiert »Tractatus logico-philosophicus«) dieses vorgibt. Daß Wittgenstein trotzdem mit seinem Buch sozusagen »notpromoviert« worden ist, um die notwendigen formalen Voraussetzungen für die Übernahme der ihm in Cambridge angebotenen Stelle zu erfüllen, bestätigt nur das Gesagte. Die Kuriosität der Prüfungssituation war allen Beteiligten bewußt. Berichten zufolge beendete der »Kandidat« Wittgenstein die Prüfung damit, daß er die Bemerkung seiner Prüfer Russell und G. E. Moore, sie verstünden einiges in seinem Buche noch nicht, mit dem Trost quittierte, sie sollten sich nichts daraus machen, aber sie würden es *nie* verstehen.

ZITAT UND PYRRHONISCHE SKEPSIS (MONTAIGNE, BAYLE)

Verfolgen wir noch ein wenig die literarische Form des Zitats. Als Angabe von Quellen war sie uns als Indiz wissenschaftlicher Explizitheit und Rechenschaft erschienen, um den eigenen Beitrag, aber auch den eigenen Standpunkt in apophantischer Form deutlich hervortreten zu lassen, im Sinne der Frage: Was wird von dem Verfasser gegen wen, auf der Grundlage welcher Untersuchungen anderer *behauptet*? Ganz anders als diese Wissenschaftsform des Zitats ist die Kunstform des Zitats zu beurteilen. Als philosophisch bedeutsames Beispiel sind hier Montaignes »Essais« zu nennen, dieses klassische Werk moderner Subjektivität zwischen den »Confessiones« von Augustinus und dem »Discours de la Méthode« und den »Meditationes« von Descartes.

Die Grundstimmung der »Essais«[2] ist bestimmt durch »die Tatsache, daß kein Satz unbestritten oder jedenfalls keiner unbestreitbar bei uns Geltung hat« (S. 224). Die Haltung ihres Verfassers ist die Pyrrhonische Skepsis mit dem praktischen Ziel eines ausgeglichenen, möglichst ungestörten Lebens. Nicht Wissen, sondern Selbsterkenntnis dient dem Erreichen dieses Zieles. Für den theoretischen Bereich (des Urteilens) sieht

---

[2] Die »Essais« werden in deutscher Übersetzung zitiert nach der Auswahl von A. Franz, Stuttgart 1980. Seitenangaben im Text beziehen sich auf diese Ausgabe.

Montaigne das bekannte Problem des Selbstwiderspruchs des Skeptikers in der folgenden Weise:

> »Die skeptische Philosophie der Pyrrhoniker kann offenbar ihre Grundüberzeugung in keiner Weise sprachlich formulieren; denn dazu brauchte sie eine neue Sprache: unsere Sprache besteht aus lauter positiven Aussagen, und diese vertragen sich nicht mit ihrer Lehre: wenn sie sagen ›Ich zweifle‹, hat man sie gleich gefangen; sie müssen zugeben, daß sie ›zweifeln‹. [...] Ihre Idee läßt sich weniger mißverständlich in dem Fragesatz formulieren: ›Was weiß ich?‹ Das ist für mich der Sinnspruch auf einer Waage.« (S.217)

Sinnspruch und Symbol der Waage hat sich Montaigne selbst zu eigen gemacht. Nicht in der Lage, »eine sichere Wahl zu treffen« (S. 227), kann er sich nicht zwischen Alternativen entscheiden. Gründe und Gegengründe unseres Wissens halten sich so »die Waage«, daß keine der beiden Seiten das Übergewicht bekommt. (Auch Descartes beschreibt später in seinen Meditationen das Durchgangsstadium der Urteilsenthaltung im Rahmen seines methodischen Zweifels in derselben Weise im Bilde der Waage.) Montaignes pyrrhonische Unentschiedenheit findet ihren Ausdruck darin, wie er mit Meinungen (Behauptungen, Urteilen) umgeht. Er behauptet selbst nicht, jedenfalls nicht in der Weise, daß Begründungen verlangt werden könnten. Er will nicht einmal »belehren«, sondern »erzählen« (S. 287); er gibt aber zu denken, indem er fremde Behauptungen zitierend arrangiert. Aufschlußreich sind im Blick auf das uns hier interessierende Formproblem Montaignes Reflexionen über sein Verfahren:

> »Der Leser möge seine Aufmerksamkeit nicht auf den Stoff, sondern auf die Struktur meiner Zitate richten: er soll beurteilen, ob ich bei meinen Entlehnungen die richtige Auswahl so getroffen habe, daß meine Idee dadurch stärker und deutlicher hervortritt, die Idee, die immer von mir kommt; denn ich lasse die anderen sagen, was ich nicht so gut ausdrücken kann; sei es, daß meine Sprache oder mein Verstand nicht die nötige Kraft dazu besitzt.« (S. 197)

Dabei sind Montaignes Zitate verdeckt. Er gibt, wie er hervorhebt, »absichtlich nicht an, von wem sie genommen sind« (ebd.). Bei einem wissenschaftlichen Text käme solche »Intertextualität« der Vertuschung geistigen Diebstahls gleich; hier haben wir es aber mit einer anderen Textart zu tun, mit »Versuchen«, wie der Titel sagt, mit »bloß tastenden Versuchen der Selbsterkenntnis« (S. 286). Die pyrrhonische Unentschiedenheit des Verfassers findet ihren adäquaten Ausdruck in der literarischen Form der Zitat-Montage. »Unsere Sprache besteht aus lauter positiven Aussagen«, hatte Montaigne beklagt (vgl. die oben ausführlich zitierte Stelle, S. 217). Diese der pyrrhonischen Grundüberzeugung widerstreitende apophantische Struktur der Sprache wird durch sein Verfahren des Zitierens unterlaufen, und damit trägt es von formaler Seite zur Einheit von literarischer Form und philosophischem Inhalt bei. Der Verweigerung des Zitats und der Quellenangabe (Wittgenstein) und der Verwendung des Zitats unter Verweigerung der Quellenangabe (Montaigne) läßt sich die Beachtung beider an die Seite stellen, ohne daß es sich dabei um das übliche wissenschaftliche Verfahren des Zitierens handeln würde. Im Rahmen seines Wörterbuchs - auch das Wörterbuch ist eine sehr interessante und gar nicht so einfache literarische Form - scheint P.Bayle (»Dictionnaire Historique et Critique«, 1. Auflage 1696/97) einen Gebrauch von Zitaten und Quellenangaben zu machen, der in ähnlich ausgeklügelter Weise wie bei Montaigne die pyrrhonische Unentschiedenheit durch »Ausgewogenheit«, d.h. gute Verteilung der Argumente zu erzeugen sucht. Die durchgehende Belegung einander widerstreitender *fremder* Theorien stützt indirekt die *eigene* Theoriefeindlichkeit und soll das Denken des Lesers von eventuellen dogmatischen Ansprüchen befreien: Zitieren als Therapieren.

Damit möchte ich die Betrachtung des Zitats beenden. Es ist hoffentlich deutlich geworden, wie vielfältig die Aspekte selbst einer so trivial erscheinenden literarischen Form sein können. Seine interessantesten Züge verdankt das Zitat wohl dem Umstand, daß es einem Dinge zu sagen erlaubt, ohne sie selbst vertreten zu müssen. Hier ist die Quelle insbesondere seiner subversiven Möglichkeiten. Als Zwischenergebnis läßt sich festhalten, daß bereits der Umgang mit dieser Klein- oder Teilform Belege für den Zusammenhang von literarischer Form und philosophischer Methode abgibt.

ESSAY UND UNSAGBARKEIT (ADORNO)

Folgen wir nun dem geläufigeren Verständnis literarischer Formen als den Formen im Großen und fragen damit nach den literarischen Gattungen der Philosophie. Nachdem feststeht, daß auch Lehrbuch, Dissertation, Wörterbuch und verwandte Formen zu diesen Gattungen zu zählen sind, nennen wir einige Gattungen, die literarisch im engeren Sinne sind: Da kommen als die geläufigsten vor allem Dialog, Aphorismus und Essay in Frage. Weil wir mit ihm schon begonnen haben, bleiben wir zunächst beim Essay. Terminologisch scheint diese Gattung nicht sehr bestimmt zu sein. Im Gegensatz zu Montaignes »Essais«

(Plural!) ist z.B. J. Lockes »Essay [Singular!] concerning human understanding« in seinem Aufbau und in seiner Sprache von einem »normalen« philosophischen Werk kaum verschieden. Locke unterscheidet, behauptet, beweist und widerlegt, bedient sich also der diskursiv-argumentativen Form, wie wir sie in der Wissenschaft kennen und erwarten. Der in der Titelbezeichnung »Essay« angedeutete *Versuchs*charakter unterstreicht lediglich den im Text branchenüblich zum Ausdruck gebrachten Topos der Bescheidenheit, ohne der tatsächlichen Darstellungsform zu entsprechen. Um dem Essay als bewußter Form nachzuspüren, müssen wir uns an andere Autoren halten. Ich möchte als Beispiel Adorno anbieten. Zeitlich und sachlich weit genug von Montaigne entfernt verbindet beide Autoren, daß die Form des Essays tatsächlicher Ausdruck ihrer philosophischen Methode und Überzeugung ist.

Betrachten wir als Text Adornos »Ästhetische Theorie«. Hier sind wir in der angenehmen Lage, daß Adorno selbst die Beschreibung der von ihm gewählten literarischen Form mitliefert. Sie findet sich in den Essays (die Bezeichnung »Aufsatz« wage ich nicht zu verwenden) »Der Essay als Form« und »Parataxis« (zu Hölderlin); ferner in Briefen, die im editorischen Nachwort zur »Ästhetischen Theorie« zitiert werden.[3]

Adornos eigene Schreibweise ist die der Parataxis, d.h. der Reihung von Gedanken im Unterschied zu deren logischer Unterordnung. Ausgebildet findet er sie in Hölderlins Odenstrophen. »Sie [die Odenstrophen] nähern aber als reimlose in ihrer Strenge paradox sich der Prosa« (Schriften, Bd.XI, S. 470). Die Wahl dieser Form wird als Verweigerung gedeutet, als Ausdruck von »gegen Harmonie sich Sträubendes« (S. 473). Hölderlins Verweigerung wird sodann in den Prozeß der »Dialektik der Verinnerlichung im bürgerlichen Zeitalter« gestellt, in dem die "Sublimierung primärer Fügsamkeit [...] zur Autonomie« als »jene oberste Passivität« schließlich »ihr formales Korrelat in der Technik des Reihens fand« (S. 475f.). Lassen wir die Kühnheit dieser Deutung außer acht, so ist sie doch aufschlußreich für Adornos Selbstverständnis. Sie erlaubt es uns, seine Übernahme der »Technik des Reihens« als literarische Form seiner »Negativität« zu begreifen. Der Verweigerung des Reims (als angenehmer Anschauung) bei Hölderlin korrespondiert

---
[3] »Der Essay als Form« und »Parataxis« werden nach der Ausgabe von Adornos Schriften, Bd. XI zitiert. Seitenzahlen ohne weitere Angaben beziehen sich auf diesen Band. Verweise auf die »Ästhetische Theorie« (ÄT) beziehen sich dagegen auf die Einzelausgabe (stw).

bei Adorno (auf der Seite des Begriffs) die Verweigerung der diskursiven Ordnung. Der methodische Sinn der Reihung tritt deutlich hervor in »Der Essay als Form«. Der Essay »suspendiert [...] den traditionellen Begriff von Methode« (S. 18). Nicht nur »verweigert er die Definition seiner Begriffe« (S. 19), er verfährt geradezu »methodisch unmethodisch« (S. 21). Die diskursive Über- und Unterordnung von Begriffen und Argumenten, »die lückenlos durchorganisierte Wissenschaft«(S. 14), also das, was man im Konstruktivismus die «methodische Ordnung« nennt, tragen nach Adorno, der hier logische und politische Unterordnung sowie logische und politische Abhängigkeit kontaminiert, »die Spur repressiver Ordnung«(S. 15). Auf der Gegenseite trägt auch »begrifflos anschauliche Kunst« diese Spur. Gegen die Trennung von Begrifflichkeit und Anschaulichkeit als falschen »Idealen des Reinlichen und Säuberlichen« (S. 14) sucht Adorno eine Ästhetisierung der Begrifflichkeit zu setzen, wie dies denn auch der Titel »Ästhetische Theorie« besagt, in dem paradoxerweise die Eigenschaft »ästhetisch« einer Theorie zugeschrieben wird. Adornos zwanghafte Angst vor der Herrschaft bloß begrifflicher Logik und der Gefälligkeit bloß anschaulicher Kunst bringt all die Eigentümlichkeiten (und auch Manieriertheiten) seines Stils hervor, von den ständigen grammatischen Inversionen, die er auch bei Hölderlin mit Bedacht vermerkt (S. 476), bis zur Verdichtung (Poetisierung) fremdester Fremdwörter. (Daß Adorno die Inversion insbesondere an den Wörtchen »sich« und »nicht«, also den sprachlichen Zeichen der Reflexivität und Negativität ausläßt, sei am Rande als vermutlich nicht zufällig angeführt.) Den Eigentümlichkeiten im Kleinen (im Satzverband) entspricht im Großen (im Textverband) das Fehlen jeder auf Ordnung bedachten Gliederung. Auch wenn man in Rechnung setzt, daß die »Ästhetische Theorie« ihre abschließende Form nicht mehr gefunden hat, hier hätte sich kaum etwas geändert. So ist selbst eine ursprüngliche Kapiteleinteilung von Adorno später wieder aufgegeben worden. Es finden sich weder Überschriften noch Paragraphenzählung. Die formale Gliederung beschränkt sich auf Absätze und Zwischenräume. Ein Inhaltsverzeichnis war anscheinend nicht vorgesehen, die vorangestellte »Übersicht« ist eine Hinzufügung der Herausgeber (ÄT, S. 544). Die Lektüre des Textes bestätigt, ein Einstieg ist an beliebiger Stelle möglich. Die Herausgeber sagen selbst: Nachträglich geschriebene Einfügungen ließen sich nicht zuordnen, »fast immer boten sich mehrere Stellen zur Eingliederung an« (ÄT, S. 543f.). Das in der zweiten Auflage angehängte Begriffsregister wird mit den Worten entschuldigt:

»So inadäquat Adornoschen Texten ihre Verzettelung nach Stichwörtern ist, im Fall der dickichthaft verschlungenen »Ästhetischen Theorie« dürfte das Register eine legitime Hilfe bieten.« (In der vorgelegten Form ist es keine Hilfe!)

Es folgen nun einige weitere charakteristische Zitate aus »Der Essay als Form«. Dort heißt es (über den Essay):

»[...] Der Gedanke schreitet nicht einsinnig fort, sondern die Momente verflechten sich teppichhaft.«
»Alle seine Begriffe sind so darzustellen, daß sie einander tragen, daß ein jeglicher sich artikuliert je nach den Konfigurationen mit anderen.«
»[...] Er erstellt kein Gerüst und keinen Bau.« (Schriften, Bd. XI, S. 21)

Es folgt eine ausdrückliche Zurückweisung von Descartes' methodischen Regeln (2-4) des »Discours de la Méthode«, und wieder taucht der negativ-dialektische Hintergrund auf:

»Er [der Essay] denkt in Brüchen, so wie die Realität brüchig ist, und findet seine Einheit durch die Brüche hindurch, nicht indem er sie glättet. Einstimmigkeit der logischen Ordnung täuscht über das antagonistische Wesen dessen, dem sie aufgestülpt ward.« (S. 25)

Die Negation der logischen Ordnung ist aber nicht bloße Negation:

»Denn der Essay befindet sich nicht im einfachen Gegensatz zum diskursiven Verfahren. Er ist nicht unlogisch; gehorcht selber logischen Kriterien insofern, als die Gesamtheit seiner Sätze sich einstimmig zusammenfügen muß [...] Nur entwickelt er die Gedanken anders als nach der diskursiven Logik. Weder leitet er aus einem Prinzip ab noch folgert er aus kohärenten Einzelbeobachtungen. Er koordiniert die Elemente, anstatt sie zu subordinieren; und erst der Inbegriff seines Gehalts, nicht die Art von dessen Darstellung ist den logischen Kriterien kommensurabel.« (S. 31f.)

Diese Ausführungen wird man zwar nicht im Sinne einer wirklichen Gattungstheorie des Essays lesen dürfen (so etwas wäre Adorno wohl auch nicht in den Sinn gekommen), aber doch als vorgreifenden Kommentar zur literarischen Form der »Ästhetischen Theorie«. Adorno bestätigt dies, wenn er von den besonderen Formproblemen und Darstellungsschwierigkeiten der »Ästhetischen Theorie« in Briefen schreibt (vgl. dazu die beiden von den Herausgebern zitierten Briefstellen, ÄT, S. 541):

»Interessant ist, daß sich mir bei der Arbeit aus dem *Inhalt* der Gedanken gewisse Konsequenzen für die Form aufdrängen, die ich längst erwartet, aber die mich nun doch überraschen. Es handelt sich ganz einfach darum, daß aus meinem Theorem [!G. G.], daß es philosophisch nichts ›Erstes‹ gibt, nun auch folgt, daß man nicht einen argumentativen Zusammenhang in der üblichen Stufenfolge aufbauen kann, sondern daß man das Ganze aus einer Reihe von Teilkomplexen montieren muß, die gleichsam gleichgewichtig sind und konzentrisch angeordnet, auf gleicher Stufe; deren Konstellation, nicht die Folge, muß die Idee ergeben.«

»Sie [die Darstellungsschwierigkeiten] bestehen [...] darin, daß die einem Buch fast unabdingbare Folge des Erst-Nachher sich mit der Sache als so unverträglich erweist, daß deswegen eine Disposition im traditionellen Sinn, wie ich sie bis jetzt noch verfolgt habe (auch in der ›Negativen Dialektik‹ verfolgte), sich als undurchführbar erweist. Das Buch muß gleichsam konzentrisch in gleichgewichtigen, parataktischen Teilen geschrieben werden, die um einen Mittelpunkt angeordnet sind, den sie durch ihre Konstellation ausdrücken.«

Anknüpfen möchte ich an die letzte Bemerkung. Der hier angesprochene Mittelpunkt wird in dem vorausgegangenen Zitat als »die Idee« gekennzeichnet, als die Idee des Werkes, werden wir ergänzen dürfen. Was aber ist diese Idee? Nun, Adorno benennt sie nicht, und es versteht sich von selbst, daß er eine solche Nennbarkeit bestreiten würde. Angesprochen ist damit das Problem der Unnennbarkeit, der Unsagbarkeit, des Unaussprechlichen. Dieses Problem ist es, dem die literarische Form der »Ästhetischen Theorie« Rechnung zu tragen versucht.

Die Anerkennung des Unsagbaren kann viele Gründe oder besser, Hinter-Gründe haben. Nach allem, was Adorno zum Verhältnis von Anschauung und Begriff sagt, wird der Hintergrund bei ihm dort zu suchen sein, wo bei anderen die sogenannte intellektuelle Anschauung einrückt. Intellektuelle Anschauung wird nicht positiv als Erkenntnisweise in Anspruch genommen, ist aber doch in einer Theorie, die selbst ästhetisch zu sein vermeint, intendiert und in der literarischen Form der Parataxe *via negationis* der Möglichkeit nach reklamiert und als Sehnsucht bewahrt.

FORMEN DER SUBJEKTIVITÄT (AUGUSTINUS, DESCARTES, KIERKEGAARD)

Unsere Bestandsaufnahme läuft bislang darauf hinaus, daß die *Betonung* der literarischen Form im engeren Sinne der Kunstform aus einer Gegenbewegung zur wissenschaftlichen Form der Philosophie erwächst. Als *ein* wesentlicher Hintergrund dieser Bewegung darf das Problem der Unsagbarkeit angeführt werden. Bevor wir hier zu weiteren Differenzierungen kommen, verfolgen wir zunächst eine andere Linie.

Lassen sich die »Essais« von Montaigne auch der genannten Gegenbewegung zurechnen, das Motiv ihrer literarischen Form ist doch sehr verschieden von demjenigen der »Ästhetischen Theorie«; es ist der ihnen eigene Aspekt der Subjektivität. Dieses Stichwort war bereits gefallen. Doch auch Subjektivität kennt viele literarische Ausdrucksformen, und die Verschiedenheit dieser Ausdrucksformen kennzeichnet umgekehrt auch die Verschiedenheiten der zum Ausdruck gebrachten Subjektivität. Man vergleiche die »Essais« Montaignes mit Augustinus' »Confessiones« und Descartes' »Discours«. In allen drei Texten spricht der jeweilige Verfasser von sich selbst. Montaigne erklärt, daß es ihm eigentlich *nur* um Selbstkenntnis zu tun ist, allerdings in exemplarischer Absicht, mit Blick auf das »Menschsein« (vgl. Essais, S. 286). Gott tritt bei ihm als Instanz nicht auf. Bemerkenswert ist in dieser Hinsicht ein direkter Vergleich von Augustinus mit Descartes. Sind die »Confessiones« ein exemplarisches Bekenntnis vor Gott und den Menschen, um den Menschen zu zeigen, daß es möglich ist, zu Gott zu kommen, so ist der »Discours« ein exemplarisches »Bekenntnis« vor der Kirche und den Menschen, um den Menschen zu zeigen, daß es möglich ist, »zur Vernunft« zu kommen. Die literarische Form der »Confessiones« wird bei Descartes säkularisiert, die Subjektivität ist eine selbstbewußte Subjektivität, und man sieht sehr deutlich, wie schwer sich Descartes mit dem durch die Form vorgegebenen Topos der Bescheidenheit tut. Bemerkenswert ist in diesem Zusammenhang Descartes' Feststellung in der »Widmung« der »Meditationen«, wonach der Ruhm Gottes es rechtfertige, von den eigenen *Leistungen* zu reden. Augustinus spricht dagegen ganz im Gegenteil von seinen eigenen *Verfehlungen*. Für Augustinus und Descartes gilt, daß Gotteserkenntnis durch (nach) Selbsterkenntnis erfolgt; aber: Gotteserkenntnis ist bei Augustinus Endzweck, bei Descartes Durchgangsstadium für die Wahrheitsvergewisserung. So ist wohl auch die formale Gliederung der »Meditationen« kein Zufall, besonders da Descartes eine Zuordnung der einzelnen Meditationen zu einzelnen Tagen vornimmt. Gott hat die Welt in sechs Tagen erschaffen. Descartes zerstört die Welt erkenntnistheoretisch und baut sie aus der *Selbst*erkenntnis wieder auf, in sechs Meditationen an sechs aufeinanderfolgenden Tagen.

Es versteht sich, daß die Traditionen der Unsagbarkeit und der Subjektivität noch andere Formen hervorgebracht haben als die bislang betrachteten. Dies gilt auch für die Verbindung beider Traditionen. Ein besonders charakteristisches Beispiel dürfte aber wohl Kierkegaards Kultur der Innerlichkeit mit deren Darstellungsformen der »indirekten Mitteilung« sein. (Der Plural ist hier deshalb angebracht, weil sich Kierkegaard bei der indirekten Mitteilung verschiedener literarischer Gattungsformen bedient.) Genannt zu werden verdient in diesem Zusammenhang aber auch Lichtenberg, der bereits den Gedanken der

Indirektheit auf den emphatischen Punkt und in der Form seiner Aphorismen auch zur Anwendung gebracht hat:

> »Wie es denn wirklich an dem ist, daß Philosophie, wenn sie für den Menschen etwas mehr sein soll als eine Sammlung von Materien zum Disputieren, nur indirekte gelehrt werden kann.« (Schlußsatz von »Amintors Morgenandacht«)

Unsagbarkeit in dem Sinne, daß die direkte (diskursive) Mitteilung als Form des Wissens nicht möglich ist, kommt nach Kierkegaard ethischen (und religiösen) Wahrheiten zu. Träger dieser Wahrheiten ist keine Gemeinschaft von Wissenschaftlern, keine »scientific community«, sondern das persönliche (existentielle) Ich. Die direkte Mitteilung des Ethischen ist nicht nur unmöglich, sie verfälscht sogar dessen Wesen; »denn dozieren heißt, es unethisch mitteilen.« (Die Tagebücher. Eine Auswahl, ed. H. Gerdes, Düsseldorf 1980, S. 135). Die Mitteilung des Ethischen darf deshalb nicht die Form der »Mitteilung eines Wissens«, sie muß die Form der »Mitteilung eines Könnens« haben, eines praktischen Wissens, wenn man so will. Ethisches »Wissen«, wenn man das Wort noch gebrauchen will, ist jedenfalls kein propositionales Wissen in dem Sinne, daß man es durch die Anerkennung einer Aussage als wahr erwirbt. Weil man die (indirekte) Mitteilung des Könnens und Könnensollens in die (direkte) Mitteilung eines propositionalen Wissens verwandelt hat, ist, so Kierkegaard, »das Existentielle ausgelöscht« (Tagebücher, S. 135). Diese »Grundverwirrung der heutigen Zeit« (ebd.) sucht Kierkegaard aufzulösen, in angemessener literarischer Form zu unterlaufen, z.B. durch absichtliche »ironische« Irreführung des Lesers. Äußeres Kennzeichen dieser Irreführung sind die »Pseudonyme«. Die indirekte Mitteilung gibt Uneigentlichkeit, »Betrug« vor, um das Gegenteil beim Leser »geburtshelferisch« zu erreichen (S. 144f., 146).

UNSAGBARKEIT UND DER SPRACHMODUS DES ZEIGENS

Kehren wir nach unserem Seitenweg durch die Subjektivitätsthematik zu dem Problem der Unsagbarkeit und dessen Bewältigung durch die literarische Form zurück. Hier sind weitere Differenzierungen notwendig. Unsagbarkeit ist das Leitmotiv der Wahl ihrer jeweiligen literarischen Form sowohl für Kierkegaard als auch für Adorno. Bei Kierkegaard ist es die Unsagbarkeit des Ethischen, bei Adorno die Unsagbarkeit der intellektuellen Anschauung. Bei Kierkegaard liegt die Betonung auf dem Nicht-sagen-*dürfen*, bei Adorno auf dem Nicht-sagen-*können*.

Unsagbarkeit impliziert natürlich nicht, daß man überhaupt nichts sagen könne. Auch wenn man das Unsagbare nicht sagt, so kann man doch etwas anderes sagen und das Unsagbare meinen, mitmeinen oder anzielen. Unsagbarkeit impliziert also nicht generelle Schweigsamkeit, sondern allenfalls Schweigsamkeit darüber, *wovon* man nicht sprechen kann (vgl. Wittgensteins Schlußsatz des »Tractatus«). Wir können den Gedanken der Unsagbarkeit aber auch noch schwächer verstehen, und zwar so, daß man selbst *von* dem Unsagbaren sprechen kann, aber nicht im Sprachmodus des Sagens, sondern in einem anderen Sprachmodus, z.B. dem des Zeigens.

Was sich zeigt, zeigt sich nun aber nicht unbedingt in einem *Sprach*modus. Es darf also das Zeigen selbst nicht vorschnell an Sprache gebunden werden. Wenn sich »das Mystische« zeigt (Wittgenstein), so wohl nicht in der Sprache, sondern in der Anschauung (Kontemplation). Um das Zeigen als *Sprach*modus zu fassen, können wir auf Kierkegaards Ausdruck »indirekte Mitteilung« zurückgreifen. Wenn diesem Ausdruck eine weitere Bedeutung gegeben wird als er ursprünglich (auf den Bereich des Ethischen beschränkt) hat, so läßt sich der Sprachmodus des Zeigens eingliedern in eine übergreifende Mitteilungsform der Indirektheit, die beansprucht, mehr (oder anderes) zu meinen als sie explizit sagt (sagen darf oder sagen kann). Kierkegaard meinte etwas anderes als er sagte, Adorno meinte mehr als er sagte, und Wittgenstein meinte, was er nicht sagte:

> »Ich wollte nämlich schreiben, mein Werk [der ›Tractatus‹] bestehe aus zwei Teilen: aus dem, der hier vorliegt, und aus alledem, was ich *nicht* geschrieben habe. Und gerade dieser zweite Teil ist der Wichtige.« (Brief an von Ficker Oktober/November 1919)

»ÜBERSICHTLICHE DARSTELLUNG« UND SYNOPTISCHE SCHAU (WITTGENSTEINS »PHILOSOPHISCHE UNTERSUCHUNGEN«)

Die Schriften Wittgensteins sind besonders eindringliche Belege dafür, wie wesentlich die Beachtung der literarischen Form für das richtige Verständnis philosophischer Texte sein kann. So hat die Nichtbeachtung der Form des »Tractatus« zu dem Mißverständnis seiner positivistischen Lesart beigetragen.[4] Und die Nichtbeachtung der Form der »Philosophi-

---

[4] Siehe hierzu den Beitrag »Logik als Literatur?«.

schen Untersuchungen« hat das Mißverständnis von deren linguistischer Lesart hervorgebracht, veranlaßt durch Bemerkungen wie die folgende (Philosophische Untersuchungen, § 116):

> »Wenn die Philosophen ein Wort gebrauchen - ›Wissen‹, ›Sein‹, ›Gegenstand‹, ›Ich‹, ›Satz‹, ›Name‹ - und das *Wesen* des Dings zu erfassen trachten, muß man sich immer fragen: Wird denn dieses Wort in der Sprache, in der es seine Heimat hat, je tatsächlich so gebraucht? - *Wir* führen die Wörter von ihrer metaphysischen, [literarisches Komma! G. G.] wieder auf ihre alltägliche Verwendung zurück.«

Wenn Wittgenstein sich durch das betonte (in Kursivdruck hervorgehobene) »Wir« von »den« Philosophen (und seiner eigenen »Tractatus«-Vergangenheit) abzuheben sucht, so ist die angesprochene Zurückführung auf die »alltägliche Verwendung« doch nicht Ausdruck einer vordergründigen Lust am Trivialen (wie man sie unter linguistischen Wittgensteinianern bisweilen findet), sondern Ausdruck einer Sehnsucht nach nicht-entfremdeter gelingender Praxis, die dann allerdings mit einer *hintergründigen* Lust am Trivialen einhergeht. Diese Hintergründigkeit ist es, die auf die Tradition der Metaphysik *via negationis* verweist. Auf oder vor diesem Hintergrund gewinnen Wittgensteins Analysen erst ihre Bedeutung (vgl. §§ 118 und 119). Ohne ihn würde die Ersetzung von »Erklärungen« durch »Beschreibungen« in der Tat auf einen linguistischen Deskriptivismus hinauslaufen.

Was sich durch die metaphysikkritischen, negativen Analysen positiv durchhält, ist kein fest begrenztes Thema, auch nicht eine inhaltlich zu bestimmende richtige Sicht der Welt, wie noch im »Tractatus«, intendiert ist eine Sicht*weise* von Welt, eine bestimmte »Art, wie wir die Dinge sehen« (§ 122). Die Bestimmtheit ist damit eine solche der Form, weniger des Inhalts. Ihr entspricht die literarische Form der »übersichtlichen Darstellung«, die den vielfältigen Einzelanalysen des späten Wittgenstein die Einheit der Perspektive verleiht. In dieser Darstellungs*form* findet Wittgensteins »Weltanschauung« ihren angemessenen Ausdruck (§ 122):

> »Es ist eine Hauptquelle unseres Unverständnisses, daß wir den Gebrauch unserer Wörter nicht *übersehen*. - Unserer Grammatik fehlt es an Übersichtlichkeit. - Die übersichtliche Darstellung vermittelt das Verständnis, welches eben darin besteht, daß wir die ›Zusammenhänge sehen‹. Daher die Wichtigkeit des Findens und des Erfindens von *Zwischengliedern.*
> Der Begriff der übersichtlichen Darstellung ist für uns von grundlegender Bedeutung. Er bezeichnet unsere Darstellungsform, die Art, wie wir die Dinge sehen. (Ist dies eine ›Weltanschauung‹?).«

Gelungen ist Wittgenstein die übersichtliche Darstellung nicht in dem Maße, wie er sie selbst wünschte. Über »Landschaftsskizzen« sei er nicht hinausgekommen, schreibt er im Vorwort zu den »Philosophischen Untersuchungen«. Wenn dieses Eingeständnis kein indirektes Bekenntnis zur literarischen Form des Fragments sein soll, ist anzunehmen, daß hier der (von Schopenhauer übernommene) kontemplative Grundzug des »Tractatus« in neuer Form wiederkehrt, daß die übersichtliche Darstellung, in Wittgensteins Bild bleibend, eine synoptische Schau der ganzen Landschaft anstrebt. (Die Parallelisierung von »Erkennen« und »Sehen«, bzw. »Schauen« hat Wittgenstein durchgehend beibehalten.)

Von hier aus eröffnet sich eine überraschende Übereinstimmung zwischen dem späten Wittgenstein und Adorno. (Wenn die Anwendung des Transitivitätsgesetzes hier nicht zu kühn anmuten würde, möchte man sogar eine *coincidencia oppositorum* bei deren Stammvätern Schopenhauer und Hegel vermuten!)

KONTEMPLATIVE ERKENNTNIS (WITTGENSTEIN IM VERGLEICH MIT ADORNO UND SCHOPENHAUER)

Die Herausgeber der »Ästhetischen Theorie« kommentieren (ÄT, S. 541), daß Adornos philosophische Parataxis »dem Hegelschen Programm eines reinen Zusehens« gerecht zu werden suche. Diese Beschreibung ließe sich nach dem im vorigen Abschnitt Gesagten, bei Ersetzung von »Hegel« durch »Schopenhauer«, auf die »Philosophischen Untersuchungen« übertragen. Bestätigt wird diese These durch einen Vergleich der Darstellungsformen, in den wir als *tertium comparationis* zu Wittgenstein und Adorno auch Schopenhauer einschließen wollen.

Bilden die »Philosophischen Untersuchungen« und die »Ästhetische Theorie« in sprachlicher Hinsicht geradezu Gegensätze[5], die formale

---

[5] Diese Gegensätze machen es wohl unmöglich, beide Autoren gleichermaßen zu schätzen. Wie die Sympathien des Verf. verteilt sind, dürfte kaum verborgen geblieben sein. Als besonders krasses Fehlurteil der »Gegenseite« sei hier H. Marcuses Kommentar zu dem Stil der »Philosophischen Untersuchungen« angeführt (Der eindimensionale Mensch, 1967; zitiert nach K. Wuchterl/A. Hübner, Wittgenstein in Selbstzeugnissen und Bilddokumenten, Reinbek 1979, S. 143): »Der Stil, in dem dieser philosophische Behaviorismus [!] sich darstellt, wäre einer Analyse wert. Er scheint sich zwischen den Polen päpstlicher Autorität und gutmütiger Anbiederung zu bewegen. Beide Tendenzen sind bruchlos verschmol-

Anordnung der Texte erweist sich jedoch als sehr verwandt. Adorno erläutert, wie wir bereits gesehen haben, seine parataktische Komposition in der Weise, daß deren Teile »um einen Mittelpunkt angeordnet sind, den sie durch ihre Konstellation ausdrücken« (ÄT, S. 541). Nicht als identischen Mittelpunkt einer eher kreisenden Denkbewegung, wie Adorno, aber auch als identisch, als denselben (ganzheitlichen) Zielpunkt nämlich des je Gemeinten, beschreibt Wittgenstein den Gegenstand seiner Mitteilung:

> »Jeder Satz, den ich schreibe, meint immer schon das Ganze, also immer wieder dasselbe und es sind gleichsam nur Ansichten eines Gegenstandes unter verschiedenen Winkeln betrachtet.« (Vermischte Bemerkungen, S. 22)

In Absetzung von der Reihung der Aphorismen im »Tractatus«, die sich dort gewissermaßen als Sprossen zu einer »Leiter« zusammenfügen[6], fährt Wittgenstein dann fort:

> »Ich könnte sagen: Wenn der Ort, zu dem ich gelangen will, nur auf einer Leiter zu ersteigen wäre, gäbe ich es auf, dahin zu gelangen. Denn dort, wo ich wirklich hin muß, dort muß ich eigentlich schon sein. Was auf einer Leiter erreichbar ist, interessiert mich nicht.
> Die erste Bewegung [die des ›Tractatus‹, G. G.] reiht einen Gedanken an den anderen, die andere [die der »Philosophischen Untersuchungen«, G. G.] zielt immer wieder nach demselben Ort.« (ebd.)[7]

---

zen in Wittgensteins immer wiederkehrendem Gebrauch des Imperativs mit dem intimen und herablassenden ›Du‹.« Die Beurteilung dieser zu Recht hervorgehobenen Stilelemente nimmt sich ganz anders aus, wenn man erkennt, daß mit dem »Du« Wittgensteins alter ego angesprochen ist: »Ich schreibe beinahe immer Selbstgespräche mit mir selbst. Sachen, die ich mir unter vier Augen sage.« (Vermischte Bemerkungen, Frankfurt 1977, S. 147) Die Therapie, der Wittgenstein die Philosophen unterzieht, ist zu einem wesentlichen Teil Selbsttherapie: »Die Arbeit an der Philosophie ist [...] eigentlich mehr die Arbeit an Einem selbst. An der eigenen Auffassung. Daran, wie man die Dinge sieht.« (a.a.O., S. 38)
[6] Vgl. dazu »Logik als Literatur?«
[7] Diese aus den »Vermischten Bemerkungen« herausgezogenen Stellen (aus dem Jahre 1930) gehören zu einer früheren Fassung des gedruckten Vorworts der »Philosophischen Bemerkungen«, einer Vorstufe zu den »Philosophischen Untersuchungen«. Vgl. dazu, wie R. Rhees in seiner »Anmerkung des Herausgebers« zur »Philosophischen Grammatik«, dem chronologischen Verbindungsstück zwischen den »Bemerkungen« und den »Untersuchungen« notiert: »In seiner Umarbeitung [der »Philosophischen Grammatik«, G. G.] hat Wittgenstein jede Einteilung in Kapitel oder Abschnitte weggelassen; ebenso die Paragraphennummern und die Inhaltsangabe. Warum, wissen wir nicht.« Eine mögliche Antwort ergibt sich aus unserer Analyse. Wittgenstein wollte zumindest im Innern die Reste der Lehrbuchform austilgen, die der Titel noch mitzuführen schien: »Mein Buch könnte auch heißen: Philosophische Grammatik. Dieser Titel hätte zwar den Geruch eines Lehrbuchtitels, aber das macht ja nichts, da das Buch hinter ihm steht.« (zitiert nach R. Rhees a. a. O.)

Auch Schopenhauer[8] betont, in der Vorrede zur ersten Auflage von »Die Welt als Wille und Vorstellung«, die (ganzheitliche) Identität des von ihm Mitgeteilten. Dieses sei »ein einziger Gedanke«, der sich »von verschiedenen Seiten betrachtet« (Wittgenstein: »Ansichten eines Gegenstandes unter verschiedenen Winkeln betrachtet«) als Metaphysik, Ethik und Ästhetik zeige (W I, S. 7). Im Unterschied zu einem »System von Gedanken«, das einen »architektonischen Zusammenhang« verlange, müsse ein einziger Gedanke »so umfassend er auch sein mag, die vollkommenste Einheit bewahren« (ebd.). Von den Teilen seiner Mitteilung dürfe deshalb der Sache nach - Schopenhauer verwendet hier den Begriff des Organismus - »keiner der erste und keiner der letzte« sein. Andererseits müsse das Buch »eine erste und eine letzte Zeile« haben (ebd.): »folglich werden Form und Stoff hier im Widerspruch stehn.« (a. a. O., S. 8).

Erinnern wir daran, daß Adorno mit nahezu denselben Worten seine »Darstellungsschwierigkeit« in der »Ästhetischen Theorie« (mit der Konsequenz paratatkischer Darstellung) beschreibt, daß »die in einem Buch fast unabdingbare Folge des Erst-Nachher« unverträglich sei mit seinem »Theorem, daß es philosophisch nichts Erstes gibt« (ÄT, S. 541). Der »Widerspruch« (Schopenhauer) oder die »Darstellungsschwierigkeit« (Adorno) besteht mit Blick auf unsere früheren Ausführungen darin, daß das Medium der Mitteilung, die Sprache, sich in der Zeit erstreckt, der mitgeteilte Inhalt aber ein Überblicken aller Teile der Mitteilung *auf einmal*, in synoptischer Schau, verlangen würde.[9] Schopenhauer gibt seinen Lesern deshalb auch den Rat »das Buch zweimal zu lesen« (W I, S. 8). Da der Widerspruch notwendigerweise besteht, man darf sagen, durch die Natur der Anschauungsform der Zeit zustande kommt, an die Sprache und Denken gebunden sind, kann auch die Wahl einer besonderen Darstellungsform ihn nicht beheben, sie kann ihm nur gerecht zu werden suchen. Obwohl Schopenhauer nicht so weit geht wie Adorno und Wittgenstein und im Vergleich zu beiden unvergleichlich

---
[8] Schopenhauer wird zitiert nach der Ausgabe der »Sämtlichen Werke«, ed. W. von Löhneysen, Stuttgart/Frankfurt a. M ²1968. Verweise erfolgen unter Verwendung des Kürzels ›W‹ und römischer Ziffern für die Bandnummern.
[9] Zum theologischen Hintergrund des Konzepts der »Schau« vgl. T. Rentsch, Der Augenblick des Schönen. Visio beatifica und Geschichte der ästhetischen Idee, in: H. Bachmaier/T. Rentsch (eds.), Poetische Autonomie? Zur Wechselwirkung von Dichtung und Philosophie in der Epoche Goethes und Hölderlins, Stuttgart 1987, S. 329-353.

geradliniger argumentiert, vermeidet auch er bis in die formale Textanordnung hinein die Systemform des »architektonischen Zusammenhangs« mit dessen gliedernden Über- und Unterordnungen.

> »Schon der organische, nicht kettenartige Bau des Ganzen macht es nötig, bisweilen dieselbe Stelle zweimal zu berühren. Eben dieser Bau auch und der sehr enge Zusammenhang aller Teile hat die mir sonst sehr schätzbare Einteilung in Kapitel und Paragraphen[10] nicht zugelassen; sondern mich genötigt, es bei vier Hauptabteilungen, gleichsam vier Gesichtspunkten des einen Gedankens, bewenden zu lassen.« (W I, S. 8f. Vgl. Wittgensteins Zustimmung in seinen Vorlesungen 1930-1935, Frankfurt 1984, S. 199)

Adornos und Wittgensteins Darstellungsformen hatten wir in Verbindung gesehen mit den Konzepten von intellektueller Anschauung und Kontemplation. Schopenhauer, dem wir die wohl überzeugendste erkenntnistheoretische Beschreibung des reinen Zusehens in der kontemplativen Einstellung verdanken (»Die Welt als Wille und Vorstellung«, I, §§ 33ff.; II, Kap. 30), hat die kontemplative Erkenntnis selbst jedoch der Kunst und gerade nicht der Philosophie zugewiesen, wohl deshalb, weil sie zwar durch Kunst nicht-diskursiv, d. h. anschaulich, *vermittelbar*, aber diskursiv nicht *mitteilbar* ist: »Allein die Philosophie soll *mitteilbare* Erkenntnis, muß daher Rationalismus sein.« (»Über Philosophie und ihre Methode«, W V, S. 17) Allerdings dürfte für Schopenhauer selbst gelten, was er treffend dem Rationalismus zubilligt:

> »Inzwischen mag oft genug dem Rationalismus ein versteckter Illuminismus zum Grunde liegen, auf welchen dann der Philosoph wie auf einen versteckten Kompaß hinsieht, während er eingeständlich seinen Weg nur nach den Sternen, d. h. den äußerlich und klar vorliegenden Objekten richtet und nur diese in Rechnung bringt. Dies ist zulässig, weil er nicht unternimmt, die unmitteilbare Erkenntnis mitzuteilen, sondern seine Mitteilungen rein objektiv und rationell bleiben.« (a. a. O., S. 18)

Schopenhauer wäre nicht Schopenhauer ohne den folgenden Zusatz:

> »Hingegen das laute Berufen auf intellektuelle Anschauung und die dreiste Erzählung ihres Inhalts mit dem Anspruch auf objektive Gültigkeit desselben, wie bei Fichte und Schelling, ist unverschämt und verwerflich.«(ebd.)

Der Zusammenhang von philosophischem Gedanken und literarischer Form bei Schopenhauer, Adorno und Wittgenstein läßt sich nun dahinge-

---

[10] Die einzige Feinstrukturierung in der ersten Auflage besteht aus »Trennungslinien«, die Schopenhauer in der zweiten Auflage durch Paragraphenzählungen ersetzt hat, um von dem neu hinzugekommenen, aus Ergänzungen bestehenden II. Band auf den I. Band verweisen zu können (vgl. W I, S. 21).

hend einheitlich bestimmen, daß alle drei intellektuelle Anschauung bzw. kontemplative Erkenntnis als »versteckten Kompaß« in Anspruch nehmen und daß es dieser Kompaß ist, der allen dreien ihren der Form nach verwandten Kurs (oder meinetwegen auch »Diskurs«) diktiert.[11] Wenn dieser Kompaß in Wittgensteins »Philosophischen Untersuchungen« sozusagen mehr »versteckt« erscheint als im »Tractatus«, so liegt dies daran, daß Wittgenstein später noch entschiedener der »großen Versuchung« widerstanden hat, »den Geist explicit machen zu wollen« (»Vermischte Bemerkungen«, S. 24), gemäß seiner Forderung, »daß der Geist eines Buchs sich in diesem zeigen muß, und nicht beschrieben werden kann«:

> »Denn ist ein Buch nur für wenige geschrieben, so wird sich das eben dadurch zeigen, daß nur wenige es verstehen. Das Buch muß automatisch die Scheidung derer bewirken, die es verstehen, und die es nicht verstehen.[...]
> Willst Du nicht, daß gewisse Menschen in ein Zimmer gehen, so hänge ein Schloß vor, wozu sie keinen Schlüssel haben.« (a. a. O., S. 23)

In Wittgensteins Bild gesprochen hätten wir in der literarischen Form nun doch einen Schlüssel zum richtigen Verständnis; aber eben nicht explizit, sondern indirekt, also wiederum nur für denjenigen, der die Form *als Schlüssel* erkannt hat! Und daß es hier etwas aufzuschließen gibt, ein »Geheimnis«, wie Schopenhauer den »versteckten Kompaß« nennt (W V, S. 18), trifft auch für den späteren Wittgenstein zu, wie eine Bemerkung aus dem Jahre 1931 belegt:

> »Das Unaussprechbare (das, was mir geheimnisvoll erscheint und ich nicht auszusprechen vermag) gibt vielleicht den Hintergrund, auf dem das, was ich aussprechen konnte, Bedeutung bekommt.« (a. a. O., S. 38)

DIE VIELFALT DER FORMEN ALS METHODENPROBLEM DER PHILOSOPHIE

Die hier vorgetragenen Gedanken waren bislang eher hermeneutischer Art. Sie sollten den tatsächlichen Zusammenhang von literarischer Form, philosophischer Methode und philosophischem Gehalt an Beispielen belegen und für den interpretierenden Umgang mit philosophischen Texten nutzbar machen. Die eigentliche Grundsatzfrage ist dabei

---

[11] Vgl. auch die Darstellung von A. Wellmer, Zur Dialektik von Moderne und Postmoderne. Vernunftkritik nach Adorno, Frankfurt 1985, insbesondere S. 98f. Im Unterschied zu Wellmer wird hier ein »transdiskursives« Moment als Gemeinsamkeit von Adorno und Wittgenstein, auch dem späten, bestimmt.

bislang nur angeklungen: Wollen wir in systematischer Hinsicht mit Blick auf die Methoden der Philosophie das Zugeständnis einer Vielfalt literarischer Formen und damit auch der Methoden der Philosophie machen? Sollen wir z. B. Autoren wie Kierkegaard, Wittgenstein und Adorno darin zustimmen, daß sie so etwas wie das Unsagbare in Anspruch nehmen und danach ihre Weise zu philosophieren ausrichten? Noch direkter gefragt, gibt es Unsagbares überhaupt? Steht einer (auch »versteckten«) Inanspruchnahme intellektueller Anschauung oder kontemplativer Erkenntnis, einer Ergänzung oder gar Ersetzung sukzessiven Denkens durch simultanes Schauen (im Sinne von Wittgensteins Aufforderung, nicht zu denken, sondern zu schauen) nicht entgegen, daß auch Sehen letztlich an zeitliche Sukzession gebunden ist (Kant)? Und könnten wir mit einer aus solchen Gründen gebotenen Kritik entsprechender Erkenntnisformen nicht auch deren Darstellungsformen verabschieden? Das gleiche gilt für die früher betrachteten Formen. Historisch könnten wir feststellen, daß Pyrrhonismus und Skeptizismus sich bestimmter Formen bedienen, wenn diese Positionen aber Irrtümer darstellen, so haben wir ihre literarischen Ausdrucksformen zwar (aus hermeneutischen Gründen) zur Kenntnis, aber (in *systematischer* Hinsicht) nicht ernst zu nehmen.

Andererseits möchte es angehen, daß wir einen Text nur deshalb systematisch ernst nehmen können, *weil* wir von seiner Form absehen. Vielleicht liest man Anselms so genannten »ontologischen Gottesbeweis« anders, wenn man bedenkt, daß er eingebettet ist in die literarische Form des Gebets (»Proslogion«): Er wäre dann möglicherweise gar kein »Beweis« (auch für Ungläubige), sondern eine Selbstvergewisserung für bereits Gläubige im Sinne des »fides quaerens intellectum«. Diese hermeneutisch wohl nicht unberechtigte Zurücknahme des Beweisanspruchs würde Anselms Argument dann allerdings auch einiges von dem Gewicht entziehen, das es in der philosophischen Tradition gehabt hat, sofern dieser Tradition an Beweisen gelegen ist. Die Frage wird in diesem wie in anderen Fällen sein, ob die jeweilige Vereinnahmung des Autors eine Reduktion darstellt, bei der wesentliche Dinge verloren gehen. Die Entscheidung dieser Frage muß dem Einzelfall überlassen bleiben. Unsere These besagt, daß bei dieser Entscheidung das Formproblem als Methodenproblem Berücksichtigung zu finden hat. So führt uns die Betrachtung der literarischen Formen der Philosophie, wie eingangs angekündigt, auf die Frage nach der Methode der Philosophie selbst. Der Umstand, daß man sich überhaupt, und zwar als Philosoph und nicht z.

B. als Literaturwissenschaftler, mit der Frage nach der literarischen Form der Philosophie befaßt, ist Anzeichen dafür, daß man diese Frage nicht bereits im Sinne der Beweisform als beantwortet betrachtet. Zwar sind auch die beweisenden Formen der Philosophie im Sinne unserer Eingangsüberlegungen literarische Formen (im weiteren Sinne), hauptsächlich betrachtet wurden jedoch bislang solche Formen, die gerade der Beweisform entgegenstehen. Selbst Autoren wie Wittgenstein und Adorno, die sich des Arguments bedienen, tun dies doch nicht in *beweisender*, sondern in *aufweisender* Absicht. Und man muß nicht Adornos absurd-negative Einschätzung argumentativer Logik teilen, um zu erkennen, daß grundlegende philosophische Einsichten sich nicht nur auf Argumenten gründen.

Diese Erkenntnis ist selbst eine grundlegende philosophische Einsicht und scheint mir, *weil* sie grundlegend für das Verständnis der Philosophie ist, insbesondere selbst zu denjenigen Einsichten zu gehören, deren Anerkennung argumentativ nicht erzwingbar ist. Was kann man in einem solchen Falle überhaupt argumentativ tun? Man kann sich um größere Plausibilität bemühen. Ich werde deshalb im folgenden ausführlicher als die bisherigen Beispiele gerade einen solchen Text behandeln, der dem hier aufgeworfenen Problem des Verhältnisses von Argument und Einsicht in literarischer Form Rechnung zu tragen sucht, Berkeleys »Drei Dialoge zwischen Hylas und Philonous«. Damit vervollständigen wir gleichzeitig unsere Bestandsaufnahme um ein Beispiel der bislang noch gar nicht berücksichtigten Dialogform. Unsere hermeneutische These, daß die Nichtbeachtung der literarischen Form zu Mißverständnissen des philosophischen Gehaltes führt, wird dabei einmal mehr Berücksichtigung finden.

ARGUMENT UND EINSICHT (BERKELEYS »DREI DIALOGE«)

In den »Drei Dialogen zwischen Hylas und Philonous«[12] hat Berkeley seine erkenntnistheoretischen Gedanken, die er zuvor in seiner »Abhandlung

---

[12] Seitenzahlen ohne weitere Angaben beziehen sich auf die von W. Breidert herausgegebene deutsche Übersetzung der »Dialoge« (Hamburg 1980). Verweise auf die englische Ausgabe der »Werke« (ed. A. A. Luce/T. E. Jessop) erfolgen unter Verwendung des Kürzels ›W‹ und römischer Ziffern für die Bandnummern.

über die Prinzipien der menschlichen Erkenntnis« veröffentlicht hatte, noch einmal, aber in veränderter literarischer Form dargestellt. Der äußere Grund war die enttäuschende Aufnahme der »Abhandlung«. Berkeleys Freund und Kritiker Sir John Percival bestätigt nach der Lektüre, daß die Umarbeitung gelungen sei: »The new method you took by way of dialogue, I am satisfied has made your meaning much easier understood.« (Brief vom 18. 7. 1713, W II, S. 156). In den »Dialogen« geht Berkeley so vor, daß er seine eigene Position durch den Dialogpartner Philonous gegen die von dem anderen Dialogpartner, Hylas, vorgebrachten Gegenargumente verteidigen läßt. Die literarische Form des Dialogs kann naturgemäß das Verhältnis von Argument, Gegenargument und Gegengegenargument durchsichtiger machen und so die möglichen Gegenargumente *antizipierend* zurückweisen. Hierin sieht Sir Percival denn auch den Vorzug der neuen Berkeleyschen Darstellung, und er fügt hinzu:

> »I am equally surprised at the number of objections you bring and the satisfactory answers you give afterwards, and I declare I am much more of your opinion then I was before.« (ebd.)

Rein quantitativ gefaßt darf man dieses Lob allerdings auch bereits Berkeleys »Abhandlung« zollen, die nach der Darlegung des Immaterialismus detailliert auf mögliche Einwände eingeht (§§ 34-84), bevor weitere Konsequenzen gezogen werden. Insofern ist es nicht die Anzahl der antizipierten Einwände, sondern die Art und Weise, wie diese eingebracht werden, was die Stärke der »Dialoge« gegenüber der »Abhandlung« ausmacht.

Obwohl die »Dialoge« keine offenen Dialoge sind, sondern apologetischen Charakter haben, sind sie doch keineswegs so aufgebaut, daß Philonous einfach direkt die Thesen Berkeleys vortrüge, Hylas mögliche Einwände vorbrächte, und Philonous dann wiederum Berkeleys Widerlegung dieser Einwände besorgte. Wenn es so wäre, hätte Berkeley nicht mehr als eine didaktisierende Aufbereitung der »Abhandlung« in Form von Rede und Gegenrede vorgelegt.[13] Die »Dialoge« sind jedoch

---

[13] Dies scheint z. B. die Auffassung des Herausgebers der deutschen Ausgabe der »Abhandlung«, A. Klemmt, zu sein, wenn der die »Dialoge« schlicht als »halbpopuläre Darstellung« der Hauptgedanken der »Abhandlung« charakterisiert. Eine Abhandlung über die Prinzipien der menschlichen Erkenntnis, ed. A. Klemmt, Hamburg 1957, S. VI, vgl. ferner S. LVIIf.

mehr. Wenigstens in *ästhetischer* Hinsicht ist dies auch anerkannt worden, am emphatischsten vielleicht von A. C. Fraser:

> »English philosophical literature contains no work in which literary art and a pleasing fancy are more attractively blended with subtle argument than these ›Dialogues‹.«[14]

Jahrzehnte später bestätigt in ähnlicher Weise T. E. Jessop den »Dialogen« Einheit von Anmut und Vernunft (union of grace und reason) (W II, S. 154) und nennt sie »the first conspicuously successful philosophical dialogue in English« (W II, S. 155). Faßt man die Stimmen der Interpreten zusammen, und die beiden genannten Kenner und Herausgeber der Schriften Berkeleys dürfen hier stellvertretend stehen, beruht der Wert der »Dialoge« darauf, daß in ihnen literarische Form und philosophischer Inhalt eine gelungene Verbindung eingehen und eine »Mischung« (Fraser) oder »Einheit« (Jessop) ästhetischer und argumentativer Qualitäten hervorbringen. Darüber hinaus scheint man der literarischen Form aber keine besondere, etwa *methodische* Bedeutung beigemessen zu haben. Selbst ein so bedeutender Berkeley-Forscher wie A. A. Luce meint, daß (neben den anderen späteren Schriften) auch die »Dialoge« zur »wesentlichen Argumentation« der »Abhandlung« nichts hinzufügen.[15] Damit wird unterstellt, daß das »Mehr« einzig in zusätzlichen *Argumenten* bestehen könne. Eine weitergehende Betrachtung liegt aber nahe, wenn man bedenkt, daß Berkeley durch intensive Lektüre Platons angeregt wurde, die Dialogform zu wählen (vgl. Breidert, S. XXXII; ferner Jessop, W II, S. 156). Ausgehend davon, daß die Dialogform bei Platon Ausdruck von dessen Einschätzung philosophischer Methode ist, bietet sich eine analoge Frage bei Berkeley an. Nun hat Berkeley die Form der Abhandlung später nicht etwa zugunsten der Dialogform zurückgezogen, sondern die »Dialoge« gemeinsam mit der »Abhandlung« als deren Anhang veröffentlicht (in der Ausgabe von 1734). Doch stützt gerade dieses Vorgehen die Vermutung, daß die »Dialoge« vielleicht etwas haben oder leisten, das die »Abhandlung« nicht hat oder leisten kann, und das zu Tage tritt, wenn man beide nacheinander liest (vgl. Brief an S. Johnson vom 24. 3. 1730, W II, S. 294 oben). In diesem Sinne würde gelten, daß die literarische Form der »Dialoge« ihrem Inhalt auch *methodisch* nicht bloß äußerlich ist, sondern dem Charakter der von

---

[14] A. C. Fraser, Berkeley, Edinburgh/London 1912, S. 79.
[15] A. A. Luce, Berkeley's Immaterialism, London u. a. ²1950, S. V f.

Berkeley mitgeteilten philosophischen Erkenntnis gerecht zu werden sucht.

In der »Abhandlung« war Berkeley direkt auf seine Lehre des Immaterialismus zugesteuert und hatte trotz erwarteter Mißverständnisse[16] nicht genügend in Rechnung gesetzt, daß in der Philosophie eine zwingend erscheinende Argumentation nicht unbedingt auch *überzeugend* wirkt, insbesondere dann nicht, wenn die Auffassungen des Autors den Lesern auf den ersten Blick fremd erscheinen müssen.[17] Obwohl Berkeley auch in den »Dialogen« bemüht ist, »durch Vernunftgründe zu überzeugen« und »die strengsten Gesetze des Schließens peinlich zu beachten« (Vorwort zur ersten Auflage, S. 7), scheint er sich bewußt geworden zu sein, daß es nicht der »Zwang der Logik« (ebd.) allein ist, der die Annahme seines Immaterialismus bewirken kann. Immerhin mutet er seinen Lesern zu, die Welt ganz anders zu sehen, als sie sie bislang gesehen haben, gekürzt nämlich durch den (metaphysischen) Begriff der Materie. Aufschlußreich ist hier Berkeleys Einschätzung des Mitteilungsproblems, das er im Vorwort thematisiert. Wenn er als Sinn der »Dialoge« angibt, die in der »Abhandlung« »niedergelegten Grundlehren klarer und ausführlicher abzuhandeln und in ein neues Licht zu setzen« (S. 6), so deutet die Licht-Metaphorik hier einen über das Argument hinausgehenden Aspekt von Erkenntnis als, wie wir sagen können, *Einsicht* an. Während seines Aufenthaltes in Amerika schreibt er mit Bezug auf seine frühen Schriften an Samuel Johnson (d. i. der amerikanische Theologe und Philosoph, nicht der berühmte englische Lexikograph, der bekanntlich zu den »uneinsichtigen« Lesern Berkeleys gehörte), er wundere sich nicht, daß seine Leser bei der ersten Lektüre nicht vollständig überzeugt (thoroughly convinced) seien (Brief vom 25. 11. 1729, W II, S. 281). Im folgenden beansprucht er nur, »Winke für denkende Menschen« (hints to thinking men) gegeben zu haben, und empfiehlt, wie schon früher für seine »Dialoge« (Vorwort, S. 8), eine zwei- oder dreimalige Lektüre seiner Schriften. (Vgl. die entsprechende Empfehlung Schopenhauers!)

Berkeley gesteht damit zu, daß der Leser sich mit den Gedanken seiner Schriften selbst denkend vertraut machen muß, um sie einsehen zu kön-

---

[16] Vgl. Vorwort zur ersten Auflage der »Abhandlung« (W II, S. 23), nicht in der deutschen Ausgabe von A. Klemmt enthalten.
[17] Stellvertretend sei hier D. Hume genannt, der Berkeley in diesem Sinne Genialität (»that very ingenious author«) attestiert, aber von dessen Argumenten meint, daß sie keine Überzeugung hervorriefen (»produce no conviction«). Enquiry Concerning Human Understanding, XII, I, Anm.

nen. Das heißt, daß er nicht erwartet, die zu vermittelnde Einsicht schrittweise fortschreitend, Argument an Argument reihend, zu erzeugen. So betont er am Schluß des Vorworts zu den »Dialogen«, daß es darauf ankomme, »die Verbindung und Anordnung« der Argumentationsteile zu begreifen (S. 8). Den Grund für die Schwierigkeit, seine Gedanken nicht in linearer Abfolge direkt mitteilen zu können, sieht Berkeley u. a. in der Sprache. Bemerkenswert ist, daß er dabei nicht nur eigene Unzulänglichkeiten zugesteht, sondern als eine *allgemeine* Schwierigkeit hervorhebt, daß unsere Sprache für die Mitteilung philosophischer Gedanken nicht geeignet sei.[18] So heißt es von seinen eigenen Gedanken:

> »What you have seen of mine was published when I was very young, and without doubt hath many defects. For though the notions should be true (as I verily think they are), yet it is difficult to express them clearly and consistently, language being framed to common use and received prejudices. I do not therefore pretend that my books can teach truth.« (Brief an Johnson vom 25. 11. 1729, W II, S. 282).

Berkeleys Einstellung zur Sprache hat bereits die zwiespältigen Züge späterer Sprachkritik, wie wir sie insbesondere bei Wittgenstein vorfinden. Einerseits will man von der metaphysischen Sprache in Wissenschaft und Philosophie zur Alltagssprache zurückführen (»*Wir* führen die Wörter von ihrer metaphysischen, wieder auf ihre alltägliche Verwendung zurück.«[19]), andererseits muß man durch die Verwirrungen dieser Sprache doch hindurch und sich auf sie einlassen, was den eigenen Untersuchungen ihre Absonderlichkeiten verleiht (»Nur wenn man noch viel verrückter denkt, als die Philosophen, kann man ihre Probleme lösen.«[20]). Diese Untersuchungen selbst tragen daher zwangsläufig den Charakter dessen an sich, wogegen sie kämpfen. Dabei liegt das, was man vermitteln will, jenseits dessen, was man auf dem Wege dorthin

---

[18] Vgl. dazu bereits H. Rauter, »The Veil of Words«. Sprachauffassung und Dialogform bei George Berkeley, Anglia 79 (1961), S. 378-404. Rauter versucht einzig aus Berkeleys Auffassung vom »Wesen der Sprache« abzuleiten, warum dieser von der Form der Abhandlung zu derjenigen des Dialogs übergegangen ist. Durch den Wechsel der Form habe sich Berkeley neben der Logik der Ideenmitteilung auch die Rhetorik der Ideenlenkung zunutze machen können. Der Dialog dürfe »statt nach bloßer Mitteilung auch nach Überredung streben« (S. 404). Im Unterschied zu Rauter werden wir an die Stelle von Überredung eine Hinführung treten lassen, die nicht nur Berkeleys Auffassung von der Sprache, sondern auch der Natur seiner Einsicht gerecht zu werden verspricht.
[19] L. Wittgenstein, Philosophische Untersuchungen, § 116.
[20] L. Wittgenstein, Vermischte Bemerkungen, Frankfurt 1977, S. 143.

vorbringt. So ist, was Wittgenstein vermitteln will, nicht eine propositionale Erkenntnis, sondern eine Einstellung oder Sichtweise. Im Ansatz finden wir diese Auffassung auch bei Berkeley, wenn er sagt, daß seine Bücher die Wahrheit nicht *lehren* können (Schluß des obigen Zitats). Schließlich ist auch bei ihm die Rückführung auf den alltäglichen Sprachgebrauch damit verbunden, den menschlichen Geist von seiner »Verwirrung« zu »befreien« (Dialoge, S. 6) und zur natürlichen Weltauffassung zu führen. Dem normalen Gebrauch (common use) der Sprache korrespondiert bereits bei Berkeley der gesunde Menschenverstand (common sense). Den therapeutischen Anspruch seiner Philosophie unterstreicht besonders schön die folgende Passage aus den »Dialogen«:

> »Und wenn auch einigen vielleicht die Überlegung unbehaglich vorkommt, daß sie nach einem Kreislauf durch so viele verfeinerte und ungewöhnliche Begriffe dahin gelangen sollten, wie andere Leute auch zu denken, so finde ich doch diese Rückkehr zu den einfachen Eingebungen der Natur nach der Wanderung durch die wilden Irrgänge der Philosophie nicht unerfreulich. Es ist wie die Heimkehr nach einer langen Reise; mit Vergnügen blickt man auf mancherlei Schwierigkeiten und Wirrnisse, die man erlebt hat, zurück, und genießt in gemächlicher Ruhe fortan sein Leben befriedigter.« (S. 7)

Dieses Verständnis bringt es mit sich, daß an die Stelle der Lehre eine *Hinführung* zu treten hat. Entsprechend beansprucht Berkeley auch nur, die Entdeckung der Wahrheit zu veranlassen, eine Entdeckung, die die Forschenden (»inquisitive men«) schließlich selbst vollziehen müßten (»by consulting *their own* minds, and looking into *their own* thoughts«, Brief an Johnson vom 25. 11. 1729, W II, S. 282, Hervorhebung G. G.). Diese Einschätzung nimmt Berkeley insgesamt für seine frühen Schriften vor, also sowohl für die »Abhandlung« (vgl. bereits die analoge Einschätzung im § 25 der »Einführung«) als auch für die »Dialoge«; die »Dialoge« aber tragen dieser betont hinführenden (anagogischen) Funktion seiner Philosophie darstellerisch in ihrer literarischen Form angemessener Rechnung. So wird die Dialogform genutzt, um im argumentativen Verhalten des Hylas die eingefahrenen, fest verwurzelten Vorurteile in ihrer Rolle sichtbar zu machen, wie sie auch den Leser daran hindern, Berkeleys Gedanken als Überzeugung anzunehmen, obwohl (aus der Sicht Berkeleys) alle Argumente für sie sprechen. Die *Hin*führung selbst wird so noch einmal *vor*geführt. Ausdrücklich thematisiert der Dialog denn auch das Auseinandertreten von Argument (als *Grund*) und Überzeugung (als *Zustand*), wenn Berkeley den Hylas, dem die Gegenargumente längst ausgegangen sind, schließlich selbst feststellen läßt:

»Nun bleibt allein eine Art unerklärlichen Widerstrebens zu überwinden, das ich gegen deine Ansichten bei mir verspüre.« (S. 137) Und nachdem Hylas auch dieses Widerstreben schließlich überwunden hat und am Ende des Dialogs von Philonous-Berkeleys Sicht der Dinge *überzeugt ist* (»I am clearly convinced that I see things in their native forms«), begreift er umgekehrt doch nicht genau, wie dieser Zustand des Überzeugtseins (»the state I find myself in at present«) argumentativ erreicht worden ist (»though indeed the course that brought me to it I do not yet thoroughly comprehend«).

Die bisherigen Überlegungen lassen sich dahingehend zusammenfassen, daß die literarische Form der »Dialoge« methodisch dem Charakter der zu vermittelnden Einsicht entspricht. Diese Einsicht können wir als eine Form nicht-propositionaler Erkenntnis bestimmen. Besonders bemerkenswert ist, daß Berkeley nicht nur diskursiv, sondern sogar argumentativ im strengsten Sinne des Wortes vorgeht. Dabei bedient er sich explizit der propositionalen Form der Erkenntnis, er *behauptet* den Satz »esse est percipi«, erkennt aber an, daß die *Einsicht* in die Wahrheit dieses Satzes durch *Argumente* allein nicht erzwingbar ist.[21] Obwohl Berkeley also propositional vorgeht, kommt dieser Propositionalität doch eine anagogische Funktion zu. Das Ziel dieser Propositionalität ist letztlich ein bestimmter Zustand, wie wir gesehen hatten, eine propositionale Einstellung, wie man heute sagen würde. Und eine propositionale Einstellung ist selbst nicht-propositional.

Nun könnte man Nicht-Propositionalität in diesem Sinne als Ziel jeder Argumentation angeben, weil jede Argumentation überzeugen will. Wesentlich ist deshalb die Feststellung, warum die propositionale Einstellung des Überzeugtseins im Falle des Berkeleyschen Hauptsatzes »esse est percipi« charakteristischerweise nicht erzwingbar ist. Der Grund ist, daß die Wahrheit dieses Satzes mehr ist als die Wahrheit irgendeines Satzes. Dieser Satz betrifft nicht irgendeine *einzelne* Tatsache *in* der Welt, sondern unsere Sicht *von* der Welt, der *ganzen* Welt nämlich. Mit der wirklichen Einsicht in die Wahrheit eines solchen Satzes geht entsprechend eine Veränderung unserer Weltsicht, unseres Weltbildes einher, und zu einer solchen einschneidenden Veränderung ist mehr notwendig als die schrittweise Anerkennung von Argumenten.

---

[21] Vgl. Zum Verhältnis von Argument und Einsicht in der Philosophie die treffenden Ausführungen von F. Waismann, Wie ich Philosophie sehe, in: ders., Was ist logische Analyse?, ed. G. H. Reitzig, Frankfurt 1973, S. 143f.

Ein derartiges Verhältnis von Argument und Einsicht wird sich über unser philosophisches Beispiel hinaus dahingehend verallgemeinern lassen, daß auch in den Wissenschaften Grundeinsichten auf nichtpropositionalen Voraussetzungen beruhen. Hierauf hat bereits, T. S. Kuhn vorgreifend, der Naturwissenschaftler E. Mach in einer Berkeley sehr verwandten Weise hingewiesen, indem er die Schwierigkeiten einer logisch-propositionalen Vermittlung seiner forschungsleitenden antimetaphysischen natürlich-wissenschaftlichen »Weltauffassung« thematisiert hat. In seiner »Analyse der Empfindungen«[22] bemerkt er, daß deren Einzelergebnisse zwar anerkannt worden seien, die »Grundansicht« aber, die zu ihnen geführt habe, »meist verworfen wurde« (S. 289). Und er fährt dann fort:

»Es ist dies kein Wunder. Denn der Plastizität meines Lesers werden sehr starke Zumutungen gemacht. *Einen Gedanken logisch begreifen und denselben sympathisch aufnehmen, ist zweierlei.* Die ordnende und vereinfachende Funktion der Logik kann ja erst beginnen, wenn das psychische Leben in der Entwicklung weit fortgeschritten ist, und schon einen reichen Schatz von instinktiven Erwerbungen aufzuweisen hat. *Diesem instinktiven vorlogischen Bestand von Erwerbungen ist nun auf dem Wege der Logik kaum beizukommen.*« (S. 290, Hervorhebungen G. G.)

Für notwendig hält Mach hier stattdessen einen »psychologischen Umbildungsprozeß« (ebd.), eine Einstellungsänderung, wie wir weniger psychologisierend sagen könnten. Die Einstellung, um deren Vermittlung es geht, ist derjenigen von Berkeley durchaus verwandt, wenn man von dessen theologischem Hintergrund einmal absieht (vgl. Mach selbst S. 295 u. 299). Sie ließe sich als kontemplativer Sensualismus charakterisieren. Hier haben die wissenschaftlichen Untersuchungen Machs ihre »vorlogischen«, eben nicht-propositionalen Voraussetzungen. Wo es um die Vermittlung dieser Voraussetzungen geht, bedient sich Mach nicht-argumentativer Darstellungsformen, nämlich Beschreibungen oder gar persönlicher Erzählungen, in denen bestimmte Grunderlebnisse vergegenwärtigt werden. Es sind insbesondere *Fußnoten* (vgl. S. 3, 10, 11), die auf diese Weise einem erinnernden oder vergewissernden Einvernehmen mit dem Leser dienen, ohne welches es unmöglich wäre, »auf Zustimmung zu rechnen« (S. 290).

---

[22] Zitiert nach: E. Mach, Die Analyse der Empfindungen und das Verhältnis des Physischen zum Psychischen, Jena ⁹1922 (repr. mit einem Vorwort von G. Wolters, Darmstadt 1985).

Kehren wir nach dieser vergleichenden Zwischenüberlegung zu Berkeleys »Dialogen« zurück. Wie wir gesehen hatten, entspricht der anagogischen Funktion, die diese für den Leser haben sollen, im Text selbst die stellvertretende Hinführung des Hylas zur Sicht des Philonous. Abschließend sei an diesem Beispiel noch einmal vorgeführt, zu welchen Mißverständnissen es führt, wenn man die methodische Funktion einer literarischen Form verkennt.

EIN ANGEBLICHER WIDERSPRUCH IN BERKELEYS »DREI DIALOGEN« UND DESSEN AUFLÖSUNG

B. Silver hat in einem Aufsatz[23] zu zeigen versucht, daß ein Widerstreit besteht zwischen den Deutungen, die Berkeley der Gesichtswahrnehmung durch Mikroskope im ersten und dritten Dialog gibt. Berkeleys Auffassung (vgl. bereits »Neue Theorie des Sehens«, § 85) ist die, daß uns das Mikroskop »in eine andere Welt« versetzt, die mit unserer normalen Sehwelt gesetzmäßig verknüpft ist. Diese Verknüpfung darf nach Berkeley aber nicht so gedacht werden, daß bloßes Auge und Mikroskop uns verschiedene Erscheinungsweisen *desselben* an sich existierenden materiellen Gegenstandes liefern. Insbesondere besteht Berkeley (völlig zu Recht) darauf, daß die Welt des Mikroskops nicht etwa die eigentliche oder wahrere Welt gegenüber unserer normalen Wahrnehmungswelt ist. Diese Position nimmt Philonous-Berkeley auch im dritten Dialog (S. 120f.) ein. Silver behauptet nun, daß Berkeley im ersten Dialog (S. 29f.) ein Argument (gegen die Unterscheidung von scheinbaren und wirklichen Farben) bringt, das entgegen seiner sonstigen Auffassung voraussetzt, daß wir durch Auge und Mikroskop *denselben* Gegenstand sehen. Silver schreibt:

> »Berkeley's defense of the congruity between his own philosophy and common sense in the Third Dialogue is inseparably tied to his claim that we do not see the same object with a microscope that we see without it. But this claim cannot follow from anything he says about microscopes in the First Dialogue since there he maintains precisely the opposite position, namely, that microscopes do give us a sharper view of the same macroscopic object. Clearly, what Berkeley says in the Third Dialogue about common sense and the separate and distinct

---

[23] B. Silver, The Conflicting Microscopic Worlds of Berkeley's Three Dialogues, Journal of the History of Ideas 37 (1976), S. 343-349.

characters of all visual objects or ideas should be supported by or at least be consistent with what he argues for in the First Dialogue; but this is not the case.«[24]

Auf den ersten Blick und isoliert betrachtet könnte es so scheinen, als mache Berkeley tatsächlich die ihm unterstellte Voraussetzung, weil sein Sprecher Philonous folgenden Schluß äußert:

»Folglich muß angenommen werden, daß die mikroskopische Darstellung am besten die wirkliche Natur des Gegenstandes, oder was dieser an sich ist, aufzeigt.« (S. 30)

Ausdrücklich bezieht sich Silver auf diesen Satz, wenn er meint feststellen zu können, »both Philonous and Hylas take it to be obvious that microscopes proved us that sharp and penetrating view of an object.«[25] Wenn Philonous diesen Schlußsatz *äußert*, so bedeutet dieses aber nicht, daß er ihn *behauptet*. Zwar behauptet er, daß dieser Schlußsatz aus bestimmten Vordersätzen folgt; aber der tatsächliche Übergang von den Vordersätzen zum Schlußsatz ist bekanntlich nur zulässig, wenn die Vordersätze tatsächlich gültig sind, bzw. von den Dialogpartnern anerkannt werden. Es scheint, daß Silver Berkeley-Philonous mißverstanden hat, indem er die illokutionäre Rolle der Äußerung des Schlußsatzes fälschlicherweise als behauptend gedeutet hat, so daß er nun schließen zu können meint, daß Berkeley auch die stillschweigende Voraussetzung dieses Schlußsatzes (und seiner Vordersätze) habe anerkennen müssen, nämlich die Identität von makroskopischem und mikroskopischem Gegenstand. Was Silver in seiner Deutung verkennt, ist die interne Struktur der Argumentation, die gerade im ersten Dialog mit ihrer Aufdeckung von Aporien einen anagogischen Charakter hat. Wesentlich ist, daß die Verwendung des Mikroskopbeispiels im ersten Dialog eingebettet ist in eine reductio-ad-absurdum-Argumentation, die (S. 28) damit beginnt, daß Hylas meint, zwischen wirklichen und scheinbaren Farben unterscheiden zu können.[26] (Silver dagegen läßt die reductio-ad-absurdum erst S. 31 beginnen.)[27] Für das Gelingen einer

---

[24] Silver, S. 348f.
[25] Silver, S. 347 unten.
[26] Der Sinn von Berkeleys Aufhebung dieser Unterscheidung ist nicht, daß die angeblich wirklichen Farben bloß scheinbare sind, sondern daß umgekehrt die angeblich bloß scheinbaren Farben wirklich sind. Hier zeigt sich bereits, daß Berkeley gerade nicht, wie er häufig mißverstanden wird, Illusionist ist.
[27] Vgl. Silver, S. 345.

reductio-ad-absurdum kommt es darauf an, daß der Opponent aus den Auffassungen und Voraussetzungen des Proponenten absurde Konsequenzen ableitet. In unserem Fall sucht Philonous, Hylas' Unterscheidung von scheinbaren und wirklichen Farben, und damit die Auffassung, daß es Farben gibt, die externen (materiellen) Gegenständen inhärieren, ad absurdum zu führen. Die Absurdität besteht hier in einem Verstoß gegen den Satz vom ausgeschlossenen Widerspruch, daß nämlich derselbe Gegenstand eine bestimmte Farbeigenschaft hat (unter makroskopischen Bedingungen) und nicht hat (unter mikroskopischen Bedingungen). Entsprechend dieser Argumentationslage kann Silver zu Recht feststellen, daß sich der absurde (widersprüchliche) Schlußsatz nur unter der *Voraussetzung* der Gegenstandsidentität ergibt. Dies bedeutet aber nicht, daß Philonous als Opponent diese Voraussetzung mittragen müßte. Vielmehr will Philonous den Hylas auf der Grundlage von dessen »eigenen Zugeständnissen« (S. 29) in die Aporie des Skeptizismus führen. Würde man die Position von Hylas dadurch zu stärken versuchen, daß man die Gegenstandsidentität nicht als zugestanden annähme, so wäre damit dem Realismus (Materialismus) des Hylas bereits auf dieser Stufe des Dialogs die Grundlage entzogen. Deshalb läßt Berkeley den Philonous diese Voraussetzung des Hylas erst im dritten Dialog verneinen, wenn es darum geht, Hylas aus seiner skeptischen Verwirrung durch positive Alternativen zu befreien. Der angebliche Widerstreit in Berkeleys »Dialogen« löst sich also im Rahmen unserer Deutung so auf, daß der methodischen Bedeutung der literarischen Form im Sinne der Anagoge auch dialog*immanent* ein anagogischer Aufbau entspricht.

SCHLUSSBEMERKUNG

Anhand von Beispielen aus der Geschichte der Philosophie wurde zu zeigen versucht, daß es prima facie unangebracht wäre, irgendeine literarische Form aus methodischen Gründen für die Philosophie auszuschließen. Dies gilt auch und gerade, wenn man an dem Erkenntnisbegriff in der Philosophie festhält. Die Anerkennung einer Vielfalt von *möglichen* literarischen Formen besagt daher nicht, »anything goes«. Und es bleibt in jedem Falle die Frage nach der Angemessenheit von Form und Inhalt. Insbesondere die Universitätsphilosophie wird sich tunlichst selbst gewisse Beschränkungen in der Wahl ihrer Formen auferlegen, zumal ihr eine eigene Form der indirekten Mitteilung zur

Verfügung steht: die *Thematisierung* auch solcher Formen der Philosophie, die sie sich selbst zu versagen hat. Dabei hat sie das Formproblem überhaupt als Methodenproblem sichtbar zu machen; denn *hierin* wird man Adorno (Der Essay als Form, S. 12) zustimmen können:

»In der Allergie gegen die Formen als bloße Akzidentien nähert sich der szientifische Geist dem stur dogmatischen.«

Wir haben anzuerkennen, daß nicht nur Wissenschaft, sondern auch Kunst Erkenntnis vermittelt, und die Philosophie steht von Anbeginn zwischen beiden. Insofern hat sie Teil an der propositionalen Erkenntnis der ersteren und an der nicht-propositionalen der letzteren. Dabei darf eine solche Gegenüberstellung nicht so verstanden werden, als sei die wissenschaftliche Erkenntnis auf die propositionale und die ästhetische Erkenntnis auf die nicht-propositionale beschränkt. Vielmehr können wir es z. B. in der Literatur auch mit Aussagenwahrheiten zu tun haben, sofern wir diese nicht mit Tatsacheninformationen gleichsetzen. Andererseits darf man für die Wissenschaften den Erkenntniswert vor-propositionalen Unterscheidungswissens nicht unterschlagen, wie dies meistens in der Wissenschaftstheorie mit ihrem Verständnis von Definitionen als willkürlichen Sprachfestlegungen geschieht. Diese Dinge dar- und klarzustellen, ist Aufgabe einer Wissenschaften und Künste gleichermaßen einbeziehenden Erkenntnistheorie, die dann auch unsere Frage nach den literarischen Formen der Philosophie bereichsübergreifend in die Frage nach den Darstellungsformen von Erkenntnis überhaupt einzubeziehen hätte.

DER LOGIKER ALS METAPHORIKER.
FREGES PHILOSOPHISCHE RHETORIK

»Freges Schreibart ist manchmal groß«
Ludwig Wittgenstein

VORBEMERKUNG

Hielt man Metaphern in der Philosophie lange Zeit für eine läßliche, aber doch vermeidbare Versündigung gegen den Geist der Wissenschaftlichkeit, so scheint sich nun die Auffassung durchzusetzen, daß sie ihren legitimen Platz in den Wissenschaften selbst haben. Der Streit ist aber noch nicht endgültig ausgetragen. Vor allem bleibt die Frage, ob wir aus der Legitimität metaphorischer Rede weitergehende methodologische Schlüsse zu ziehen haben. Sind Metaphern ein zwar nützliches illustrierendes Hilfsmittel der Darstellung, auf das man prinzipiell auch verzichten könnte, oder kommt ihnen eine grundlegendere Rolle zu? Und ist schließlich gar, was die Philosophie anbelangt, aus deren Gebrauch von Metaphern auf ihren Charakter als Literatur zu schließen?[1] In einem allgemeinen Sinne ist allerdings gar nicht zu bestreiten, daß Philosophie auch Literatur ist, weil sie sich unübersehbar unterschiedlichster literarischer Formen bedient. Insofern kann eine historische Entfaltung des Spektrums dieser Formen einer einseitigen normativen Fixierung entgegenarbeiten.[2] Im Dekonstruktivismus etwa scheint man diesen Umstand aber zum Anlaß nehmen zu wollen, das Selbstverständnis der Philosophie in ihrem systematischen Erkenntnisanspruch subversiv in Frage zu stellen. Gegen eine solche »Einebnung des Gattungsunterschiedes von Philosophie und Literatur« ist zu recht Einspruch erhoben worden, allerdings von einem wiederum einseitigen geltungstheoretischen Standpunkt aus, der den erkenntnisvermittelnden Mo-

---

[1] P. de Man, Epistemologie der Metapher, in: Theorie der Metapher, ed. A. Haverkamp, Darmstadt 1983, S. 437.
[2] Vgl. den Sammelband: Literarische Formen der Philosophie, ed. G. Gabriel/C. Schildknecht, Stuttgart 1990.

menten literarischer Formen nicht gerecht zu werden vermag.[3] Als Lösung in dieser Auseinandersetzung bietet sich ein Erkenntnisbegriff an, der die traditionelle Gleichsetzung von Erkenntnis und Aussagenwahrheit aufgibt[4] und dabei an der erkenntnisvermittelnden Rolle auch der Literatur festhält. Damit läßt sich nicht nur die dekonstruktive Provokation, die selbst analytische Philosophen verunsichert hat[5], gegen sie selbst wenden, sondern trägt auf diese Weise auch dazu bei, die bisherige Gegenüberstellung von Wissenschaft und Kunst in eine sich ergänzende Komplementarität von Erkenntnisformen zu überführen.[6]

Im Sinne dieses allgemeinen Programms werde ich im folgenden die Rolle der Metaphern in den Schriften Gottlob Freges untersuchen.[7] Wir haben hier schon deshalb einen besonders aufschlußreichen Fall vor uns, weil Frege als Logiker ein harter Propositionalist, als philosophischer Autor aber ein begnadeter Metaphoriker war. Ich werde zunächst einige Beispiele Fregescher Metaphernbildung anführen, um danach das bekannteste Beispiel, nämlich Freges Erläuterung der kategorialen Unterscheidung von Gegenständen und Funktionen anhand der (chemischen) Metapher »gesättigt - ungesättigt« einer ausführlichen Analyse zu unter-

---

[3] J. Habermas, Der philosophische Diskurs der Moderne, Frankfurt a. M. 1988, S. 219-247.
[4] Man könnte hier geradezu von einer »propositional fallacy« innerhalb der Erkenntnistheorie sprechen.
[5] Vgl. A. C. Danto, Philosophy as / and / of Literature, in: Post-Analytic Philosophy, ed. J. Rajchman u. C. West, New York 1985, S. 63-83.
[6] Vgl. den Beitrag »Erkenntnis in Wissenschaft, Philosophie und Dichtung«.
[7] Seitenangaben folgen jeweils der Originalpaginierung, die in den gängigen Ausgaben der Schriften Freges mitgeführt wird. Zitate wurden heutiger Orthographie angeglichen. Die Originalausgaben sind (in Klammern die im folgenden verwendeten Kurztitel): Begriffsschrift, Halle 1879 (Begriffsschrift); Die Grundlagen der Arithmetik, Breslau 1884 (Grundlagen); Grundgesetze der Arithmetik, Bd. I, Jena 1893 (Grundgesetze I); Grundgesetze der Arithmetik, Bd. II, Jena 1903 (Grundgesetze II); Nachgelassene Schriften, ed. H. Hermes/F. Kambartel/F. Kaulbach, Hamburg 1969, ²1983 (Nachgelassene Schriften); Wissenschaftlicher Briefwechsel, ed. G. Gabriel/H. Hermes/F. Kambartel/C. Thiel/A. Veraart, Hamburg 1976 (Briefwechsel). Für die übrigen herangezogenen Arbeiten Freges wird auf bibliographische Angaben verzichtet, da sie leicht unter ihren Titeln identifizierbar sind. Die Aufsätze, die zum Umkreis der »Begriffsschrift« gehören, sind wiederabgedruckt in deren 2. Auflage, ed. I. Angelelli, Darmstadt 1964, alle anderen Arbeiten in der Sammlung: Kleine Schriften, ed. I. Angelelli, Darmstadt 1967. Eine vollständige Bibliographie der Schriften Freges, einschließlich aller Neuausgaben (bis 1988), findet sich in: Schriften zur Logik und Sprachphilosophie. Aus dem Nachlaß, ed. G. Gabriel, Hamburg ³1990, S. 187-195.

ziehen. Schließlich sollen (mit einem Seitenblick auf Wittgensteins Unterscheidung von Sagen und Zeigen) einige sich ergebende methodologische Konsequenzen für die Philosophie gezogen werden.

»BILDER« ODER DIE SINNLICHE SEITE DES DENKENS

Freges Metaphern erfüllen weitgehend die Auffassung der traditionellen Vergleichstheorie, nach der Metaphern die Übertragung einer Bedeutung durch Vergleich vornehmen. Unabhängig von der Frage also, ob diese Auffassung als *allgemeine* Theorie umfassend genug ist, im Falle Freges dürfen wir uns getrost auf sie berufen. Dabei beläßt Frege es manchmal nicht bei abgekürzten Vergleichen, sondern führt die Übertragung im einzelnen aus, etwa in dem folgenden bekannten Beispiel:

»Das Verhältnis meiner Begriffsschrift zu der Sprache des Lebens glaube ich am deutlichsten machen zu können, wenn ich es mit dem des Mikroskops zum Auge *vergleiche*. Das Letztere hat durch den Umfang seiner Anwendbarkeit, durch die Beweglichkeit, mit der es sich den verschiedensten Umständen anzuschmiegen weiß, eine große Überlegenheit vor dem Mikroskop. Als optischer Apparat betrachtet, zeigt es freilich viele Unvollkommenheiten, die nur in Folge seiner innigen Verbindung mit dem geistigen Leben gewöhnlich unbeachtet bleiben. Sobald aber wissenschaftliche Zwecke große Anforderungen an die Schärfe der Unterscheidung stellen, zeigt sich das Auge als ungenügend. Das Mikroskop hingegen ist gerade solchen Zwecken auf das vollkommenste angepaßt, aber eben dadurch für alle andern unbrauchbar.« (Begriffsschrift, S. V, Hervorhebung G. G.)

Frege nennt sein literarisches Verfahren hier selbst ein »Vergleichen«. Häufig bestimmt er es zusätzlich als »bildlich«, wobei anschauliche Charakterisierungen als vergleichende Erläuterungen begrifflicher Unterscheidungen gemeint sind. Der Ausduck »Metapher« findet sich nicht.

Es wird nicht verwundern, bei einem Autor, der es als Ziel seiner Logik ansieht, das Begriffliche vom Anschaulichen zu trennen, indem etwa die »Lückenlosigkeit der Schlußkette« beim logizistischen Aufbau der Arithmetik dafür sorgen soll, daß »sich hierbei nicht unbemerkt etwas Anschauliches eindrängen könnte« (Begriffsschrift, S. IV), eine Skepsis gegenüber sinnlich-bildlicher Ausdrucksweise vorzufinden. Solche sprachlichen Elemente faßt Frege unter einem selbst metaphorischen Ausdruck als »Färbung« des Sinns zusammen und bestimmt sie negativ als alle die sprachlichen Elemente, die einen kommunikativen, insbesondere ästhetischen oder rhetorischen Wert haben mögen, ohne aber einen wahrheitswertrelevanten Beitrag zum Gedanken beizutragen:

> »Diese Färbungen und Beleuchtungen sind nicht objektiv, sondern jeder Hörer oder Leser muß sie sich selbst nach den Winken des Dichters oder Redners hinzuschaffen.« (Über Sinn und Bedeutung, S. 31).

Daß diese Bestimmungen so wenig differenzierend ausfallen, liegt daran, daß das philosophische Interesse des Logikers Frege wesentlich dem propositionalen Wahrheitsbegriff und seinem Träger, dem Gedanken gilt. Seine Auffassung hat Frege zeitlebens beibehalten. Sie findet sich bereits in der »Begriffsschrift« (1879), setzt sich fort in »Über Sinn und Bedeutung« (1892) und bestimmt schließlich auch die Auseinandersetzung um den Begriff der Objektivität in »Der Gedanke« (1918):

> »Ein Behauptungssatz enthält außer einem Gedanken und der Behauptung oft noch ein Drittes, auf das sich die Behauptung nicht erstreckt. Das soll nicht selten auf das Gefühl, die Stimmung des Hörers wirken oder seine Einbildungskraft anregen. Wörter wie »leider«, »gottlob« gehören hierher. Solche Bestandteile des Satzes treten in der Dichtung stärker hervor, fehlen aber auch in der Prosa selten ganz. In mathematischen, physikalischen, chemischen Darstellungen werden sie seltener sein als in geschichtlichen. Was man Geisteswissenschaft nennt, steht der Dichtung näher, ist darum aber auch weniger wissenschaftlich als die strengen Wissenschaften, die um so trockner sind, je strenger sie sind; denn die strenge Wissenschaft ist auf die Wahrheit gerichtet und nur auf die Wahrheit. Alle Bestandteile des Satzes also, auf die sich die behauptende Kraft nicht erstreckt, gehören nicht zur wissenschaftlichen Darstellung, sind aber manchmal auch für den schwer zu vermeiden, der die damit verbundene Gefahr sieht. Wo es darauf ankommt, sich dem gedanklich Unfaßbaren auf dem Wege der Ahnung zu nähern, haben diese Bestandteile ihre volle Berechtigung. [...] Ob ich das Wort »Pferd« oder »Roß« oder »Gaul« oder »Mähre« gebrauche, macht keinen Unterschied im Gedanken. Die behauptende Kraft erstreckt sich nicht auf das, wodurch sich diese Wörter unterscheiden. Was man Stimmung, Duft, Beleuchtung in einer Dichtung nennen kann, was durch Tonfall und Rhythmus gemalt wird, gehört nicht zum Gedanken.« (Der Gedanke, S. 63)

Nicht die in diesem Zitat zunächst angeführten harmlosen Interjektionen, aber das zweite Beispiel, das dem Bereich semantischer Konnotationen angehört, stellt den Zusammenhang mit unserer Thematik her. Wir können davon ausgehen, daß Frege zumindest poetische Metaphern als Konnotationen freisetzende bildliche Ausdrücke versteht. Er würde sie deshalb semantisch dem Bereich der Färbung und damit den subjektiven »Vorstellungen« zuordnen, deren Mitteilungsmöglichkeit er lediglich in einer empirischen »Verwandtschaft des menschlichen Vorstellens« begründet sieht (Über Sinn und Bedeutung, S. 31). Wegen der »unsicheren Verbindung der Vorstellungen mit den Worten« kann man sich des Gelingens einer Verständigung durch solche »Winke« niemals sicher sein.

Was Frege hier beschreibt, dürfte in vereinfachter Form das zur Sprache bringen, was Autoren wie Derrida als Normalfall sprachlicher Kommunikation ansehen. Insofern ist die entscheidende Frage, ob alle Metaphern poetisch sind und ob sie auch unsere »normale« Verständigung durchsetzen und damit verunsichernd »poetisieren«.

Man wird Freges Ausführungen zunächst als das bekannte Bemühen von Logikern ansehen wollen, die Rhetorik auszugrenzen. Angesichts der Tatsache, daß Frege als Schriftsteller ein glänzender und auch polemischer Rhetoriker war, möchte mancher ihn dann auch als Beispiel in die Reihe derjenigen Autoren einreihen wollen, die logisch dementieren, was sie sich selbst ständig rhetorisch herausnehmen. Eine solche »dekonstruktive« Lektüre würde Frege aber nicht gerecht werden, weil dieser sich im Unterschied zu anderen durchaus darüber im klaren war, daß der Logiker auf Elemente der Rhetorik angewiesen bleibt. Gewiß wäre er »eigentlich« lieber ohne sie ausgekommen, gerade sein Bemühen um ein streng analytisches Vorgehen hat ihn aber zu der »resignativen« Einsicht geführt, daß es nicht ohne sie geht, daß wir uns hier in einer »Zwangslage« befinden. Diese Situation hat Frege von Anfang an klar vor Augen und entsprechende Kommentare und Zugeständnisse begleiten seine gleichzeitigen Ausgrenzungsbemühungen.

Es fällt auf, daß Frege in der von ihm andeutungsweise ausgesprochenen wissenschaftstheoretischen Standardeinteilung in »strenge Wissenschaft« und »Geisteswissenschaft«, die bis heute die Diskussion um die »zwei Kulturen« bestimmt, die Philosophie gar nicht aufführt, so daß unentschieden bleibt, welcher Seite sie zuzuordnen ist. Insbesondere stellt sich diese Frage für Freges eigene Arbeiten; denn daß diese, auch wenn sie »Logische Untersuchungen«[8] heißen, eher Metauntersuchungen zum richtigen philosophischen Verständnis der Logik sind und nicht Teile dieser Logik selbst, war Frege klar.[9] Das Verhältnis zwischen beiden beschreibt Frege wie folgt:

---

[8] Dies ist der Obertitel der Aufsatzfolge »Der Gedanke«, »Die Verneinung«, »Gedankengefüge«, zu der auch die nachgelassene Schrift »Logische Allgemeinheit« gehört.
[9] Freges Bewußtsein für diesen Unterschied ist derartig ausgeprägt, daß er (wohl zum ersten Mal in der Geschichte der Logik) symbolische Unterscheidungen zwischen Erwähnung in der metasprachlichen Erläuterungssprache und logischem Gebrauch »in den begriffsschriftlichen Entwickelungen« einführt. Vgl. Grundgesetze I, S. 6, Anm. 1.

»Hätten wir eine logisch vollkommenere Sprache, so brauchten wir vielleicht weiter keine Logik oder wir könnten sie aus der Sprache ablesen. Aber davon sind wir weit entfernt. Die logische Arbeit ist gerade zu einem großen Teil ein Kampf mit den logischen Mängeln der Sprache, die uns doch wieder ein unentbehrliches Werkzeug ist. Erst nach Vollendung unserer logischen Arbeit werden wir ein vollkommeneres Werkzeug haben.« (Nachgelassene Schriften, S. 272)

Der hier zum Ausdruck kommende ambivalente Status der Sprache, daß der Logiker nämlich seinen Kampf gegen die »Herrschaft des Wortes über den menschlichen Geist« (Begriffsschrift, S. VI) nur mit den Mitteln der Sprache selbst führen kann, gilt vor allem für deren sinnliche Seite. Sie ist es, die Frege wesentlich für die »Unvollkommenheit der Sprache« für das »reine« Denken verantwortlich macht, ohne sie dabei aber als sozusagen »unrein« einfach zu »verdrängen«. Vielmehr gesteht er zu: »Denn der sinnlichen Zeichen bedürfen wir nun einmal zum Denken« (Über die wissenschaftliche Berechtigung einer Begriffsschrift, S. 48). Insofern optimiert die Begriffsschrift zwar die sinnliche Seite des Denkens, kann sie aber nicht gänzlich ausschalten; denn auch sie ist ein »äußeres Darstellungsmittel« (Begriffsschrift, S. VII).

Bei der Bewertung der sinnlichen Seite der Sprache, in der sich ihr raum-zeitlicher Zeichencharakter mit ihren sinnlich-konnotativen Bedeutungsaspekten mischt, äußert bereits der frühe Frege in analoger Weise, daß »wir das Sinnliche selbst benutzen, um uns von seinem Zwange zu befreien« (Über die wissenschaftliche Berechtigung einer Begriffsschrift, S. 49). Dieses wahrhaft dialektische Verhältnis wird seinerseits in einem bildlichen Vergleich *semantisch* versinnlicht: »Die Zeichen sind für das Denken von derselben Bedeutung wie für die Schiffahrt die Erfindung, den Wind zu gebrauchen, um gegen den Wind zu segeln.« (ebd.). Wenn Frege dann zusammenfaßt, daß uns das Sinnliche »die Welt des Unsinnlichen« erschließe (a.a.O., S. 50), so werden wir diese Formulierung auf seine eigenen Versinnlichungen übertragen dürfen und in dieser Funktion auch seine bilderreiche philosophische Sprache als erläuternde Metasprache der Logik zu sehen haben. Die Sinnlichkeit der Sprache wird auf dieser argumentativen Stufe als protreptisches Vehikel der Kommunikation eingesetzt, um zu nichtsinnlichen, logischen Unterscheidungen vorzudringen.

Dennoch wird mancher die bisher betrachteten Bilder und Vergleiche als zwar didaktisch gelungen, aber prinzipiell vermeidbar betrachten wollen. Man wird sagen, daß Freges Ansichten und erst recht seine Begriffsschrift auch ohne sie mitgeteilt werden könnten. Die rhetorischen

Elemente würden zwar der Bereicherung der Verständigung dienen, erwüchsen aber nicht aus einer strukturellen Notwendigkeit. Freges Bilder hätten soweit eine erhellende, aber keine fundierende Funktion, ganz im Sinne seines eigenen Zugeständnisses:

> »Bildliche Ausdrücke, mit Vorsicht gebraucht, können immerhin etwas zur Verdeutlichung beitragen.« (Die Verneinung, S. 157)

Mit dieser hypothetisch angenommenen Stellungnahme wollen wir uns hier zunächst begnügen, ohne sie deshalb aber anzuerkennen. In einem nächsten Schritt wollen wir uns einem Beispiel zuwenden, das uns der systematischen Funktion der Fregeschen Metaphorik schon näherbringt.

»BAUM« ODER »BAU« DER ARITHMETIK?
ZUR FUNDIERUNGSMETAPHORIK

Es scheint bislang keine Beachtung gefunden zu haben, daß Freges Fundierungsmetaphorik zwei sehr verschiedenen Bereichen entstammt. Dabei wirft dieser Umstand ein charakteristisches Licht auf sein Logikverständnis, das schon deshalb unsere Aufmerksamkeit verdient, weil Frege als Begründer der modernen Logik gilt.

Frege hat den Symbolismus seiner Begriffsschrift in erster Linie als Mittel zu einem bestimmten Zweck entwickelt, nämlich einen durchsichtigen logizistischen Aufbau der Arithmetik vorzulegen. Den dargestellten logischen Verhältnissen wird allerdings eine allgemeinere, über die Arithmetik hinausgehende Bedeutung zugewiesen. Stellt Frege doch ausdrücklich fest: Sie »kehren überall wieder« (Über die wissenschaftliche Berechtigung einer Begriffsschrift, S. 56). Gemeint ist dies mit Blick auf die Gesetze der Logik, verstanden als »Gesetze des Wahrseins« (Grundgesetze I, S. XV f.). Diesen kommt ein »vorschreibender« (normativer) Status zu, der zum Ausdruck bringt, daß »im Einklange« mit ihnen gedacht werden solle (a.a.O., S. XV). Wenn wir diese beiden Bestimmungen zusammenbringen, so besagen sie, daß ein an der Wahrheit orientiertes Denken gegen sie nicht verstoßen darf. Und hier werden zwei Einschränkungen offenbar. Erstens erstreckt sich die Logik nur auf wahrheitswertfähiges Denken, d.h. ein Denken in Gedanken. In diesem Sinne versteht Frege Denken geradezu als das »Fassen des

Gedankens« (Der Gedanke, S. 62). Zweitens wird die Befolgung der logischen Gesetze als notwendige, nicht aber als hinreichende Bedingung des Denkens verstanden. Worum es hier geht, ist die Frage, ob die Logik (mit Kant zu sprechen) ein bloßer »Kanon« (eine Richtschnur) des Denkens ist oder auch ein »Organon der Wahrheit«. Eine hinreichende Bedingung kann die Logik für das Denken im allgemeinen schon deshalb nicht sein, weil dann das Fassen empirischer Gedanken kein Denken wäre. Nur in einem besonderen Falle, nämlich dem der Arithmetik, versucht Frege nachzuweisen, daß die Logik für deren Aufbau auch hinreicht. Aus solchem Anspruch ergeben sich bestimmte Konsequenzen für das Verständnis der dabei zugrunde gelegten Logik. In der Diskussion des logizistischen Programms wird meistens nur der Frage nachgegangen, ob der Anspruch aus der Sicht der Arithmetik berechtigt ist und sie tatsächlich einer rein logischen Begründung fähig ist. Offen bleibt dagegen, ob nicht auch das Verständnis der Logik berührt ist, die die Grundlage dieses Programms abgibt. In der Regel wird Freges Logik »modern« und das heißt rein formal gelesen.[10] Diese Lesart entspricht aber keineswegs der Intention des Autors. Ausdrücklich wendet dieser sich gegen das »Märchen von der Unfruchtbarkeit der reinen Logik« (Grundlagen, S. 24) mit Blick auf ihre *inhaltliche* Leistung für die Arithmetik.[11] So stellt er denn angesichts der von W. S. Jevons ausgesprochenen These, daß die »Algebra eine hoch entwickelte Logik« sei, die entscheidende Frage:

> »Aber auch diese Ansicht hat ihre Schwierigkeiten. Soll dieser hochragende, weitverzweigte und immer noch wachsende Baum der Zahlenwissenschaft in bloßen Identitäten wurzeln? Und wie kommen die leeren Formen der Logik dazu, aus sich heraus solchen Inhalt zu gewinnen?« (Grundlagen, S. 22)

Freges positive Antwort auf diese hypothetisch gemeinte Frage läuft darauf hinaus, daß die Logik es eben nicht bloß mit »leeren Formen« zu tun habe, sondern eine inhaltliche Logik sein müsse, weil sie sonst die arithmetischen Inhalte gar nicht hervorbringen könnte. Nun ist auch Frege nicht verborgen geblieben, daß logische Schlüsse alleine eine

---

[10] Siehe dagegen F. Kambartels Einleitung zu: Nachgelassene Schriften, insbes. S. XXIII f.
[11] Warum die Rede von »Inhalt« hier nicht ganz unproblematisch ist, deutet Frege beiläufig im Nebensatz der folgenden Bemerkung an: »Daß meine Sätze genügenden Inhalt haben, sofern überhaupt von Inhalt bei rein logischen Sätzen die Rede sein kann, folgt daraus, daß sie ausreichen.« (Nachgelassene Schriften, S. 43)

»Verdünnung« der Prämissen vornehmen und insofern materialiter nicht mehr liefern können als in den Prämissen bereits enthalten ist. Diesen klassischen Einwand der »Unfruchtbarkeit«, der in der Tradition insbesondere gegen die Logik in ihrer syllogistischen Gestalt erhoben wurde, sieht Frege durch die Algebra der Logik nicht überwunden, sondern allenfalls bestätigt.[12] (Deshalb auch seine Anfrage, wie diese Logik leisten könne, was sie verspricht.) Frege selbst sucht in seiner Begriffsschrift die Leibnizsche Idee eines rechnenden Schließens (*calculus ratiocinator*) mit der eines inhaltlichen Wörterbuchs (*characteristica universalis*) auf eine Weise zu verbinden, die die Tätigkeit des Logikers nicht als eine bloß »mechanische« Umformung, sondern eine »organische« Entfaltung erscheinen läßt. Dieser Gegensatz ist für Freges Denken von Anfang an bestimmend. Einem seiner philosophischen Lehrer, Kuno Fischer, der das Rechnen ein »aggregatives, mechanisches Denken« nennt, bescheinigt er »Roheit der Auffassung« (Grundlagen, S. III). Die in dem obigen Zitat angedeutete Baum-Metaphorik verweist dagegen auf Freges alternativen Gedanken eines organischen Zusammenhangs, woran sich dann auch die Fruchtbarkeitsmetaphorik anschließen läßt. Die Grundlage von Freges inhaltlichem Verständnis der Logik scheint in deren Orientierung am Organismus-Gedanken zu suchen sein. Um diese These zu belegen, soll zunächst eine möglichst vollständige Aufreihung derjenigen Metaphern in Freges Schriften unternommen werden, die diesem Begriffsfeld angehören, um danach den philologisch-literarischen Befund philosophisch auszuwerten.

Die Fruchtbarkeit der Logik, jedenfalls in der von ihm selbst entwickelten Gestalt der Begriffsschrift, sieht Frege wesentlich darin gegeben, daß deren Formen geeignet sind, »sich mit einem Inhalte auf das Innigste zu verbinden« (Über die wissenschaftliche Berechtigung einer Begriffsschrift, S. 55). Handelt es sich dabei zunächst - im Rahmen des Logizismusprogramms - darum, solche logischen Zeichen zu entwikkeln, die darauf angelegt sind, mit den mathematischen Zeichen »zu verschmelzen« (Nachgelassene Schriften, S. 15), so setzt sich dieser Gedanke dann auch in der Bestimmung des Verhältnisses von Begriffs- und Urteilslehre fort, für die Frege gerade bei Boole eine »organische

---

[12] Zu weiteren Aspekten der Fregeschen Kritik an der Algebra der Logik vgl. H. D. Sluga, Frege against the Booleans, Notre Dame Journal of Formal Logic 28 (1987), S. 80-98.

Verbindung« vermißt (a.a.O., S. 15, 17 u. 19).[13] Frege hebt in diesem Zusammenhang hervor, daß er selbst nicht von vorgegebenen, durch bloße Merkmalzusammenfügung gebildeten Begriffen ausgeht, um diese dann, wie es nach traditioneller Auffassung geschieht, zu Urteilen zusammenzufügen, sondern umgekehrt von beurteilbaren Inhalten ausgehend die Begriffe durch unterschiedliche »Zerfällung« dieser Inhalte gewinnt. Gegen Boole u. a. macht er dabei geltend, daß in der Algebra der Logik Fragen des logischen Kalküls im Vordergrund gestanden haben und die logische Binnenstruktur der Inhalte, auf die ein solcher Kalkül Anwendung finden könne, vernachlässigt worden sei. Ein bloßer Kalkül, der zudem einzig auf der Basis von Begriffen arbeitet, die durch logische Multiplikation oder logische Addition entstanden sind, könne die traditionellen Bedenken nicht zerstreuen und die Fruchtbarkeit der Logik unter Beweis stellen.

> »Betrachten wir die Sache im geometrischen Bilde, so bemerken wir, daß in beiden Fällen, mag der Begriff durch logische Multiplikation oder Addition entstanden sein, seine Begrenzung aus Stücken der Begrenzungen der gegebenen Begriffe besteht. Das gilt von allen Begriffsbildungen, die man mit Hilfe der booleschen Zeichen darstellen kann. Dieses Verhalten im geometrischen Bilde ist natürlich ein Ausdruck für etwas, was in der Sache selbst liegt, was aber ohne Bild wohl kaum ausgesprochen werden kann.[14] Bei dieser Art der Begriffsbildung muß man demnach ein System von Begriffen oder, im Bilde geredet, ein Netz von Linien als gegeben voraussetzen. Hierin sind die neuen Begriffe dann eigentlich schon enthalten: man braucht nur die vorhandenen Linien in neuer Weise zur vollständigen Begrenzung von Flächenstücken verwenden. Dem Umstande, daß solche Bildungen neuer Begriffe aus alten hauptsächlich beachtet, andere fruchtbarere dagegen vernachlässigt worden sind, ist es wohl zuzuschreiben, daß man in der Logik leicht den Eindruck erhält, als komme man bei allen Drehungen und Wendungen doch eigentlich nicht von der Stelle.« (Nachgelassene Schriften, S. 37 f.)

In Absetzung hiervon hebt Frege zu recht hervor, daß in den von ihm vorgeführten Definitionen, etwa der Stetigkeit einer Funktion und des Folgens in einer Reihe, »von einer Benutzung der Grenzlinien vorhandener Begriffe zur Begrenzung der neuen« nicht die Rede sein könne:

---

[13] Vgl. auch Über den Zweck der Begriffsschrift (S. 9), wo Frege den »organischen Zusammenhang« insbesondere durch seine Einführung des Allquantors gewährleistet sieht.
[14] Man beachte hier das Zugeständnis der Notwendigkeit bildlicher Ausdrucksweise in der Erläuterungssprache!

»Vielmehr werden durch solche Begriffsbestimmungen - und das sind die wissenschaftlich fruchtbaren - ganz neue Grenzlinien gezogen. Auch hier werden alte Begriffe zum Aufbau der neuen verwendet; aber sie werden dabei in mannigfacher Weise durch die Zeichen der Allgemeinheit, Verneinung und Bedingtheit untereinander verbunden.« (a.a.O., S. 39)[15]

Freges Lösung des Problems der Fruchtbarkeit der »reinen Logik« sieht dann so aus:

»Die boolesche Formelsprache stellt nur einen Teil unseres Denkens dar; das ganze kann nie durch eine Maschine besorgt oder durch eine rein mechanische Tätigkeit ersetzt werden. Wohl läßt sich der Syllogismus in die Form einer Rechnung bringen, die freilich auch nicht ohne Denken vollzogen werden kann, aber doch durch die wenigen festen und anschaulichen Formen, in denen sie sich bewegt, eine große Sicherheit gewährt. Der rechte Nutzen kann aber erst dann hieraus gezogen werden, wenn der Inhalt nicht nur angedeutet, sondern mit Hilfe derselben logischen Zeichen, welche zur Rechnung dienen, aus seinen Bestandteilen aufgebaut wird.« (ebd., S. 39)

In den Grundlagen der Arithmetik wird besonders deutlich, daß Frege seinen gegen Kant ausgespielten Gedanken der erkenntnis*erweiternden* analytischen Urteile, der für das Logizismusprogramm ausschlaggebend ist, auf diese Idee der fruchtbaren Begriffsbildung stützt. Er betont, daß seine Definitionen nicht aus »beigeordneten Merkmalen« bestehen[16], sondern eine »innigere« oder »organischere« Verbindung der Bestimmungen« vornehmen. Indem Frege sich abermals seines geometrischen Bildes bedient, fährt er fort:

»Die fruchtbareren Begriffsbestimmungen ziehen Grenzlinien, die noch gar nicht gegeben waren. Was sich aus ihnen schließen lasse, ist nicht von vornherein zu übersehen; man holt dabei nicht einfach aus dem Kasten wieder heraus, was man hineingelegt hatte. Diese Folgerungen erweitern unsere Kenntnisse, und man sollte sie daher Kant zufolge für synthetisch halten; dennoch können sie rein logisch bewiesen werden und sind also analytisch. Sie sind in der Tat in den Definitionen enthalten, aber wie die Pflanze im Samen, nicht wie der Balken im Hause.« (Grundlagen, § 88)

In dem letzten Satz haben wir die Organismusmetaphorik (»Pflanze im Samen«) in direkter Gegenüberstellung zur Gebäudemetaphorik (»Bal-

---

[15] Zu den begriffsschriftlichen Einzelheiten vgl. den erhellenden Aufsatz von M. A. Ruffino, Context Principle, Fruitfulness of Logic and the Cognitive Value of Arithmetic in Frege, History and Philosophy of Logic, 12 (1991), S. 185–194.
[16] Solche Begriffsbildungen hatte bereits Freges Lehrer Lotze kritisiert. Vgl. Verfassers Einleitung zu R. H. Lotze, Logik. Erstes Buch. Vom Denken, Hamburg 1989, S. XXV f.

ken im Hause«), und Frege macht deutlich, daß nur die erstere den Logizismusgedanken zu »tragen« in der Lage ist, wenn wir uns diese Mischung der Metaphorik hier erlauben wollen.

Nun spricht Frege allerdings wiederholt (auch in entsprechenden Titeln) von den »Grundlagen« der Arithmetik und Geometrie, und er beschreibt sein logizistisches Begründungsprogramm für die Arithmetik als das Errichten eines »Baus« und »Gebäudes« auf sicherem »Grunde« (Grundgesetze I, S. XXVI). Als Folge von Russells Mitteilung seiner Antinomie befürchtet Frege zunächst, daß »der Grund, auf dem ich die Arithmetik sich aufzubauen dachte, in's Wanken gerät« (Briefwechsel, S. 213). Nachdem er sich dann vom Scheitern des Programms überzeugt hat, beklagt er entsprechend, daß ihm »der ganze Bau zusammenstürzte« (a.a.O., S. 87). Wie also haben wir Freges doppelte Fundierungsmetaphorik, das Verhältnis von »Baum« und »Bau« (der Arithmetik) zu verstehen?

Tatsache ist, daß Frege beide Gedanken und ihre Metaphoriken in seinen Schriften parallel verwendet. Zwar können wir beim späten Frege eine stärkere Verlagerung auf den Systemgedanken feststellen[17], der Organismusgedanke wird aber auch hier noch in einer Metapher mitgeführt, die sich durchgehend in den Schriften Freges findet. Dies ist die Metapher, daß die Wahrheiten (Theoreme) einer systematischen Wissenschaft (Logik, Arithmetik, Geometrie) in den jeweiligen Grundgesetzen bzw. Axiomen, den »Urwahrheiten«, wie in einem »Keime« enthalten seien. Hieran hält auch der spätere Systemdenker ausdrücklich fest (Nachgelassene Schriften, S. 221). Das Nebeneinander beider Gedanken ist bereits seit der Habilitationsschrift zu verzeichnen, in der Frege von »Grundgesetzen« spricht, »aus denen wie aus einem Keime die ganze Arithmetik hervorwächst« (Rechnungsmethoden, die sich auf eine Erweiterung des Größenbegriffes gründen, S. 2). Auch in der mittleren Phase sind es »Grundsätze, auf denen sich die Arithmetik aufbaut« (Über formale Theorien der Arithmetik, S. 95), und gleich-

---

[17] Man vgl. etwa die nachgelassene Schrift »Über Logik in der Mathematik« mit ihrer Betonung der »Idee des Systems« (Nachgelassene Schriften, S. 221) und die gegenüber den »Grundlagen der Arithmetik« veränderte Auffassung der Definitionen als willkürlicher Festsetzungen (S. 224). Zur Kritik dieser Leugnung des Erkenntniswertes von Definitionen siehe Verf., Definitionen und Interessen, Stuttgart-Bad Cannstatt 1972, S. 30-52. Im vorliegenden Band vgl. außerdem den Beitrag »Wissenschaftliche Begriffsbildung und Theoriewahldiskurse«.

wohl enthalten die »Urbausteine« dieser Wissenschaft »wie im Keim deren ganzen Inhalt« (a.a.O., S. 96). Da dieser Keim nach Frege logischer Natur ist, »kann die Logik nicht so unfruchtbar sein, wie sie oberflächlich betrachtet und nicht ohne Mitschuld der Logiker erscheinen mag« (a.a.O., S. 95). Bau- und Baum-Metaphorik, System- und Organismusgedanke überlagern sich also. Wenn Frege seine eigene wissenschaftstheoretische Tätigkeit als das Errichten eines Baus umschreibt, so bleibt er hierbei im Rahmen der üblichen, fast »toten« Standardmetapher. Gerade die Abweichung von ihr ist deshalb aufschlußreich, daß nämlich - *inhaltlich* gesehen - das Verhältnis von Axiomen und Grundgesetzen zu den aus ihnen abgeleiteten Sätzen nicht als das Verhältnis eines Fundaments zu seinen Aufbauten bestimmt wird, sondern als das eines Keims zu seinen »Entwicklungen«. Diese Entwicklungen gehen - verfolgt man sie über die propositionalen Gebilde hinaus zurück - letztlich von vorpropositionalen Grundbegriffen bzw. Funktionen aus.[18]

Der Fundierungsanspruch selbst wird durch den Wechsel der Metaphorik keineswegs abgeschwächt. Im Rahmen seines Vergleichs der Arithmetik mit einem Baum beklagt Frege, daß deren »Wurzeltrieb«, im Vergleich zum »Wipfeltrieb«, nur schwach ausgebildet sei, »in Deutschland wenigstens«, wie er hinzufügt (Grundgesetze I, S. XIII). Insofern versucht Frege in seiner Begründung der Arithmetik durchaus zu verwirklichen, was Kant dem deutschen »Genie« überhaupt meint bescheinigen zu können:

> »Das Genie scheint auch nach der Verschiedenheit des Nationalschlages und des Bodens, dem es angeboren ist, verschiedene ursprüngliche Keime in sich zu haben und sie verschiedentlich zu entwickeln. Es schlägt bei den Deutschen mehr in die *Wurzel*, bei den Italienern in die *Krone*, bei den Franzosen in die *Blüte* und bei den Engländern in die *Frucht*.« (Anthropologie in pragmatischer Hinsicht, § 59)

Wenn diese Beschreibung für die nachkantische deutsche Philosophie (bis heute) auch nicht allgemein zutreffen mag, weil sie doch auch

---

[18] So wird die Arithmetik als »weiter entwickelte Logik« bestimmt (Grundgesetze I, S. VII), deren »ganzen Reichtum von Gegenständen und Funktionen« Frege aus seinen logisch einfachen Urzeichen »wie aus einem Keime entwickeln zu können« hofft (Grundgesetze II, S. 149). Die Metapher der (organischen) Entwicklung findet sich außerdem in: Grundgesetze I, S. 6, Anm. 1 u. S. 31, Anm. 1.

manche »Blüten« getrieben hat, von Frege wird sie in der Tat im höchsten Maße zu erfüllen getrachtet.[19]

Als wesentlichen Aspekt von Freges Bevorzugung der Organismusmetaphorik haben wir hervorgehoben, daß diese für die Verteidigung der erkenntniserweiternden (»fruchtbaren«) Analytizität der Logik die angemessenere Beschreibung zu liefern vermag als die Gebäudemetaphorik. Eine besonders charakteristische Stelle für diesen Zusammenhang findet sich in der »Begriffsschrift« (S. 25), wo Frege den Vorzug einer axiomatischen (»ableitenden«) Darstellung der Logik dadurch erläutert, daß sie einen »Kern« von Gesetzen liefere, in denen »der Inhalt aller, obschon unentwickelt, eingeschlossen ist«. Er fährt dann fort:

> »Da man bei der unübersehbaren Menge der aufstellbaren Gesetze nicht alle aufzählen kann, so ist Vollständigkeit nicht anders als durch Aufsuchung derer zu erreichen, die *der Kraft nach* alle in sich schließen.«[20]

Die Rede von »der Kraft nach« verweist auf den Aristotelischen Begriff der Dynamis. Diese Übersetzung geht auf F. A. Trendelenburg zurück, von dem Frege sie übernommen haben dürfte.[21] Trendelenburg war ein erklärter Gegner der formalen Auffassung der Logik. Wir haben hier ein weiteres Indiz dafür, daß sich Frege einem vorkantischen inhaltlichen Verständnis der Logik anschließt. Aufschlußreich ist ein Brief an D. Hilbert über »das Formelwesen in der Mathematik« (Briefwechsel, S. 58 f.), in dem betont wird: »Man wird auch den Gebrauch von Symbolen nicht einem gedankenlosen, mechanischen Verfahren gleichsetzen dürfen.« »Ein bloß mechanisches Formeln[!]« würde nämlich die »Fruchtbarkeit der Wissenschaft« zunichte machen. Dennoch komme dem Mechanismus ein Nutzen zu, soweit er uns »das Denken zum Teil abnimmt«. Diesen Zusammenhang beschreibt Frege wiederum in einem Baum-Vergleich:

---

[19] Es dürfte klar sein, daß der Fregesche »Wurzeltrieb« sich eher auf in die Tiefe gehende »Pfahlwurzeln« erstreckt und nicht auf postmoderne Wurzelstöcke (Rhizome) von der Deleuze-Guattarischen Art, die ja ausdrücklich keine »fundierenden« Qualitäten haben: G. Deleuze / F. Guattari, Rhizom, Berlin 1977. Dazu M. Frank, Was ist Neostrukturalismus?, Frankfurt a. M. 1984, S. 438-454.

[20] Wenn Frege die aus solchen Grundgesetzen abgeleiteten Sätze ebenfalls als »Gesetze« faßt, so deshalb, weil auch sie »Denkgesetze« sind.

[21] Vgl. A. Trendelenburg, Erläuterungen zu den Elementen der aristotelischen Logik, Berlin ³1876, S. 9. In der Sache ergibt sich auch eine Verbindung zu Leibniz (lat. »vi«). Vgl. den Hinweis von C. Thiel, Sinn und Bedeutung in der Logik Gottlob Freges, Meisenheim a. G. 1965, S. 9.

»Ich möchte dieses mit dem Verholzungsvorgange vergleichen. Wo der Baum lebt und wächst, muß er weich und saftig sein. Wenn aber das Saftige nicht mit der Zeit verholzte, könnte keine bedeutende Höhe erreicht werden. Wenn dagegen alles Grüne verholzt, hört das Wachstum auf.«

Der Begründer der modernen formalen Logik, der betont, daß die Logik so »uneingeschränkt formal« gar nicht sei (»Wäre sie es, so wäre sie inhaltlos«)[22], ist also nicht nur kein Formalist, sondern eher ein Traditionalist, dessen inhaltslogischen Auffassungen deutlich werden, wenn man seine Metaphorik nicht als rhetorisches Beiwerk versteht, sondern methodologisch ernstnimmt.[23]

»GESÄTTIGT« UND »UNGESÄTTIGT«. EINE KATEGORIALE UNTERSCHEIDUNG

Hatte Freges Organismusmetaphorik soweit die Funktion, eine bestimmte Auffassung der Logik zu verdeutlichen, so wollen wir uns nun einer Verwendung von Metaphern zuwenden, die »kategorial« zu heißen verdient. Mit deren klarsichtiger Einschätzung hat Frege ein neues Kapitel in der Geschichte der Logik und Philosophie eingeleitet. Anknüpfen läßt sich hier an das oben beschriebene dialektische Verhältnis des Logikers Frege zum sinnlichen Charakter der Sprache.

Wo es um die Klärung von Grundbegriffen einer Wissenschaft geht, d.h. um Begriffe, die definitorisch nicht auf einfachere zurückführbar

---

[22] Über die Grundlagen der Geometrie III, S. 428.
[23] Der Organismusgedanke möchte ihn gar dem Geist der Spätromantik verpflichtet sein lassen. Eine eigene Untersuchung verdiente hier der Einfluß von Freges Lehrer K. Snell, der nicht nur die Verbindung des Organismus- mit dem Systemgedanken in der »organischen Gliederung eines Systems« verlangt (Lehrbuch der Geometrie, Leipzig 1841, Vorrede), sondern bei dem sich auch (S. 13) Freges Verständnis der Axiome (der Geometrie) bereits in allen metaphorischen Einzelheiten vorgezeichnet findet, »daß Jeder in diesen Axiomen den ganzen Inhalt der Wissenschaft eigentlich schon hat, nur noch wie in einem Korn seinem Samenkorn eingeschlossen, und daß er diesen Keim nur in sich selbst zur Entwickelung zu bringen braucht, um einen großen vielgestaltigen Baum der Erkenntnis mit zahllosen Ästen und Zweigen daraus zu erziehen«. An anderer Stelle hebt Snell in ausdrücklicher Analogie zur Entfaltung eines Organismus die Mathematik als Beispiel eines »produktiven« und damit nicht bloß aggregativen Denkens hervor (vgl. Freges Kritik an der Auffassung Fischers), das »zuletzt aus den wenigen Axiomen als einem einfachen Keim, der *potentia* den ganzen vielgestalteten Baum der Erkenntnis in sich hielt, hervorgewachsen« sei (Die Streitfrage des Materialismus, Jena 1858, S. 53).

sind und von Frege deshalb »logisch einfach« genannt werden, ergibt sich eine Zuspitzung der Problemlage. Er betont, daß es hier nurmehr möglich sei, »auf das hinzudeuten, was gemeint ist« (Funktion und Begriff, S. 18)[24]; und in »Über Begriff und Gegenstand« (S. 205) führt er aus: »›Abgeschlossen‹ und ›ungesättigt‹ sind zwar nur bildliche Ausdrücke, aber ich will und *kann* hier ja nur Winke geben.« (Hervorhebung G. G.). Gemessen an seinem Sprach- und Selbstverständnis als Logiker bedient sich Frege hier der bildlichen (metaphorischen) Ausdrucksweise also erzwungenermaßen. Ihr Ursprung ist Ausdrucksnot, die Ausdrucksnot desjenigen, der eine Unterscheidung einzuführen oder auf den Begriff zu bringen sucht, ohne dies in der üblichen Weise durch eine Analyse in einfachere Bestandteile tun zu können. Die genannte Schwierigkeit ist zunächst allgemeiner definitionstheoretischer Art und soweit nicht spezifisch für Logik und Philosophie. Im hier betrachteten Falle wird aber eine besondere, nämlich logisch-kategoriale Unterscheidung getroffen, die in ihrer Grundsätzlichkeit, sofern man der Logik einen transzendentalen Status zubilligt, die Struktur (Form) unseres Weltbildes festlegt. (So etwa hat dies Wittgenstein gesehen.)[25]

Solche Ausdrucksnot ist durchaus charakteristisch für die Philosophie, und der philosophische Charakter von Grundlagenfragen der Einzelwissenschaften wird gerade daran deutlich, daß es in ihnen um die Festlegung solcher grundlegender Bilder, Modelle usw. geht. Ausdrucksnot tritt in der Philosophie insbesondere dort zu Tage, wo man sagen will, was sich nicht sagen läßt, so daß man, wie Frege sich ausdrückt, auf das Gemeinte nur »hindeuten« könne. Diese Ausdrucks*not* gerät zur Ausdrucks*kraft* (aus der Not wird sozusagen eine Tugend), wenn es der gewählten Metaphorik gelingt, eine neue Sicht der Dinge zu vermitteln. Freges Metaphorik »gesättigt - ungesättigt« hat dieses für den Aufbau einer logischen Idealsprache mit den Kategorien »Gegenstand« und »Funktion« geleistet.

---

[24] Vgl. Was ist eine Funktion?, S. 665; ferner Grundgesetze I, S. 4 u. Grundgesetze II, S. 148, Anm. 1.
[25] Eine bündige Darstellung des zwangsläufig metaphorischen Charakters von Freges kategorialen Unterscheidungen findet sich bei H. D. Sluga, Gottlob Frege, London u.a. 1980, S. 143f. Thomas Rentsch hat (1982) im Rahmen seiner Konstanzer »Thesenverteidigung«, an der Verf. als »Opponent« beteiligt war, darauf hingewiesen, daß Freges bildliche Explikationen »symbolische Hypotyposen« im

Nun wird die Terminologie von »Sagen« und »Zeigen« zwar erst bei Wittgenstein entwickelt, in der Sache steuert aber bereits Frege auf sie zu.[26] Wenn wir Sagen als das Aussprechen von Gedanken ansehen[27], so kommt die grundlegende Rolle der Unterscheidung »gesättigt-ungesättigt« für das Sagen in Freges Vermutung zum Ausdruck, »daß im Logischen überhaupt die Fügung zu einem Ganzen immer dadurch geschehe, daß ein Ungesättigtes gesättigt werde« (Gedankengefüge, S. 37). Dies heißt nämlich nichts anderes als daß ein Satz eigentlich nur dann sinnvoll sein kann, wenn er logisch-syntaktisch durch die Sättigung eines Ungesättigten zu einem Ganzen *wohlgeformt* ist. Die entscheidende Frage ist nun, welchen Status die Überlegungen haben, in denen die kategorialen Voraussetzungen des Sagens allererst festgelegt werden sollen. Die Bedingungen der Möglichkeit des Sagens können selbst nicht gesagt werden, weil sie dazu bereits vorausgesetzt werden müßten. Jedenfalls können sie nicht *begründend* gesagt werden, weil dies zu

---

Sinne Kants sind. Diese Beschreibung scheint mir sehr gut geeignet zu sein, den Unterschied von Freges kategorialen Metaphern zu solchen poetischer Art kenntlich zu machen. Poetische Metaphern setzen Konnotationen frei, die begrifflich nicht eingeholt werden können, kategoriale Metaphern benutzen dagegen umgekehrt das konnotative Potential zur Versinnlichung von Begriffen. Als Beispiele solcher »indirekten Darstellungen nach einer Analogie« führt auch Kant philosophische Kategorienbildungen wie »Grund« und »Substanz« an (Kritik der Urteilskraft, § 59). Autoren mit der Tendenz, metaphorische Rede als wesentlich ästhetische Rede zu reklamieren, neigen dazu, solche Beispiele zu den »toten« Metaphern zu zählen und entsprechende Neubildungen in den Wissenschaften einzig unter didaktischer Veranschaulichung des Unanschaulichen zu verrechnen. F. Koppe etwa spricht durchaus zutreffend von Katachresen, die aus einer sprachlichen »Verlegenheit« entstanden sind (Sprache und Bedürfnis, Stuttgart-Bad Cannstatt 1977, S. 111f.). Er scheint diese Verlegenheit jedoch einzig auf das faktische Fehlen geeigneter Ausdrücke zurückführen zu wollen. Daher unterschätzt er auch den Erkenntniswert innovativer Katachresen (vgl. seine Bemerkung zu M. Hesse in Anm. 59). Vor allem kommen in dieser Perspektive aber die Fälle *kategorialer* Verlegenheit im Sinne der Unsagbarkeit gar nicht in den Blick, mit denen wir es hier zu tun haben (vgl. die folgenden Ausführungen). Freges Metaphern sind gleichwohl Katachresen. Deshalb darf man sie auch nicht in dekonstruktiver Lesart als Indizien für ein Zusammenfallen von Literatur und Philosophie bewerten. Sie werden rhetorisch eingesetzt, aber nicht in poetischer, sondern in argumentativer Funktion.

[26] Vgl. P. T. Geach, Saying and Showing in Frege and Wittgenstein, in: Essays on Wittgenstein in Honour of G. H. von Wright (= Acta Philosophica Fennica 28, 1-3), Amsterdam 1976, S. 54-70.

[27] Bei Wittgenstein erstreckt sich das Sagen auf Sachverhalte, es ist also enger gefaßt als bei Frege.

einem Begründungszirkel führen würde. Freilich ist so noch nicht ausgeschlossen, daß eine Darlegung der Bedingungen des Sagens diese Bedingungen erfüllen kann, also selbst in kategorialer Übereinstimmung mit den entwickelten Kategorien steht. Es ließe sich hieraus sogar ein transzendentales Argument in der Weise gewinnen, daß man den Zirkel so ins Positive wendet, daß er gerade zeige, daß man sich eben nicht außerhalb der logischen Kategorien diskursiv sinnvoll bewegen könne.[28]

Dieses Argument entfaltet aber eine subversive Kraft, indem es sich in seiner Stärke unversehens ausgerechnet gegen solche logischen Untersuchungen wendet, die der Klärung der logischen Kategorien gewidmet sind. So muß Frege, widerwillig genug, feststellen, daß er im Vollzug dieser Klärung *nicht* immer in Übereinstimmung mit denjenigen Kategorienbildungen sprechen könne, die er gerade als universal plausibel zu machen versucht. Er muß also eine Form der Rede in Anspruch nehmen, die über die Kategorien, die er selbst für sinnvolle Rede formuliert, bereits hinausgeht. Das bedeutet, daß nicht jedes Denken ein Denken im Fregeschen Sinne sein kann, nämlich ein Fassen von syntaktisch wohlgeformten Gedanken. Gerade das philosophisch-kategoriale Denken scheint in Widerspruch mit sich selbst zu geraten. Frege sucht dieser Konsequenz dadurch zu entgehen, daß er statt eines Selbstwiderspruchs im Denken einen »Streit« zwischen Denken und hinführendem »Sprechen« zugesteht, das ein »entgegenkommendes Verständnis« jenseits der Sprache gerade bei kategorialen Erläuterungen voraussetzt (Nachgelassene Schriften, S. 289 f.). Diese Auffassung läßt im übrigen vermuten, daß Frege nur in eingeschränktem Sinne ein »Sprachphilosoph« genannt werden kann. Im selben Zusammenhang heißt es:

> »Die Verbindung eines Gedankens mit einem gewissen Satze ist keine notwendige; daß aber ein uns bewußter Gedanke mit irgendeinem Satze in unserm Bewußtsein verbunden ist, ist für uns Menschen notwendig. Das liegt aber nicht an dem Wesen des Gedankens, sondern an unserem eigenen Wesen. Es ist kein Widerspruch, Wesen anzunehmen, welche denselben Gedanken wie wir fassen können, ohne daß sie ihn in eine sinnliche Form zu kleiden brauchen. Nun aber, für uns Menschen besteht diese Notwendigkeit.« (a.a.O., S. 288)

---

[28] Ein solches transzendentales Argument findet sich angedeutet in Grundgesetze I, S. XVII.

Frege ist also eigentlich an den Gedanken selbst gelegen. Zum Sprachphilosophen wird er nur der Not gehorchend, aus Einsicht in die *anthropologische* Unhintergehbarkeit der sinnlichen Sprache. So betont er:

> »Ich muß mich begnügen, den an sich unsinnlichen Gedanken in die sinnliche sprachliche Form gehüllt dem Leser darzubieten. Dabei macht die Bildlichkeit der Sprache Schwierigkeiten. Das Sinnliche drängt sich immer wieder ein und macht den Ausdruck bildlich und damit uneigentlich. So entsteht ein Kampf mit der Sprache, *und ich werde genötigt, mich noch mit der Sprache zu befassen, obwohl das ja hier nicht meine eigentliche Aufgabe ist.*« (Der Gedanke, S. 66, Anm.; Hervorhebung G. G.)

Da Frege sich den Gegebenheiten der Sprache - vom logischen Standpunkt aus gesehen - eher beugen muß, fehlt seinem Sprachtranszendentalismus auch die positive Emphase seiner sprachphilosophischen Erben. Die sprach*kritischen* Züge dürften insbesondere durch die Entdeckung der Russellschen Antinomie noch verstärkt worden sein. So klingt es fast schon resignativ, wenn Frege mit Blick auf das Zustandekommen dieser Antinomie bemerkt: »Es ist kaum möglich, alle Ausdrücke, die von der Sprache zur Verfügung gestellt werden, auf ihre Zulässigkeit nachzuprüfen.« (Briefwechsel, S. 86). Der dialektische Umgang mit der Sprache, der *in* der Sprache geführte Kampf *mit* der Sprache, hat sich verschärft (Nachgelassene Schriften, S. 289). Wir wollen nun diesen Kampf, den Streit zwischen Sprechen und Denken, im Falle der kategorialen Unterscheidung von Gegenständen und Funktionen genauer analysieren und prüfen, in welchem Sinne diese Unterscheidung »unsagbar« ist.

METAPHORISCHE »WINKE« ALS KATEGORIALE ERLÄUTERUNGEN DES LOGISCH »UNSAGBAREN«

Betrachten wir zunächst die Unterscheidung von Gegenständen und Begriffen. Für diese hat Frege das folgende sprachliche Kriterium zur Verfügung gestellt:

> »Wir können kurz sagen, indem wir »Prädikat« und »Subjekt« im sprachlichen [grammatischen] Sinne verstehen: Begriff ist Bedeutung eines Prädikates, Gegenstand ist, was nie die ganze Bedeutung eines Prädikates, wohl aber Bedeutung eines Subjekts sein kann.« (Über Begriff und Gegenstand, S. 198)

Dieses Kriterium ist für die weitergehende Unterscheidung von Gegenständen und solchen Funktionen, die keine Begriffe sind, nicht verwendbar. So gehörte es bereits zu den Einsichten der »Begriffsschrift«, daß wir es in der Mathematik mit Zeichenverbindungen zu tun haben, die meistens nicht sinnvoll im Rahmen einer Subjekt-Prädikat-Struktur analysierbar sind. Freges Kriterium für die Unterscheidung von Gegenständen und Begriffen bedient sich aber dieser grammatischen Kategorien. Ersichtlich läßt sich in dem obigen Zitat nicht »Begriff« durch »Funktion« ersetzen. Entsprechend kann Frege seine Charakterisierung der Begriffe als »prädikativ« (Über Begriff und Gegenstand, S. 193) nicht auf nicht-begriffliche Funktionen übertragen und muß eine unabhängige Charakterisierung vornehmen, eben als »ungesättigt« oder »ergänzungsbedürftig«. Zwar ist die »prädikative Natur des Begriffes« nur »ein besonderer Fall der Ergänzungsbedürftigkeit oder Ungesättigtheit« der Funktion (a.a.O., S. 197, Anm. 11), ein äußeres sprachliches Kriterium steht aber nicht zur Verfügung. Deshalb ist Frege hier in einem noch viel stärkeren Maße »auf das entgegenkommende Verständnis des Lesers angewiesen« (Was ist eine Funktion?, S. 665) als bei seiner Charakterisierung von Begriffen. Die »Winke« mit Hilfe »bildlicher Ausdrücke« können sich hier nicht auf »das allgemeine deutsche Sprachgefühl« berufen (Über Begriff und Gegenstand, S. 195); denn es gibt keinen »sprachlichen Unterschied«, der »so gut mit dem sachlichen übereinstimmt« (ebd.) wie im Falle der Unterscheidung von *Begriffen* und Gegenständen. Eine Schwierigkeit ist aber der Unterscheidung von Gegenständen und Funktionen mit derjenigen von Gegenständen und Begriffen gemeinsam. Der Versuch sie auszusprechen, führt nämlich, wörtlich genommen, gerade dazu, sie zunichte zu machen. Frege beschreibt diese »Zwangslage« (a.a.O., S. 197) wie folgt:

> »Man hat bei logischen Untersuchungen nicht selten das Bedürfnis, etwas von einem Begriffe auszusagen und dies auch in die gewöhnliche Form für solche Aussagen zu kleiden, daß nämlich die Aussage Inhalt des grammatischen Prädikats wird. Danach würde man als Bedeutung des grammatischen Subjekts den Begriff erwarten; aber dieser kann wegen seiner prädikativen Natur nicht ohne weiteres so erscheinen, sondern muß erst in einen Gegenstand verwandelt werden, oder, genauer gesprochen, er muß durch einen Gegenstand vertreten werden, den wir mittels der vorgesetzten Worte »der Begriff« bezeichnen [...].«[29]

---

[29] Vgl. ergänzend Nachgelassene Schriften, S. 130 ff.

Als Beispiele dieser Art behandelt Frege in »Über Begriff und Gegenstand« die Aussagen:

(1) Der Begriff *Pferd* ist kein Begriff
(2) Der Begriff *Mensch* ist nicht leer.

Die Analysen stehen dabei im Zeichen der Verteidigung seines Kriteriums für die Unterscheidung von Gegenständen und Begriffen. Im Sinne dieses Kriteriums muß er daran festhalten, daß die Ausdrücke »der Begriff *Pferd*« und »der Begriff *Mensch*« (als Ausdrücke der Form »der Begriff *F*«) Gegenstandsnamen sind. Jedenfalls muß er daran festhalten, solange er meint, daß (1) und (2) ordnungsgemäß gebildete, d.h. syntaktisch wohlgeformte Aussagen sind. Frege hat später (wegen der Russellschen Antinomie) den Gedanken verworfen, daß Ausdrücke der Form »der Begriff *F*« tatsächlich Gegenstände benennen. Wenn wir von dieser Einsicht her rückblickend Freges Beispiele beurteilen, wie lassen sich diese dann analysieren? Zunächst werden wir uns (mit dem späten Frege) davor hüten, Ausdrücke der Form »der Begriff *F*« zum Anlaß zu nehmen, entsprechende Gegenstände anzuerkennen, die die zugeordneten Begriffe in Aussagen wie (1) und (2) »vertreten« (vgl. obiges Zitat). Stattdessen werden wir die Einsicht Freges aufgreifen, die dieser im Prinzip bereits in »Über Begriff und Gegenstand« (S. 204) formuliert hat, ohne jedoch konsequent genug zu sein:

> »Der Verständigung mit dem Leser [über den Unterschied zwischen Gegenstand und Begriff] steht freilich ein eigenartiges Hindernis im Wege, daß nämlich mit einer gewissen sprachlichen Notwendigkeit mein Ausdruck zuweilen, ganz wörtlich genommen, den Gedanken verfehlt, indem ein Gegenstand genannt wird, wo ein Begriff gemeint ist. Ich bin mir völlig bewußt, in solchen Fällen auf ein wohlwollendes Entgegenkommen des Lesers angewiesen zu sein, welcher mit einem Körnchen Salz nicht spart.«[30]

Dasselbe »Hindernis« oder »Hemmnis« spricht Frege noch einmal im Schlußabsatz von »Über Begriff und Gegenstand« an, unter Ausdehnung auf den umfassenderen Unterschied von Gegenstand und Funktion, mit den Worten, »daß es in der Sache selbst und in der Natur unserer Sprache begründet ist, daß sich eine gewisse Unangemessenheit des sprachlichen Ausdrucks nicht vermeiden läßt und daß nichts übrig bleibt, als sich ihrer bewußt zu werden und ihr immer Rechnung zu tragen«.

---

[30] Die letzte Bemerkung meint gerade, daß der Leser eine solche Rede nicht wörtlich, sondern uneigentlich (*cum grano salis*) zu nehmen habe.

Im Sinne von Freges späterer Einsicht heißt dies dann gegen den mittleren Frege gewendet, diese Unangemessenheit nicht durch die Schaffung von Ersatzgegenständen auf den Boden der logischen Syntax zurückzuholen, sondern sie als in der »Natur unserer Sprache begründet« anzuerkennen. Um die Grenzen unserer Sprache, die logische Syntax, zu erkennen, müssen wir gelegentlich gegen sie, und sei es paradoxal, »anrennen« (vgl. Wittgenstein). So gesehen haben wir die Aussagen (1) und (2) als im logisch-syntaktischen Sinne uneigentliche Aussagen zu betrachten. Bei (2) fällt uns dies schon deshalb leicht, weil wir an deren Stelle die folgende syntaktisch wohlgeformte Aussage desselben Inhalts setzen können:

(2*) Es gibt Menschen[31]

oder

2**) Menschen existieren.

Was ist aus dieser Sicht aber von (1) zu halten? Für den mittleren Frege ist jedenfalls (1) eine wahre Aussage. Er schreibt (Über Begriff und Gegenstand, S. 196 f.):

»Es kann ja nicht verkannt werden, daß hier eine freilich unvermeidbare sprachliche Härte vorliegt, wenn wir behaupten: der Begriff *Pferd* ist kein Begriff, während doch z.B. die Stadt Berlin eine Stadt und der Vulkan Vesuv ein Vulkan ist. Die Sprache befindet sich hier in einer Zwangslage, welche die Abweichung vom Gewöhnlichen rechtfertigt.«

Die Frage ist nur, an welcher Stelle »die Abweichung vom Gewöhnlichen« vorgenommen werden soll. Freges *durchgehendes* Festhalten an dem Kriterium, daß der bestimmte Artikel im Singular bei Gegenstandsnamen steht, zwingt ihn in Verbindung mit der kategorialen Aussage, daß Gegenstände keine Begriffe sind, zu der paradoxen Aussage (1). Da der Ausdruck »der Begriff *Pferd*« nach Freges Kriterium einen Gegenstand benennt, muß die Aussage (1), die gerade aussagt, daß dieser Gegenstand kein Begriff ist, dann wahr sein.

Zu einem plausibleren Verständnis kommen wir, wenn wir mit dem späten Frege von dessen Kriterium Abstand nehmen, sobald wir es mit kategorialen Aussagen zu tun haben. Die »Abweichung vom Ge-

---

[31] Vgl. dazu Nachgelassene Schriften, S. 269.

wöhnlichen« wird dann so vorgenommen, daß wir Freges kategoriale Unterscheidungen nicht auf kategoriale Aussagen anwenden, daß wir, allgemein gesprochen, die Metasprache der »logischen Untersuchungen« nicht der Kategorisierung unterwerfen, die sie selbst für die Objektsprache vornimmt (»Objektsprache« verstanden als Sprache, die Gegenstand der Untersuchung in der Metasprache ist). Die Abweichung vom Gewöhnlichen erfolgt also durch die Vermeidung einer Selbstanwendung. Die Metasprache der logischen Untersuchungen wird nicht wie die gewöhnliche Sprache analysiert. (1) ist dann nicht deshalb eine uneigentliche Aussage, weil sie sich auf einen uneigentlichen Ersatzgegenstand als Vertreter bezieht, sondern weil sie nicht der eigentlichen logisch-syntaktischen Kategorisierung unterliegt.

Nach dieser Interpretation ist (1) nicht mehr wie bei Frege syntaktisch wohlgeformt und wahr, sondern eher falsch, ohne syntaktisch wohlgeformt zu sein. Besser noch könnten wir mit Wittgenstein sagen, daß es sich bei (1) gar nicht um eine wahrheitswertfähige *Aussage* handelt, sondern um eine allerdings unzutreffende grammatische Bemerkung, aus der Philosophen-Unsinn wird, wenn man sie wie eine eigentliche Aussage analysiert.[32] Kategoriale Bestimmungen sind in diesem Sinne unsagbar. Und dies macht den besonderen Status philosophischer (logischer) Untersuchungen aus. Will man der Philosophie einen ureigenen Bereich zuordnen, so besteht er aus kategorialen Erläuterungen. Er ist damit nicht durch Gegenstände, sondern durch eine Methode charakterisiert, die dann in alle Gegenstandsbereiche hineingetragen wird, von der Mathematik bis zur Psychologie.

Fassen wir die von Frege als »Zwangslage« beschriebene Situation zusammen, so ergibt sich: Wir müssen uns bewußt sein, daß unsere Analysesprache (die Sprache der logischen Untersuchungen) eine uneigentliche und geradezu sinnlose Sprache (im engen Sinne der Syntaxwidrigkeit) sein kann. Es kann sogar vorkommen, daß wir in unserer Erläuterungssprache gegen eine solche kategoriale Unterscheidung verstoßen müssen, um deren Klärung es gerade geht, wie z.B. bei der Erläuterung der kategorialen Begiffe »Begriff« (oder »Funktion«)

---

[32] So Frege bereits selbst in: Nachgelassene Schriften, S. 192. Zu seinem »Ringen« in dieser Sache vgl. den gesamten Artikel über Schoenflies (S. 191-199), ferner a.a.O., S. 210, 275, 130, 269.

und »Gegenstand«.[33] Wittgenstein hat die bei Frege angedeutete Einsicht in den Charakter kategorialer Aussagen zu einer allgemeinen Bestimmung philosophischer Werke ausgeweitet, wonach diese »wesentlich aus Erläuterungen« bestehen (Tractatus 4.112), mit der Konsequenz, daß philosophische Erläuterungen als *Sätze* aufgefaßt unsinnig sind (Tractatus 6.54). Ein solche explizit paradoxale Wendung lag Frege fern. Er wußte sich auf ein »entgegenkommendes Verständnis« beim Leser zu verlassen, das es ihm erlaubte, sich außerhalb der Kategorien des logisch-syntaktischen Sprechens aufzustellen und dennoch verstanden zu werden. Im Kern stimmen beide Autoren aber darin überein, daß der logisch-philosophische Diskurs notgedrungen über das hinausgehen muß, was er selbst propagiert. Diese Einsicht treibt und berechtigt sie, in ihrer Erläuterungssprache auf Gleichnisse, Bilder und Metaphern zurückzugreifen. Wenn Philosophie hierbei der Literatur näher kommt, sollte dieses auch dem Logiker zu denken geben, jedenfalls dann, wenn er nicht nur »Rechner«, sondern außerdem Philosoph sein will. An ihrem Grunde, beim logisch Einfachen angelangt, kann also selbst eine so »strenge Wissenschaft« wie die Logik nicht auf rhetorische Elemente verzichten. Dieses Zugeständnis besagt aber nicht, daß Philosophie mit Literatur unterschiedslos zusammenfällt. Gerade im Falle der Metaphern zeigt sich, daß deren philosophischer Gebrauch vom poetischen wesentlich verschieden ist. Trotz des Vorkommens gewisser Übergangsformen zwischen Philosophie und Literatur ist Philosophie im allgemeinen argumentierend, und dieser Umstand bestimmt auch den Erkenntniswert von Metaphern in der Philosophie. Wir dürfen Argumentation nur nicht mit Beweisen verwechseln und müssen neben sagenden Argumenten auch zeigende Argumente zulassen, etwa in Form von Aufweisen kategorialer Unterscheidungen.

---

[33] Was hier im Anschluß an die ältere Tradition *kategoriale* Begriffe genannt wird, sind bei Wittgenstein die *formalen* Begriffe (vgl. Tractatus 4.126 ff.). Auch Wittgenstein führt u.a. »Gegenstand« und »Funktion« an; ferner »Komplex«, »Tatsache«, »Zahl« (Tractatus 4.1272). Wir könnten ergänzen »Sachverhalt«, »Gedanke«. Freges Explikation der Kategorie »Gedanke« in dem späten Aufsatz »Der Gedanke« macht noch einmal den Erläuterungscharakter philosophischer Bemühungen besonders deutlich.

SOLIPSISMUS: WITTGENSTEIN, WEININGER UND DIE WIENER MODERNE*

»Das Ich, das Ich ist das tief Geheimnisvolle«
(Wittgenstein, Tagebücher, 5.8.16)

Mit »Wiener Moderne«, das sei zur Erläuterung des Titels gleich gesagt, ist hier vor allem die Gruppe derjenigen gemeint, die als erste so hießen und die sich auch selbst so genannt haben, nämlich die Wiener Dichter und Literaten im Umkreis des jungen Hugo von Hofmannsthal, mit anderen Worten, die Jung-Wiener. Ich werde also nicht über Wittgenstein und *die* Wiener Moderne sprechen, sondern lediglich über Wittgenstein und einen Teil der Wiener Moderne. In dieser Einschränkung besagt das »und« im Titel weniger eine Verbindung als vielmehr einen Gegensatz. Eine Verbindung ist nur insofern gegeben, als ich an einer für die Wiener Moderne wesentlichen Frage zeigen möchte, wie sie durch Wittgenstein eine philosophische Transformation gefunden hat. Diese Frage oder dieses Problem ist der Ichkult oder das Solipsismusproblem.

Wenn ich im folgenden einen Gegensatz zwischen Wittgenstein und der Wiener Moderne aufzuzeigen versuche, so ist dabei hervorzuheben, daß Wittgenstein in einem anderen Sinne selbst einer ihrer Repräsentanten ist, wenn man »Wiener Moderne« als Epochenbegriff bestimmt sein läßt durch Namen wie Adolf Loos, Karl Kraus und Arnold Schönberg. Doch mit der Rede von »der Moderne« ist es so eine Sache. Sie vernachlässigt den Umstand, daß »modern«, genau genommen, ein relationales (zweistelliges) Prädikat ist in dem Sinne, daß eines moderner ist als ein anderes. Mit dem Übergang zur einstelligen Verwendung ist dann eine ahistorische Absolutsetzung verbunden, die es eigentlich nur noch gestattet, das jeweils Neueste (von innen her betrachtet) »modern« zu nennen. Und diese Tendenz findet sich so auch bei einem der Hauptapologeten des Modernen in Wien, Hermann Bahr.[1] Die

---
* Um den Anmerkungsapparat zu entlasten, wird auf die Schriften Wittgensteins in der üblichen Kurzform *im Text* verwiesen. Autoren der Wiener Moderne werden, soweit möglich, zitiert nach der leicht zugänglichen Ausgabe: Die Wiener Moderne. Literatur, Kunst und Musik zwischen 1890 und 1910, ed. G. Wunberg, Stuttgart 1981 (im folgenden abgekürzt als »WM«).
[1] Vgl. G. Wunberg, Deutscher Naturalismus und Österreichische Moderne. The-

Verwendung (von außen her betrachtet) zum Zwecke der Epochenbezeichnung kommt dann in die Schwierigkeit, etwas »Moderne« nennen zu müssen, das innerhalb einer zeitlichen Entwicklung als »überwunden« zu gelten hat. So ist man dann im weiteren Verlauf zu sprachlichen Verrenkungen wie »Postmoderne« geradezu gezwungen. Und was soll danach kommen, die »schlichte« Iteration »die Postpostmoderne« oder womöglich gar »die Ultramoderne«?

Die Schwierigkeiten mit der Bezeichnung »die Moderne« zeigen sich in unserem Falle darin, daß man sozusagen zwischen der älteren und der modernen Moderne unterscheiden muß, wobei die modernere Moderne (Loos, Kraus, Schönberg) sich gerade durch ihren Gegensatz zu der älteren Moderne auszeichnet, die ihr andererseits jedoch die Bezeichnung »Moderne« eingetragen hat. Der Gegensatz läßt sich allgemein als ein Aufbegehren gegen die vorwiegend ästhetizistische Grundhaltung der Jung-Wiener bestimmen. Da dieses Aufbegehren sich eher ethisch als sozial verstand, war es mit konservativen Überzeugungen seiner Repräsentanten durchaus vereinbar.[2] Auch Wittgensteins Philosophie ist als Beitrag zu dieser ethischen Revolution innerhalb der Wiener Moderne zu begreifen, wie im folgenden noch deutlich werden wird. Wittgensteins Geist ist Geist von diesem Geist. Dennoch scheue ich mich, ihn mit der Bezeichnung »Moderne« zu belegen, hatte Wittgenstein doch eine ausgesprochen wertkonservative Auffassung nicht nur in Fragen der Politik, sondern auch der Kultur. Dies wird besonders deutlich in seinen »Vermischten Bemerkungen«.[3] Danach wird das »gute Österreichische« für ihn nicht von selbsternannten »modernen« Jung-Wienern, sondern ganz im Gegenteil z. B. durch Grillparzer repräsentiert (Vermischte Bemerkungen, S. 14). Wittgenstein schreibt (1929):

---

sen zur Wiener Literatur um 1900, in: H. Bachmaier (ed.), Paradigmen der Moderne, Amsterdam 1990, S. 105-129, dort insb. S. 113-125.
[2] Vgl. dazu (mit Bezug auf Loos und Schönberg) C. E. Schorske, Wien. Geist und Gesellschaft im Fin de siècle, Frankfurt a. M. 1982, S. 338.
[3] L. Wittgenstein, Vermischte Bemerkungen, ed. G. H. von Wright, Frankfurt a. M. 1977. Zu Wittgensteins Konservativismus vgl. C. Nyíri, Wittgensteins Spätwerk im Kontext des Konservatismus, in: L. Wittgenstein, Schriften, Beiheft 3, ed. H. J. Heringer u. M. Nedo, Frankfurt a. M. 1979, S. 83-101. Vgl. auch den Beitrag von G. H. von Wright im selben Heft. Charakteristisch für Wittgensteins Verbindung von politischem Konservativismus und ethischem Rigorismus ist die folgende Bemerkung: »Sie können nur sich selbst verbessern, das ist das Einzige, was sie tun können, um die Welt zu verbessern!«, zitiert nach K. Wünsche, Der Volksschullehrer Ludwig Wittgenstein, Frankfurt a. M. 1985, S. 252.

»Ich denke oft darüber, ob mein Kulturideal ein neues, d. h. ein zeitgemäßes oder eines aus der Zeit Schumanns ist. Zum mindesten scheint es mir eine Fortsetzung dieses Ideals zu sein, und zwar nicht die Fortsetzung, die es damals tatsächlich erhalten hat. Also unter Ausschluß der zweiten Hälfte des 19. Jahrhunderts. Ich muß sagen, daß das rein instinktmäßig so geworden ist, und nicht als Resultat einer Überlegung.« (ebd.)

In der Musik entspricht diesem seinem Ideal Bruckner (ebd.). Dem, »was moderne Kunst heißt«, brachte Wittgenstein »das größte Mißtrauen« entgegen, »ohne ihre Sprache zu verstehen« (S. 20). Im selben Zusammenhang heißt es dann (Spenglers Kulturpessimismus wirft seinen Schatten):

»Die Kultur ist gleichsam eine große Organisation, die jedem, der zu ihr gehört, seinen Platz anweist, an dem er im Geist des Ganzen arbeiten kann, und seine Kraft kann mit großem Recht an seinem Erfolg im Sinne des Ganzen gemessen werden. Zur Zeit der Unkultur aber zersplittern sich die Kräfte und die Kraft des Einzelnen wird durch entgegengesetzte Kräfte und Reibungswiderstände verbraucht [...]« (S. 21).

Es ist keine Frage, die Moderne wird hier als eine solche »Zeit der Unkultur« gesehen. Es ist bemerkenswert, daß Wittgensteins rückblickende Charakterisierung (1930) seiner Epoche als Zeit einer Zersplitterung der einzelnen Kräfte angesichts des fehlenden Zentralwertes sich nahezu 40 Jahre vorher, fast wörtlich, als kritisches Psychogramm der sogenannten »müden Seelen«, der »Décadence« des ausgehenden 19. Jahrhunderts (eben der Jung-Wiener) findet, ausgesprochen von der Essayistin Marie Herzfeld:

»Die Kräfte unserer Seele wirken daher nicht gemeinsam Einem Richtungspunkte zu; sie gehorchen nicht einem zentralen Impulse, sondern kehren sich widereinander; sie lähmen und zerstören sich gegenseitig mit fressender Skepsis [...]« (WM, S. 260f.).

So dürfte es denn auch nicht ganz abwegig erscheinen, zwischen diesen beiden Beurteilungen eine Beziehung herzustellen. Zugespitzt könnte man geradezu sagen, was Wittgensteins Philosophie zu einem Paradigma der Moderne (so der Titel dieser Vorlesungsreihe) macht, ist ein Versuch, einen Großteil der Wiener Modernitäten hinter sich zu lassen. Damit möchte ich nicht behaupten, daß Wittgensteins Denken einzig auf diesem Hintergrund verständlich wird, es läßt sich aber immerhin auf ihn beziehen. Meistens sucht man für Wittgensteins Philosophie den Bezug innerhalb der Philosophie selbst (Descartes, Kant, Schopenhauer) und versteht sie als Auseinandersetzung mit der philosophischen Tradition. Dem wird hier gar nicht widersprochen, nur die Akzente sollten einmal anders gesetzt werden.

Eine umfassende Darstellung der Philosophie des frühen Wittgenstein im Kontext des Wiener Geistes- und Kulturlebens haben A. Janik und St. Toulmin in ihrem Buch mit dem bezeichnenden Titel »Wittgenstein's Vienna« vorgelegt.[4] In diesem Buch steht all das, worüber es sich hier zu sprechen lohnen würde. Und weil dieses alles bestens nachzulesen ist, möchte ich es hier nicht noch einmal nacherzählen. Das Solipsismusproblem jedoch findet nur eine unzureichende Berücksichtigung, obwohl es für Wittgenstein von zentraler Bedeutung war. Dieser Umstand rechtfertigt um so mehr, sich dieses Problems und seines Hintergrundes einmal genauer anzunehmen. So scheint bisher überhaupt der Einfluß übersehen worden zu sein, den hinsichtlich der Solipsismusfrage Otto Weininger auf Wittgenstein ausgeübt hat. R. Merkel, der Bearbeiter der deutschen Fassung von »Wittgenstein's Vienna«, leugnet sogar jeden inhaltlichen Einfluß Weiningers auf Wittgensteins Philosophie und glaubt lediglich an eine allerdings »bis zur Deckungsgleichheit reichende charakterliche und seelische Verwandtschaft«.[5] Wir werden sehen, daß diese Beschreibung zu kurz greift.

Ich werde nun so vorgehen, daß ich zunächst die für mein Thema wichtigsten literarischen Zeiterscheinungen zusammenfassend herausstelle. Danach werde ich zu zeigen versuchen, in welchem Sinne Wittgensteins »Tractatus«, insbesondere dessen Solipsismusauffassung, eine Reaktion auf diese Zeiterscheinungen darstellt. In einem dritten Schritt soll ein Vergleich mit den Schriften Otto Weiningers vorgenommen werden, um sowohl Wittgensteins Solipsismus im »Tractatus« als auch seine Solipsismuskritik in den »Philosophischen Untersuchungen« verständlich zu machen.

Ausgangspunkt ist einmal mehr die in unserer Vorlesungsreihe schon häufig hervorgehobene Auflösung der überkommenen »Ordnung«, die im Wien um die Jahrhundertwende ein eigentümliches Bewußtsein für die »Problematik des einzelnen in einer zerfallenden Gesellschaft«

---

[4] A. Janik/St. Toulmin, Wittgenstein's Vienna, New York 1973. Von R. Merkel überarbeitete deutsche Fassung: Wittgensteins Wien, München/Wien 1984. Vgl. zum Folgenden ergänzend: A. Janik, Essays on Wittgenstein and Weininger, Amsterdam 1985.
[5] R. Merkel, »Geistige Landschaft mit vereinzelter Figur im Vordergrund«: Ludwig Wittgenstein, Merkur 38 (1984), S. 659-671. Dieser Aufsatz ist im übrigen eine sehr gute Darstellung der wesentlichen Aspekte von »Wittgensteins Wien«.

schuf.[6] Angesichts der Schwierigkeiten in dieser Gesellschaft und Welt spricht Hofmannsthal (1905) als kollektives Gefühl aus:

> »Nie waren unser so viele. Nie zuvor hat es in Wahrheit so viele gegeben, in denen eine Stimme schlief. [. . .] Wir sollen von einer Welt Abschied nehmen, ehe sie zusammenbricht. Viele wissen es schon und ein unnennbares Gefühl macht Dichter aus vielen.«[7]

Dieser Abschied von der Welt war für die Erben des liberalen Wiener Bürgertums gleichzeitig ein Aufbruch oder besser ein Ausbruch in Richtung Kunst. War dieser zunächst noch naturalistisch gefärbt, so verflüchtigte er sich aber sehr bald zu einem »l'art pour l'art«-Ästhetizismus. Ohne die Strömungen und Tendenzen (Symbolismus, Impressionismus usw.) hier im einzelnen betrachten zu können, läßt sich als auffälligstes äußeres Merkmal festhalten, daß sich die Moden dieser sogenannten »Moderne« geradezu rasant ablösten. Zu erwähnen ist in diesem Zusammenhang besonders Hermann Bahr, der Mentor der bekanntesten jungen Wiener Literaten, der nicht nur außerösterreichische Moden rezipierte und in Wien kreierte, sondern - bei Zeiten - auch wieder verabschiedete, der, wie Karl Kraus ironisch-bissig kommentierte, »berufen« worden war, »die ganze Literaturbewegung einzuleiten, die zahlreichen schwierigen Überwindungen vorzunehmen, nicht zuletzt, dem Kaffeehausleben den Stempel einer Persönlichkeit aufzudrücken« (WM, S. 648). Die von Kraus verspottete Rasanz der Moden war allerdings nicht auf Wien beschränkt, ganz im Gegenteil war die Entwicklung in Wien in dieser Hinsicht nur ein Aspekt oder Reflex einer gesamteuropäischen Entwicklung. Modernistische »Karrieren« reizten gerade auch von außerhalb, insbesondere aus der französisch sprechenden Region Europas zur Nachahmung. Um nur ein (extremes) Beispiel zu nennen: Der französische Erzähler Joris-Karl Huysmans (1848-1907) begann als Naturalist, wandelte sich dann zum Symbolisten, huldigte zwischenzeitlich der Schwarzen Magie und dem Satanismus und landete schließlich bei einem ästhetisierenden Katholizismus (vgl. WM, S. 336). Nun, solche Karrieren finden wir in Abwandlungen ja auch heute wieder. Hoffen wir, daß unsere zeitgenössischen Hexen, Teufelsanbeter und Freunde der schwarzen Messe noch nicht auf der letzten Stufe ihrer »Wandlungen« angelangt

---

[6] C. E. Schorske, a.a.O., S. 4.
[7] H. von Hofmannsthal, Gesammelte Werke, ed. B. Schoeller, Reden und Aufsätze I, Frankfurt a. M. 1979, S. 357.

sind. All dies ist auf seine Art ja auch nur ein Symptom für das, was man schon zu Wiener Zeiten »Dekadenz« nannte.

Doch zurück nach Wien. In Wien um 1900 war man nicht nur dekadent, man fühlte sich auch so, und das ist vielleicht ein wesentlicher Unterschied zu heute: man war bewußt - und schön - dekadent. Für seine Generation formulierte dies bereits 1891 Friedrich Michael Fels mit den Worten:

> »Und der Grund, weshalb uns hauptsächlich die Bezeichnung [»Dekadenz«] zukommt, ist einzig der: daß *wir*, seit den spätrömischen und hellenistischen Zeiten, die ersten sind, die sich vollkommen bewußt geworden über die Tendenz des Jahrhunderts, die ersten sind, die, nicht mit Stolz und nicht mit Bedauern, in dem ruhigen Ton, mit dem man Unabwendbares berichtet, von sich sagen: Wir sind dekadent.« (WM, S. 192f.)

Das, was eingangs als »Ichkult« apostrophiert wurde, wobei hier die Betonung auf »Ich*kult*« liegen sollte, geht mit dem Bewußtsein der Dekadenz in folgendem Zusammenhang einher: Das Verhältnis des einzelnen zur Gesellschaft war vor allem deshalb zum Problem geworden, weil die Werte für den einzelnen, nämlich das, was dem einzelnen ein Wert hätte sein können, nicht mehr der gesellschaftlichen Wirklichkeit entspringen konnten, da diese sich selbst durch Wertverlust auszeichnete. Auf der Suche nach Werten zog sich der einzelne auf sich selbst und seine subjektiven Bedürfnisse, Empfindungen und Leidenschaften zurück. Und diese subjektive Verinnerlichung wurde ihrerseits in der Kunst überhöht. Die Kunst der Wiener Moderne war somit Ausdruck eines *objektiven Wertverfalls* verbunden mit dem Versuch eines *subjektiven Wertgewinns*. »L'art pour l'art« besagt insofern mehr (oder besser: weniger), als daß die Kunst eine Welt für sich darstellt, es besagt, daß sich in der Kunst die Subjektivität des einzelnen ungestört feiern kann. Die Kunst in diesem Sinne ist also weniger eine Gegenwelt, z. B. zur Welt der Wissenschaft und Technik, als vielmehr eine Fluchtwelt. Und der Held dieser Welt ist, um nur einige an französischen Vorbildern ausgebildete Charakterisierungen Hermann Bahrs aufzuzählen, ausgezeichnet durch die »Hingabe an das Nervöse«, »die Liebe des Künstlichen, in welchem alle Spur der Natur vertilgt ist«, »eine fieberische Sucht nach dem Mystischen« (gemeint ist hier mit dem Mystischen allerdings das Okkulte und Magische; Mystik wird ja auch sonst häufig leider mit obskurantem Okkultismus verwechselt), und schließlich durch »einen unersättlichen Zug ins Ungeheure und Schrankenlose« (WM S. 231).

Von diesen Charakterisierungen der Dekadenz verdient hier vornehmlich die erste Beachtung, die auch von Bahr besonders herausgestellt wird. Bahr spricht geradezu von einer »Romantik der Nerven«. Und von deren Vertretern sagt er:

»Nicht Gefühle, nur Stimmungen suchen sie auf. Sie verschmähen nicht bloß die äußere Welt, sondern am inneren Menschen selbst verschmähen sie allen Rest, der nicht Stimmung ist.« (WM, S. 226).

Nicht alle Vertreter der Wiener Moderne sind ihren französischen Vorbildern soweit gefolgt. Am ehesten treffen Bahrs Charakterisierungen wohl auf Felix Dörmann und seine Gedichtsammlungen zu, deren erste den bezeichnenden Titel »Neurotica« (1891) trägt. Wenigstens ein für unseren Zusammenhang besonders charakteristisches Beispiel (aus der zweiten Sammlung »Sensationen« (1892)) möchte ich nennen. Das Gedicht heißt »Was ich liebe« (WM, S. 357). Bereits der Auftakt »Ich liebe die hektischen, schlanken Narzissen mit blutrotem Mund« setzt eine Vermutung assoziativ frei, die in den abschließenden Zeilen eingelöst wird. Auf diese Zeilen möchte ich die Aufmerksamkeit lenken:

»Ich liebe, was niemand erlesen,
Was keinem zu lieben gelang:
Mein eigenes, urinnerstes Wesen
Und alles, was seltsam und krank.«

Was wir hier ausgesprochen finden, ist, und wir haben wohl keinen Anlaß, lyrisches Ich und historischen Autor zu trennen, erklärter und bewußter Narzißmus, ästhetisch überhöhte krankhafte Selbstliebe, die ihren Ich-Kreis nur für das öffnet, was seinem Inneren schon anverwandt ist, für »alles, was seltsam und krank«.

Wenn auch nicht immer in dieser krassen bejahenden Form, das Narzißmus-Motiv ist ein beherrschendes Thema der Jung-Wiener. Außer bei Hofmannsthal selbst, der sich der Problematik der Ichbezogenheit zunehmend bewußt wurde und gegen sie anarbeitete, findet sich deren literarische Gestaltung insbesondere im Werk seines Freundes Leopold von Andrian, dessen stark autobiographisch gefärbte Erzählung »Der Garten der Erkenntnis« (1895) als bekennendes Motto anführt: »Ego Narcissus« (WM, S. 373).[8]

---

[8] Vgl. in diesem Zusammenhang die sehr aufschlußreiche Studie von U. Renner, Leopold Andrians ›Garten der Erkenntnis‹. Literarisches Paradigma einer Identitätskrise in Wien um 1900, Frankfurt a. M./Bern 1981, insbes. S. 115ff.,160ff.; zum historischen Hintergrund S. 218-305 und C. E. Schorske, a.a.O., S. 8f. und S. 286-303. Kritiker der »müden Seelen« gab es auch unter den Zeitgenossen. Vgl. hier zur Ich-Thematik die bereits erwähnte Analyse von Marie Herzfeld mit dem

Hervorzuheben ist aber, daß das Ich nicht nur in Selbstbespiegelungsattitüden Thema der Jung-Wiener war. Neben Autoren, die ihr eigenes Ich *subjektiv feiern* wollten, gab es auch solche, die das Ich in einem verallgemeinerungsfähigen oder doch exemplarischen Sinne *objektiv analysieren* wollten. Der innere Monolog des »Leutnant Gustl« von Arthur Schnitzler macht wahrlich nicht in dekadenter Stimmung, sondern führt eine Einstellung entlarvend vor. Schnitzler verfährt dabei durchaus naturalistisch, weil die naturalistische Darstellung eines inneren Monologs notwendigerweise impressionistisch ausfallen muß.

Was Autoren wie Schnitzler mit den anderen Jung-Wienern trotz wesentlicher Unterschiede verband, war eben, daß das Ich auf die eine oder andere Weise im Zentrum des Interesses stand, und daß die Zuwendung zum Ich bestimmt war durch das bereits angedeutete Faktum des Wertverlustes. Schnitzler erweist sich dabei als der Chronist seiner Zeit. Er führt den Wertverlust vor, ohne ihn aufhalten zu können. Auf seinen ursprünglichen Beruf als Arzt anspielend könnte man sagen: Er stellt die Diagnose, ohne eine Therapie anbieten zu können oder zu wollen. Und es ist diese resignative Haltung, die auch Schnitzler zu einem Vertreter der Dekadenz macht.

Die literarisch-analytische Zuwendung zum Ich findet in der Psychoanalyse Freuds und in der naturwissenschaftlichen Analyse Ernst Machs ihre Entsprechung. Wenn Hermann Bahr sich zur Bestätigung des literarischen Impressionismus auf den Physiker Ernst Mach beruft, so ist dies allerdings erst von den Konsequenzen her betrachtet berechtigt. Bahr schreibt:

> »Seine [Machs] ›Analyse der Empfindungen‹ [...] ist wohl das Buch, das unser Gefühl der Welt, die Lebensstimmung der neuen Generation auf das größte ausspricht. Alle Trennungen sind hier aufgehoben, das Physikalische und das Psychologische rinnt zusammen, Element und Empfindungen sind eins, das Ich löst sich auf und alles ist nur eine ewige Flut, die hier zu stocken scheint, dort eiliger fließt, alles ist nur Bewegung von Farben, Tönen, Wärmen, Drücken, Räumen und Zeiten, die auf der anderen Seite, bei uns herüben, als Stimmungen, Gefühle und Willen erscheinen. [...] Ich habe [...] seit Jahren nichts gelesen, dem ich sogleich leidenschaftlicher zugestimmt hätte, wahrhaft aufatmend und mit dem Gefühl, daß hier endlich offenbar wird, was wir alle längst dunkel bei uns geahnt haben.« (WM, S. 258f.).

---

bezeichnenden Titel »Fin-de-siècle« (1892), WM, S. 260-265; ferner H. Sittenberger, WM, S. 210-214. An späten Nachfahren eines jung-wienerischen Narzißmus fehlt es selbst heute nicht. Zu nennen wäre da jemand wie André Heller - als Poet, nicht als Zirkusdirektor oder Feuerwerker!

Angesichts dieser Emphase gilt es zu betonen, daß Machs berühmte Formel »das Ich ist unrettbar« zunächst einmal ausschließlich methodologischen Charakter hat. (Die Anmerkungen (!) zur »Analyse der Empfindungen« belegen allerdings die Herkunft dieses Gedankens aus einem mystischen Grunderlebnis). Die wissenschaftstheoretisch fundierte Beschränkung des Wirklichen auf elementare Gegebenheiten bekommt erst in einem zweiten Schritt auch eine über die empirische Wissenschaft hinausreichende weltanschauliche Bedeutung. Mach löste mit der substantiellen Einheit des Ichs auch dessen Unzerstörbarkeit auf. Und wenn das Ich in diesem Sinne »unrettbar« ist, so ist es insbesondere nicht als Träger des Ethischen, als Träger von Werten zu retten.

In diesem Zusammenhang verdient die Entwicklung Hofmannsthals Beachtung. Hofmannsthal hat zunächst die Beziehung der Werte auf das Ich (und den Gewinn der Werte aus dem Ich) mitvollzogen. Wenn man bei ihm in einem sympathetischen Bericht über den Ichkult Maurice Barrès' liest: »Ein Mittelpunkt fehlt, es fehlt die Form, der Stil. Das Leben ist uns ein Gewirre zusammenhangloser Erscheinungen« (WM, S. 322), so ist man versucht, dies im Sinne der Auflösung des Ichs bei Mach zu lesen. Geschrieben hat Hofmannsthal dies aber 1891. Und zu diesem Zeitpunkt meinte er noch, daß es gerade das einzelne, bewußte Ich sei, das diesen fehlenden Mittelpunkt abgeben könne. Er spricht geradezu von einer »Ethik der modernen Nerven« (S. 323), als deren Ziel er den »Besitz des Ich« angibt (S. 324). In dieser Weise kann man *nach* Mach, wenn man ihm folgt, nicht mehr sprechen. Verschwindet auch das Ich als verallgemeinerungsfähiger Träger von Werten (des Ethischen), so ist in der Welt überhaupt kein Platz mehr für Werte, allenfalls noch für private Vorlieben - es sei denn, man kehrt zu einem neuen Verständnis von Gesellschaft und Gemeinschaft zurück, und diesen Weg ist Hofmannsthal dann ja auch gegangen.[9]

Bei dieser verkürzten Beschreibung der Situation der literarischen Wiener Moderne soll es sein Bewenden haben. Ich möchte nun im folgenden versuchen, Wittgensteins Behandlung des sogenannten Solipsismusproblems, das ich für das zentrale Problem der Wittgensteinschen Philosophie halte, auf diesen Hintergrund zu beziehen und vor diesem Hintergrund zu erläutern.

---

[9] Vgl. U. Gaier, Krise Europas um 1900 - Hofmannsthal ihr Zeitgenosse, in: H. Bachmaier (ed.), Paradigmen der Moderne, Amsterdam 1990, S. 1-27.

Was ist Solipsismus? Meistens ist viel zu pauschal von Solipsismus die Rede, und entsprechend fällt auch die übliche Solipsismuskritik aus. Nun, Solipsismus meint zunächst, dem lateinischen »solus ipse« entsprechend (»solus« = »allein«, »ipse« = »selbst«), eine Bezogenheit aller Dinge auf das eigene Selbst oder Ich, z.B. im Sinne des Eingangssatzes zu Schopenhauers Hauptwerk »Die Welt als Wille und Vorstellung«: »Die Welt ist meine Vorstellung«. Diese Ich-Bezogenheit kann aber vieles heißen. Sie kann im Rahmen der Erkenntnistheorie einen *methodischen Solipsismus* im Sinne Descartes' meinen, d.h. den Versuch eines rationalen Aufbaus von Welt ausgehend vom eigenen Ich. »Methodisch« kann dieser Solipsismus deshalb genannt werden, weil das eigene Ich nur der Ausgangspunkt, die »eigenpsychische« Basis (R. Carnap) des Aufbaus ist, der vollendete Bau aber die Unabhängigkeit der Welt und der anderen »Iche« vom eigenen Ich einschließt und anerkennt.

Von dem methodischen Solipsismus ist zu unterscheiden, was ich den *kontemplativen Solipsismus* nennen möchte, dessen Grundlage Einheitserlebnisse ästhetischer und mystischer Art sind (vollendet entfaltet in Schopenhauers Ästhetik). Diese Einheitserlebnisse sind dadurch bestimmt, daß für Momente die Trennung von Subjekt und Objekt in der Erkenntnis als aufgehoben erlebt wird, sei es, daß das Ich im Gegenstand aufgeht (Aufhebung des Subjekts) oder der Gegenstand im Ich (Aufhebung des Objekts). Den ersten Fall finden wir z.B. in Wittgensteins »Tractatus« 5.64 beschrieben (»Das Ich des Solipsismus schrumpft zum ausdehnungslosen Punkt zusammen, und es bleibt die ihm koordinierte Realität.«), den zweiten (annähernd) in Machs »Analyse der Empfindungen«: »An einem heitern Sommertage im Freien erschien mir einmal die Welt samt meinem Ich als *eine* zusammenhängende Masse von Empfindungen, nur im Ich stärker zusammenhängend«.[10] Solipsismuserlebnisse dieser Art werden im allgemeinen als positive (glückliche, gehobene) empfunden (so auch bei Wittgenstein und Mach). Demgegenüber sind negative Solipsismuserlebnisse (im Unterschied zu Vereinigungserlebnissen) Vereinzelungserlebnisse, Erlebnisse, in denen das eigene Ich von der Welt und den anderen getrennt, isoliert, »entfremdet« erscheint. In seiner extremsten Form ist solcher Solipsismus Autismus.

---

[10] E. Mach, Die Analyse der Empfindungen und das Verhältnis des Physischen zum Psychischen, Jena ⁹1922, repr. mit einem Vorwort von G. Wolters, Darmstadt 1985, S. 24, Anm. 1.

Wir können dann von einem *pathologischen Solipsismus* sprechen. (Das abwechselnde Auftreten positiver und negativer Solipsismuserlebnisse in bedrohlicher Form wird von der Medizin als manisch-depressive Erkrankung beschrieben.)[11]

Schauen wir uns nun Wittgensteins Einstellung zum Solipsismus an. Meistens wird diese vereinfachend so aufgefaßt, daß er ursprünglich, im »Tractatus«, einen Solipsismus vertreten habe, den er dann aber später, in den »Philosophischen Untersuchungen«, verworfen und im einzelnen widerlegt hat. Da stellt sich im Anschluß an die soeben getroffenen Unterscheidungen zunächst die Frage, welcher Solipsismus hier gemeint ist, bzw. welche Einstellung Wittgenstein zu den verschiedenen Formen des Solipsismus eingenommen hat.

Ich denke, daß Wittgenstein den methodischen Solipsismus in den »Philosophischen Untersuchungen« in der Tat zu widerlegen bemüht war, daß er selbst ihn aber auch niemals vertreten hat (auch nicht im »Tractatus«), und daß er den kontemplativen Solipsismus im »Tractatus« selbst vertreten hat, daß er ihn aber niemals zurückgenommen hat (auch nicht in den »Philosophischen Untersuchungen«). (Und beides ist auch gut so!). Was schließlich den pathologischen Solipsismus anbelangt, so sieht es danach aus, daß Wittgenstein an ihm gelitten hat, daß er ihn aber nicht ästhetisch überhöht hat, sondern ihn zu überwinden bemüht war.[12] So gesehen, wird man Wittgenstein schon aus psychologischen Gründen nicht in die Wiener Tradition des ästhetizistischen Narzißmus stellen dürfen. Der kontemplative Solipsismus ist einer solchen Tendenz zwar ebenfalls ausgesetzt, nicht aber in der von Wittgenstein vertretenen ethischen Form. Wenn Wittgenstein etwas verkürzt sagt: »Ethik und Ästhetik sind Eins« (Tractatus 6.421), so ist dies

---

[11] Vgl. dazu auch E. Mach, a.a.O., S.10, Anm. 1.
[12] Vgl. das Charakterogramm Wittgensteins von F. Kainz, in: K. Wuchterl/A. Hübner, Ludwig Wittgenstein, Reinbek 1979, S.143f., das ihn als »schizothymen (wenn nicht sogar schizoiden) introvertierten Autisten« charakterisiert. Daß Solipsismus (Wittgenstein), Narzißmus (Jung-Wiener) und Monismus (Mach) im übrigen einen gemeinsamen, psycho-pathologisch als Schizophrenie zu beschreibenden Flucht-Punkt haben, scheint mir ganz außer Frage zu stehen (vgl. in diesem Zusammenhang G. Wunberg, Depersonalisation und Bewußtsein im Wien des frühen Hofmannsthal, in: Literatur und Schizophrenie, ed. W. Kudszus, Tübingen 1977, S. 69-103). Die hier implizite Kritik am Narzißmus der Jung-Wiener ist daher völlig mißverstanden, wenn man ihr (wie geschehen) »Dichterschelte« vom Standpunkt des »Gesunden« unterstellen wollte. Vielmehr: Neurosen haben wir alle; es kömmt aber darauf an - *was* wir aus ihnen machen.

keine Ästhetisierung der Ethik - das wäre Ästhetizismus -, sondern eine Ethisierung (wenn dieses Wort erlaubt ist) der Ästhetik. Dieser Gedanke läßt sich verdeutlichen an Wittgensteins Auffassung des Zusammenhangs von Ich, Welt und Wert. Diesem Zusammenhang wollen wir uns nun zuwenden, um zu zeigen, in welcher Weise Wittgenstein das Wertproblem der Wiener Moderne weiterdenkt.

»Der Sinn der Welt muß außerhalb ihrer liegen« (T. 6.41). Für Wittgenstein sind die Tatsachen selbst, die die Welt konstituieren, wertneutral. Die Sätze, die diese Tatsachen beschreiben, sind »gleichwertig« (T. 6.4). In diesem Sinne kann *in* dieser Welt gar kein Wert vorkommen. Das heißt für Wittgenstein aber gerade nicht, daß es keinen Wert gibt. »Träger« der Werte oder »des Ethischen« sind für Wittgenstein nicht die Tatsachen, »Träger« ist das Ich. Eine solche Trägerschaft ist nach dem Bisherigen aber nur denkbar bei radikaler Änderung des Ichbegriffs. Hier überrascht nun zunächst, daß auch bei Wittgenstein das Ich der Machschen Unrettbarkeit anheimzufallen droht:

> »Das denkende, vorstellende, Subjekt gibt es nicht.
> Wenn ich ein Buch schriebe ›Die Welt, wie ich sie vorfand‹, so wäre darin auch über meinen Leib zu berichten und zu sagen, welche Glieder meinem Willen unterstehen und welche nicht, etc., dies ist nämlich eine Methode, das Subjekt zu isolieren, oder vielmehr zu zeigen, daß es in einem wichtigen Sinne kein Subjekt gibt: Von ihm allein nämlich könnte in diesem Buche *nicht* die Rede sein« (T. 5.631)

> »Vom Willen als dem Träger des Ethischen kann nicht gesprochen werden. Und der Wille als Phänomen interessiert nur die Psychologie.« (T. 6.423)

Damit scheint sowohl das vorstellende als auch das wollende Ich (Subjekt) als Träger moralischer Werte (des Ethischen) auszuscheiden. Dies ist jedoch ein Irrtum. Es ist nur das empirische Ich als Gegenstand der Psychologie, das als ein solcher Träger nicht in Frage kommen kann. Dieses empirische Ich löst sich auch für Wittgenstein in ähnlicher Weise, wie Mach es behauptet hat, in Gegebenheiten auf. Dieses Ich ist nicht das Wert-Volle, es gehört selbst nur zur Welt der Tatsachen. Wenn Wittgenstein, wie eben zitiert, sagt, daß vom Willen als dem Träger des Ethischen nicht »gesprochen« werden könne, so muß dies in Verbindung gesehen werden mit dem berühmten Schlußsatz des »Tractatus«: »Wovon man nicht sprechen kann, darüber muß man schweigen«. Das Nichtsprechenkönnen ist danach nicht so trivial gemeint, daß von dem Willen als dem Träger des Ethischen sozusagen nicht die Rede sein könne, daß der Wille als Träger des Ethischen gewissermaßen ausscheide, sondern daß diese Trägerschaft »unaussprechlich« ist (im Sinne von 6.522: »Es gibt allerdings Unaussprechliches. Dies *zeigt* sich, es ist das Mystische«). Somit ist also der Wille für Wittgenstein der Träger des Ethischen. Diese Auffassung wird bestätigt durch Wittgensteins »Tagebücher« (Eintragung vom 5. 8. 1916):

> »Das vorstellende Subjekt ist wohl leerer Wahn. Das wollende Subjekt aber gibt es.
> Wäre der Wille nicht, so gäbe es auch nicht jenes Zentrum der Welt, das wir das Ich nennen, und das der Träger der Ethik ist. Gut und böse ist wesentlich nur das Ich, nicht die Welt.«

Den Zusammenhang zwischen dem wollenden Ich als Träger des Ethischen und der Welt stellt Wittgenstein im »Tractatus« so dar, daß die Welt (als ganze) einzig und allein durch die Einstellung des Ichs zu ihr Wert bekommt. Genau in diesem Sinne ist der Wert der Welt äußerlich. Der Wertverlust der Welt, die *Entwertung der Welt*, wird mit einer *Aufwertung des Ichs* beantwortet. Man kann geradezu sagen, daß der geschriebene Teil des »Tractatus« die Struktur der wert-losen Welt der Tatsachen vorführt, um die Ergänzung um den wertstiftenden Teil, unausgesprochen, um so wichtiger erscheinen zu lassen. Diese »indirekte Mitteilung« des Ethischen (Kierkegaard) findet in der literarischen Form des »Tractatus« ihren Ausdruck, entsprechend der Wittgensteinschen Auffassung, daß die Ethik sich nicht aussprechen läßt.[13] Als ethische »Rahmenüberzeugung« Wittgensteins läßt sich immerhin festhalten, daß eine Veränderung zum Besseren nicht durch große Ereignisse, sondern durch veränderte Einstellungen zum Tragen kommt. Die Welt der Tatsachen ist daher für Wittgenstein auch keineswegs ein »Wert-*Vakuum*« (H. Broch)[14], sondern ein wert*freier* Inhalt, der der ethischen Form, die allein das Ich gibt, bedarf. Für Wittgenstein müßte so die Welt der Tatsachen sowohl zur besten aller möglichen Welten als auch zur schlechtesten aller möglichen Welten werden können, allein durch die Wert-Einstellungen der Subjekte.

Damit dürfte klar sein, worin der entscheidende Unterschied zwischen der ethischen Weltauffassung Wittgensteins und der ästhetizistischen (nicht ästhetischen!) Weltauffassung der Jung-Wiener der Wiener Moderne besteht. Dem objektiven Wertverlust der Welt stimmen

---

[13] Vgl. zu dieser Deutung den Beitrag »Logik als Literatur?«.
[14] Vgl. WM, S. 96f.

beide zu, die Konsequenzen sind aber, obwohl in beiden Fällen der Blick auf das Ich gerichtet ist, geradezu entgegengesetzt. Für beide kommt der Wert über das Ich in die (oder sogar zur) Welt. Für die Jung-Wiener aber ist das Ich selbst das Wertvolle, für Wittgenstein dagegen schafft das Ich den Wert. Die Jung-Wiener meinen das subjektive empirische Ich mit seinen psychischen Regungen und Bedürfnissen, Wittgenstein dagegen meint das diese Regungen (als zur Welt gehörig) gerade für wert-los achtende intelligible Ich (im Kantisch-Schopenhauerischen Sinne). Wittgensteins Ausdrucksweise, daß das wollende Ich der »Träger« des Ethischen ist, bringt den wesentlichen Unterschied bereits grammatisch zum Ausdruck. Für die Jung-Wiener ist das empfindende Ich das bloße *Objekt* der Wertung, nämlich der Gegenstand einer ichbezogenen narzißtischen Verehrung, für Wittgenstein aber ist das wollende Ich das Wertung stiftende *Subjekt*.

Wittgenstein steht mit seiner ethischen Weltauffassung im Kontext der Wiener Moderne keineswegs alleine da. Eingangs habe ich angedeutet, daß diese Weltauffassung in verschiedensten Bereichen die Reaktion auf die Dekadenzbewegung der Jahrhundertwende gewesen ist. Aus der Sicht Wittgensteins sind hier zu nennen der Architekt Adolf Loos, der Sprach- und Kulturkritiker Karl Kraus und allen voran der Philosoph Otto Weininger[15], dessen Werk »Geschlecht und Charakter«[16] zu einem Kultbuch genau derjenigen Generation wurde, die wir als ethische von der ästhetizistischen Wiener Moderne unterschieden haben. Charakterisieren läßt sich Weiningers Grundeinstellung vielleicht am kürzesten als die eines *metaphysischen* Weiberfeindes. (Diese Einstellung ist durchaus verträglich mit der eines empirischen Frauenfreundes!) Mit den sexualtheoretischen Auffassungen Weiningers werde ich mich hier nicht beschäftigen, obwohl gerade diese die Zeitgenossen bewegt haben.

Weininger gehört wie Wittgenstein zu den nicht gerade zahlreichen Verteidigern des Solipsismus, und bei Weininger finden wir auch bereits die Lösung des Wertproblems an die Lösung des Subjektproblems gebunden. Das hier in Rede stehende Subjekt selbst kann nur, wie Weininger mit Bezug auf Kants »Kritik der praktischen Vernunft« (»das erhabenste Buch der Welt«) sagt, »ein von allem empirischen Bewußt-

---

[15] Diese drei nennt Wittgenstein selbst in der Reihe derjenigen, die ihn beeinflußt haben. Vgl. Vermischte Bemerkungen, S. 43.
[16] O. Weininger, Geschlecht und Charakter. Eine prinzipielle Untersuchung, Wien 1903, hier zitiert nach der 12. Aufl. Wien/Leipzig 1910.

sein verschiedenes ›intelligibles‹ *Ich*« sein (Geschlecht und Charakter, S. 196).

Mit diesen Worten leitet Weininger über zu den beiden (in inhaltlicher wie formaler Hinsicht) zentralen philosophischen Kapiteln seines Buches, VII: »Logik, Ethik und Ich« und VIII: »Ich-Problem und Genialität« (die auch die mittleren Kapitel des ganzen Buches sind). In diesen Kapiteln verwirft Weininger das »Machsche Ich« als bloßen »*Wartesaal für Empfindungen*« (S. 199) zugunsten des Kantischen intelligiblen Ichs:

> »*Das Ich ist Grundbedingung auch aller sozialen Moral.* Gegen eine bloße Verknotungsstelle von ›Elementen‹ werde ich mich, *rein psychologisch*, nie ethisch verhalten können.« (S. 234).

Ausgehend von dem Faktum des »Ich-Ereignisses«, dem bestürzenden und zugleich erhebenden Solipsismuserlebnis, entwickelt Weininger einen »ethischen Individualismus« (S. 228). Dieser unterscheidet sich von dem ästhetizistischen Individualismus der Jung-Wiener entscheidend dadurch, daß er nicht auf Selbstgenuß, sondern auf die wechselseitige Anerkennung eines jeden als einer moralischen Person ausgerichtet ist. Der Solipsismus der Einzelnen, daß nämlich jeder sich als Mikrokosmos gegeben ist (vgl. dazu Wittgensteins »Tractatus« 5.63: »Ich bin meine Welt«), mündet in eine moralische Monadologie der Individualitäten:

> »Aber nur wer fühlt, daß der andere Mensch *auch ein Ich, eine Monade, ein eigenes Zentrum der Welt ist*, mit besonderer Gefühlsweise und Denkart, und besonderer Vergangenheit, der wird *von selbst davor gefeit* sein, den Mitmenschen bloß als *Mittel zum Zweck* zu benützen.[...] *Psychologische Grundbedingung alles praktischen Altruismus ist daher theoretischer Individualismus.*« (S. 232. Theoretischer Individualismus d.i. Solipsismus, vgl. S. 233).

Wenn vor diesem Hintergrund[17] der Solipsismus im »Tractatus« verständlicher geworden ist, so ist abschließend noch zu fragen, inwieweit Wittgensteins spätere Solipsismuskritik in den »Philosophischen Unter-

---

[17] Zum Einfluß Weiningers auf Wittgenstein vgl. auch B. Smith, Weininger und Wittgenstein, in: Wittgenstein and Contemporary Philosophy, ed. B. F. McGuinness/A. Gargani = Teoria 5 (1985), Heft 2, S. 227-237. Smith schreibt S. 230: »Die Ethik Weiningers und Wittgensteins ist dennoch kein schlichter Kantianismus. Sie ist eine radikal egoistische Ethik, worin jede Dimension ethischer Relevanz des Gesellschaftlichen ausgeschaltet worden ist.« Bis auf die Wahl der Bezeichnung »egoistische Ethik« ist dies eine treffende Charakterisierung der Weininger und Wittgenstein gemeinsamen Auffassung, daß die Antwort auf den

suchungen« eine Revision seiner ursprünglichen Auffassung des Ichs als Träger des Ethischen beinhaltet.

Der Unterschied zwischen dem frühen und dem späten Wittgenstein ist insgesamt nicht so groß, wie er zunächst erscheint und meistens behauptet worden ist. Wesentliche Änderungen betreffen vor allem den Sprachbegriff, was für einen Sprachphilosophen allerdings auch einiges besagt. Seine ethische Weltauffassung scheint Wittgenstein aber nicht wesentlich geändert zu haben. Und so lese ich denn auch Wittgensteins Privatsprachenkritik, in der man völlig zu Recht eine Solipsismuskritik sieht, als ein Festhalten früherer Grundauffassungen unter veränderten Bedingungen. Die veränderten Bedingungen, das ist Wittgensteins Übergang von der Logik zur Alltagssprache als Grundlage seiner Sprachkritik.

Vieles von dem, was Wittgenstein im Rahmen seiner Privatsprachenkritik vorbringt, läßt sich auf Descartes und die ihm folgende Tradition der neuzeitlichen Erkenntnistheorie beziehen. Das Anliegen dieser Tradition ist insbesondere das Bemühen um Wissen, um ein gewisses, d.h. unbezweifelbares Fundament der Erkenntnis. »Wissen« wird auf »Gewißheit« bezogen und »Gewißheit« auf »Unbezweifelbarkeit«. Bekanntlich sucht Descartes das Unbezweifelbare auf dem Wege eines radikalen *methodischen Zweifels* und findet es schließlich in seiner eigenen Existenz. Folgenschweres Ergebnis dieses Vorgehens ist, daß das im methodischen Zweifel schrittweise abgebaute Wissen seinen Neuaufbau mit dem Wissen, das jeder von sich selbst hat, nehmen muß. Das gesamte Wissen bekommt damit eine eigenpsychische (solipsistische) Basis, insbesondere stellt sich damit das Wissen, das ich von meinen Mitmenschen (vom Fremdpsychischen) und von der Außenwelt habe, als ein abgeleitetes Wissen dar. Darüber hinaus wird das Verhältnis, das der Mensch zu sich selber hat, als ein wißbares bestimmt und damit der Selbstvergegenständlichung des Menschen Vorschub geleistet. Wittgenstein scheint hier die Quelle zu einem falschen (entfremdeten) Verhältnis des Menschen

---

Wertverlust im Bereich des Gesellschaftlichen nur durch die Aufwertung des Ichs als Träger des Ethischen gegeben werden kann. Die Bezeichnung »Egoismus« statt »Individualismus« (oder »Solipsismus«) scheint mir das wesentliche, von Kant übernommene Moment der *gegenseitigen* Anerkennung als Person zu unterschlagen, jedenfalls im Normalverständnis des Wortes, und deshalb mißverständlich zu sein. Der Zusammenhang zwischen den ethischen Fragen und der Solipsismusthematik bei beiden Autoren wird auch von Smith nicht gesehen.

zum Menschen, zur Welt und zu sich selbst zu sehen, das diesen letztendlich unglücklich macht. Begnügen wir uns damit, ein für Wittgensteins Solipsismuskritik einschlägiges Zitat aus dem Komplex »Privatsprachenproblem« (Philosophische Untersuchungen, §246) zu analysieren:

> »Inwiefern sind nun meine Empfindungen *privat*? [damit ist die Auszeichnung der eigenpsychischen Basis angesprochen] - Nun, nur ich kann wissen, ob ich wirklich Schmerzen habe; der Andere kann es nur vermuten. - Das ist in einer Weise falsch, in einer andern unsinnig. Wenn wir das Wort ›wissen‹ gebrauchen, wie es normalerweise gebraucht wird (und wie sollen wir es denn gebrauchen!), dann wissen es Andre sehr häufig, wenn ich Schmerzen habe. - Ja, aber doch nicht mit der Sicherheit, mit der ich selbst es weiß! - Von mir kann man überhaupt nicht sagen (außer etwa im Spaß) ich *wisse*, daß ich Schmerzen habe. Was soll es denn heißen - außer etwa, daß ich Schmerzen *habe*?«

Wittgenstein nimmt hier geradezu eine Umkehrung der Descartesschen Position vor. Wissen und Zweifel sind auch bei ihm aufeinander bezogen; aber nicht so, daß Wissen Unbezweifelbarkeit verlangt, sondern so, daß *wirkliche* (sinnvolle) Gründe zu zweifeln ausgeräumt sind (im Sinne von »*nun* weiß ich es!«). Von dem Zweifel Descartes' sagt Wittgenstein (Über Gewißheit, §450): »Ein Zweifel, der an allem zweifelte, wäre kein Zweifel« (im Sinne unseres alltäglichen Gebrauchs des Wortes »Zweifel«).

Die Auszeichnung des Eigenpsychischen als das eigentlich Wißbare und die damit verbundene Vergegenständlichung des Ichs wird nun dadurch zunichte zu machen versucht, daß Wittgenstein bemerkt, daß in dem eben charakterisierten Sinne von Wissen Eigenpsychisches gar nicht gewußt werden kann. Man kann von sich nicht sagen, daß man wisse, man habe Schmerzen, weil dieses heißen würde, daß man sich in einer Selbstverobjektivierung, sich selbst gegenübertretend sozusagen die Gegengründe ausräumend überzeugen könne, daß man Schmerzen habe. Aber so gehen wir nicht mit Schmerzerfahrungen und Schmerzäußerungen in unserem Alltag um. Wir haben Schmerzen und überzeugen uns nicht erst davon. Der Zweifel ist hier gewissermaßen kategorial (logisch) fehl am Platze und damit aber auch sein Gegenstück, das Wissen. Und genau darauf scheint es Wittgenstein hier anzukommen, das europäische neuzeitliche Denken davon abzubringen, das Selbstverhältnis (das Verhältnis des Menschen zu sich selbst) als eine wissende Selbstgewißheit anzusehen oder zu suchen. Dieses Bemühen verträgt sich aber bestens mit dem Solipsismus des »Tractatus«. Der Solipsismus, der in den »Philosophischen Untersuchungen« kritisiert wird, ist nicht der sich auf das Ich-Ereignis berufende kontemplative Solipsismus, sondern der methodische Solipsismus, der die Existenz des Ichs zu beweisen sucht.

Beweisen und Wissen sind für Wittgenstein Wechselbegriffe. Beweise führen zu Wissen und Wissen gibt es nur auf Grund von Beweisen, und - Beweisen und Wissen sind Sache der Wissenschaften; aber nicht alles läßt sich wissen und beweisen, z.B. nicht die Grundlagen der Wissenschaften selbst:

> »Am Grunde des begründeten Glaubens liegt der unbegründete Glaube.« (Über Gewißheit, §253)

Mit dieser Einschränkung ist aber nicht etwa eine skeptische Abwertung des Wissens als letztlich auf »bloßem« Glauben (im Sinne des Meinens) beruhend gemeint, sondern umgekehrt eine Aufwertung des Glaubens gegenüber dem Wissen. Für Wittgenstein sind die Grundlagen unserer Weltauffassung nicht als beweisbare verfügbar, sondern können nur glaubend anerkannt werden. Im »Tractatus« werden diese Grundlagen anhand der Charakterisierung »transcendental« ausgewiesen, insbesondere die Logik (bzw. deren Grundgesetze) (T. 6.13) und die Ethik (T. 6.421). Ganz entsprechend ist es zu verstehen, wenn Wittgenstein in seiner Kritik des methodischen Solipsismus das Ich dem Wissen zu entziehen sucht. Der wissende Zugang zum Ich beraubt dieses seiner einzigartigen Stellung als Träger des Ethischen, ent-wertet es zu einem Gegenstand in dieser wert-losen (wert-freien) Welt der Tatsachen und gefährdet damit auch die Ethik. Aber: »Das Ich ist kein Gegenstand«, sagt Wittgenstein bereits in seinen Tagebüchern (7. 8. 1916). Und um nichts anderes als um die Bewahrung dieser Einsicht geht es auch in der Solipsismuskritik der »Philosophischen Untersuchungen«, um die Rettung des wahren Solipsismus durch Kritik des falschen.[18]

---

[18] Inzwischen scheint mir der Begriff des Solipsismus, systematisch betrachtet, noch weiterer Differenzierungen zu bedürfen. Zwar gehen bei Wittgenstein (und Weininger, vgl. Geschlecht und Charakter, S. 216f.) kontemplativer Solipsismus und ethischer Individualismus faktisch eine Verbindung ein, rein begrifflich sind beide aber zu unterscheiden. Die Behauptung, daß Wittgenstein den Gedanken der Einzigkeit in seinem Spätwerk nicht zurückgenommen hat, bleibt hiervon unberührt. Vgl. in diesem Zusammenhang ergänzend die Analysen von T. Rentsch (Heidegger und Wittgenstein. Existential- und Sprachanalysen zu den Grundlagen philosophischer Anthropologie, Stuttgart 1985), die Wittgensteins Solipsismus in die Nähe des »existentialen Solipsismus« im Sinne Heideggers rücken und als »intersubjektiven Solipsismus« fassen (S. 269ff.). Diese nur scheinbar paradoxe Begriffsbildung wird sowohl Wittgensteins Kritik am methodischen Solipsismus Descartes' als auch seinem Festhalten am kontemplativ-ethischen Solipsismus Weiningers gerecht.

Als Beleg für diese Lesart Wittgensteins möchte ich abschließend noch einmal auf Otto Weininger zurückkommen. Ich beziehe mich dabei auf dessen nachgelassene Schrift »Wissenschaft und Kultur« in der Sammlung »Über die letzten Dinge«[19]. Weininger entwickelt hier die Unterscheidung von Glauben und Wissen, wie wir sie dann beim späten Wittgenstein (vgl. vor allem »Über Gewißheit«) in der bereits angedeuteten Weise wiederfinden. Weininger schreibt:

> »Ein Tatbestand kann in doppelter Weise bejaht werden: durch das Wissen *und* durch den Glauben. Wenn ich ein Urteil bejahe in Form des Wissens, so mache ich seinen Inhalt damit unabhängig von mir. Ich setze hierdurch in der Natur sozusagen eine Schrift, die jeder in gleicher Weise lesen müsse. Ich stelle ein Faktum hin, als eine Position, die von meiner Existenz nicht bedingt ist; ich objektiviere etwas, vor dem ich wie andere in alle Zukunft mich werde beugen müssen, das aber unser aller nicht weiter bedarf. Wenn ich hingegen etwas *glaube*, so setze ich meine *Persönlichkeit* an die Stelle jener Objektivität, jener allgemein gültigen Existenz; ich gebe durch einen freien Akt meine Zustimmung zu einer Möglichkeit, ich setze mich ein für ein problematisches Urteil. Die Gewißheit des Gewußten ist unabhängig von meinem Wissen, die Gewißheit eines Glaubenssatzes beruht darauf, daß *ich ihn glaube*. (Über die letzten Dinge, S. 143).

Im Anschluß daran bestimmt Weininger den Status von Logik und Ethik als gleich, entsprechend Wittgensteins späterer Charakterisierung beider als »transcendental« (s.o.), indem er behauptet, »daß man beide nicht *wissen*, sondern nur *glauben* kann« (S. 146). Und dieser Status wird daraus abgeleitet, daß sich das intelligible Subjekt nur in einem freien, nicht durch Beweis objektiv erzwungenen Akt der Anerkennung an die Gesetze der Ethik und Logik binden dürfe. Von diesem intelligiblen Subjekt heißt es, und die folgende Passage ist für meine Interpretation die Schlüsselpassage:

> »Ebenso [wie die Idee der Wahrheit] *darf* sich meine eigene Existenz, *darf* sich das Ich nicht beweisen lassen, wenn es *Wert* haben soll, und ebenso das Du nicht ableiten lassen, wenn es nicht Folge eines Grundes ist, und wenn es nicht als Mittel zum Zweck soll gebraucht werden können. *Die Widerlegbarkeit des Solipsismus* wäre mit der *Ethik* gar nicht *verträglich*, ebensowenig wie es die Möglichkeit wäre, die Existenz des eigenen Ich zu *beweisen*.« (S. 147).

Wenn wir dann weiter lesen, daß das Zurückschrecken vor dem Solipsismus »Unvermögen« sei, »dem Dasein selbständig Wert zu geben«, so möchte ich behaupten, daß auch der späte Wittgenstein vor dem

---

[19] O. Weininger, Über die letzten Dinge, Wien 1904. Hier zitiert nach dem Neudruck München 1980.

hier gemeinten Solipsismus, nämlich dem ethischen Individualismus, nicht zurückgeschreckt ist. Seine Biographie zeigt es. Kann, so gesehen, Wittgenstein dann überhaupt ein »Paradigma der Moderne« sein, unserer Moderne, die als Postmoderne das Subjekt »verschwinden« läßt? Subjekt sein oder nicht sein, das war für Wittgenstein keine Frage. Überwindung der Subjekt-Objekt-Spaltung als *Aufhebung* des Subjekts, ja! das ist kontemplativer Solipsismus; aber *Verschwinden* des Subjekts? - Wie auch immer, modern oder nicht modern, Hauptsache nicht bloß modern! Mit Wittgenstein (Vermischte Bemerkungen, S. 25) zu sprechen: »Wer seiner Zeit nur voraus ist, den holt sie einmal ein.«

III
METHODOLOGIE DES VERSTEHENS

LITERATURWISSENSCHAFT ZWISCHEN LITERATUR UND WISSENSCHAFT

Bei dem Bemühen, der Literaturwissenschaft die Wissenschaftlichkeit zu sichern, scheint bisweilen aus dem Blick zu geraten, daß sich Literatur ursprünglich an Leser und nicht an Wissenschaftler wendet. Diesem Umstand wird man auch dadurch noch nicht gerecht, daß man den Leser selbst als Gegenstand in die wissenschaftliche Untersuchung mit einbezieht (Rezeptionsforschung). Gegen einen mittelbaren Umgang mit Literatur, der diese nicht intentional, sondern symptomatisch auffaßt (Literatursoziologie und Literaturpsychologie), wird ein unmittelbarer Umgang befürwortet und skizziert, der an dem Anspruch von Literatur auf Erkenntnisvermittlung festhält.

1

Vielen, die einmal Literaturwissenschaft studiert haben, wird es so gegangen sein, daß sich die Weise ihres Umgangs mit Literatur im Laufe dieses Studiums verschoben hat: Aus dem Literatur*leser* wurde der Literatur*wissenschaftler*. Problematisch wird diese Verschiebung vor allem dort, wo es um den interpretierenden Umgang mit Literatur geht. Ich möchte dies anhand der Gegenüberstellung von *Kunst der Interpretation* und *Wissenschaft der Interpretation* erläutern. Wissenschaftliche Interpretationen müssen aus überprüfbaren Behauptungen bestehen. Die Ausübung der Kunst der Interpretation kann sich dagegen mit Hinweisen begnügen, indem sie Anleitungen zum aufmerksamen Lesen gibt. Sie läßt sich charakterisieren durch die Aufforderung: »Schau hin und vergleiche!« Auf diese Weise wird versucht, die Wahrnehmung des Literaturlesers und diesen Leser selbst zu sensibilisieren. Ein Literaturwissenschaftler, der diese Kunst ausübt, wird danach beurteilt, ob es ihm gelingt, den Leser zu einem eigenen Verständnis zu bringen. Es wird nicht gefragt, ob das, was er sagt, wahr ist, sondern ob die Lektüreanleitung gelungen ist. Nicht wahre Behauptungen, sondern fruchtbare Hinweise sind das Kriterium.

Wenn man davon ausgeht, daß literarische Texte nicht für den
Literatur*wissenschaftler*, sondern für den Literatur*leser* geschrieben sind,
dürfte klar sein, daß für den Literaturunterricht die Kunst der Interpretation eigentlich die wichtigste Weise des Umgangs mit Literatur ist. Der
Literaturwissenschaftler als Literaturlehrer hätte seine Hörer in das
selbständige Verständnis von literarischen Texten einzuüben. Der
Literaturwissenschaftler an der Universität wäre dann der Lehrer von
Literaturlehrern. Er lehrt seine Studenten Literatur zu verstehen und
dieses Verständnis weiterzugeben an Schüler als ›Nur‹-Leser. Der Grund,
warum sich Literaturwissenschaftler an den Universitäten nicht damit
begnügen, Lehrer von Literaturlehrern zu sein, dürfte unter anderem
darin zu suchen sein, daß sie immer wieder darauf hingewiesen werden,
daß sie vorgeben, Literatur*wissenschaftler* zu sein. So ist man dann geneigt und gezwungen, von der Kunst der Interpretation zu einer Wissenschaft der Interpretation überzugehen. Und hier besteht ein Dilemma
für die Literaturwissenschaft: Mit dem Herzen ist sie Kunst und mit dem
Verstand Wissenschaft. Die Alternative scheint zu sein: Herz ohne
Verstand und Verstand ohne Herz. Entscheidet sich die Literaturwissenschaft für die erste, so wird sie ihrer ursprünglichen Aufgabe
gerecht, die durch den Gegenstand bestimmt ist, stellt aber ihren Charakter als Wissenschaft in Frage. Entscheidet sie sich für die zweite
Alternative, so bewahrt sie ihren Charakter als Wissenschaft, verliert
aber ihren Gegenstand und eigentlichen Zweck aus den Augen. Es
scheint so, daß das Unbehagen, das man unter Studenten der Literaturwissenschaft feststellen kann, hier seinen Ursprung hat. Die Folgen sind
gegenwärtig (1978) etwa: Auf der einen Seite Flucht in die Linguistik als
Wissenschaft, auf der anderen Seite Rückzug in das Bekenntnis zur
Subjektivität. Auf der einen Seite haben wir den linguistisch geschulten
Literaturwissenschaftler (im eigentlichen Sinne), auf der anderen Seite
den pädagogisch ausgebildeten Literaturkundler. Aus diesem Dilemma
sind Philologie, Rezeptionsgeschichte, Literatursoziologie und Textlinguistik keine Auswege. Warum nicht?

2

Bei der folgenden Beurteilung gehe ich davon aus, daß literarische Texte
für Leser geschrieben sind, die nicht ›ex officio‹ Leser sind. Dies ist ein
Unterschied z.B. zu juristischen Texten: Juristische Texte sind zwar für

alle verbindlich, aber nicht darauf angelegt, von allen gelesen werden zu können. Deshalb gibt es ja die Leser ›ex officio‹, die auch die Interpreten dieser Texte sind, nämlich die Juristen. Ähnliches galt (zumindest bis Luther) auch für biblische Texte: Leser ›ex officio‹, die auch für die Interpretation zuständig waren, waren die Theologen. Das gleiche kann unmöglich für literarische Texte gelten, da ihnen Verbindlichkeit - in welchem Sinne auch immer - fehlt.

Wenn also literarische Texte nicht für den Leser ›ex officio‹ geschrieben sind, können die oben genannten Disziplinen nicht aus dem Dilemma herausführen, weil sie bereits auf einer Seite, nämlich derjenigen der Wissenschaft, stehen. Für die Philologie gilt dieses, sofern sie sich ausschließlich als historisch-kritische Textwissenschaft versteht. In ihrer Funktion, Fremdverstehen vergangener Zeiten über entsprechende Texte zu vermitteln, ist sie durch sogenannte Schulreformen beschnitten worden. Dies wird dazu führen, daß sie wie die Literaturgeschichte dem sekundären Leser Informationen darüber bieten wird, was wann war und wer wen beeinflußt hat usw.; sie ist dann eigentlich Geschichtswissenschaft anhand insbesondere literarischer Texte. Ihren primären Leser hat sie verloren, weil es kaum noch jemanden gibt, der die Quellen lesen könnte. Die Rezeptionsgeschichte berücksichtigt zwar den primären Leser, aber indem sie *über* ihn und seine Aufnahme von Literatur spricht. Die Literatursoziologie spricht ebenfalls den primären Leser nicht an; sie behandelt Literatur als soziales Phänomen oder doch vorwiegend unter dem Gesichtspunkt ihrer sozialen Bedingtheit. Einen Meta-Standpunkt nimmt auch die Linguistik ein, wenn sie z.B. als Textlinguistik versucht, die Strukturen literarischer Texte zu bestimmen. Mit der Feststellung, daß die genannten Disziplinen nicht die Adressaten literarischer Texte sind, ist natürlich nichts gegen deren Berechtigung gesagt. Die Literaturwissenschaft sollte sich nur nicht vorschnell um der Wissenschaftlichkeit willen diesen Disziplinen an den Hals werfen und damit ihrem Eigenleben - der Literatur - Zwang antun.

Noch einmal: Ist die Literaturwissenschaft über ihren Gegenstand oder über ihre Methode bestimmt? Ist die Methode vorgegeben und wird auf den besonderen Gegenstand Literatur angewendet oder bestimmt der spezifische Gegenstand Literatur über seine Funktionen die ihm gemäße Methode seiner Behandlung? Dies müssen keine Gegensätze in dem Sinne sein, daß das eine das andere ausschließt. Jedoch muß sich die Literaturwissenschaft fragen, ob sie in jedem Falle eine Anleihe bei anderen Disziplinen in Sachen Methoden aufnehmen muß oder ob es nicht ihr eigene Methoden gibt, die sich über diejenigen Funktionen von Literatur bestimmen lassen, die sie für Leser hat. Diesen Lesern sind die Ergebnisse der Wissenschaften hilfreich zum Verständnis; angesprochen wird er doch aber nicht als Wissenschaftler, sondern als Mensch.

Im folgenden möchte ich, dieses berücksichtigend, drei Weisen (Stufen) des Umgangs mit Literatur unterscheiden: *Interpretation, Kritik* und *literarische Rekonstruktion*. Dabei gehe ich davon aus, daß eine wesentliche Funktion von Literatur die aufweisende (zeigende) Vermittlung klarer, d.h. anschaulicher Erkenntnis in ihrer Komplexität ist, im Unterschied zu begrifflich-deutlicher Erkenntnis, wie sie insbesondere von der Wissenschaft verlangt wird.[1]

3

Interpretation vollzieht sich in mehreren Stufen: In einer groben Einteilung können wir zwischen *Erläuterung* und *Deutung* unterscheiden. Die Erläuterung deckt den *Inhalt* eines Textes in seiner Komplexität auf. Die Deutung legt den *Sinn* als das dar, worauf der Text über sich selbst hinaus weist. Jede Interpretation zielt auf Deutung ab, selbst dann, wenn sie betont, daß es einem Text nur um sprachliche Variationen geht, daß ein Text sich dem Deutungsanliegen des Lesers verschließt. Eine solche Interpretation deutet einen Text auf Nicht-Deutbarkeit hin. Ein Text verlangt die Deutung, weil er kein Naturprodukt ist. In irgendeiner Weise weist jeder literarische Text über sich selbst hinaus. Er fordert den Leser etwa zu der Frage heraus: Welches Allgemeine wird im Besonderen dargestellt? Welche Erkenntnis will der Text vermitteln? Diese Frage impliziert, daß dem Text ein intentionales Subjekt vom Interpreten unterstellt wird, und dies besagt eben nichts anderes als die Auffassung des Textes als Kunstprodukt. Zur Ermittlung der Intention des Autors sind außerhalb des Textes angesiedelte Informationen (briefliche Äußerungen, Tagebücher usw.) zuzulassen.[2]

Kritik beurteilt, ob die Darstellung des Allgemeinen im Besonderen gelungen ist, ob Erkenntnis vermittelt wird. Sie vergleicht die Ab-

---

[1] Zur Begründung dieses Ausgangspunktes vgl. Verf., Fiktion und Wahrheit. Eine semantische Theorie der Literatur, Stuttgart-Bad Cannstatt 1975.
[2] Dieser Intentionalismus wird in dem Beitrag »Zur Interpretation literarischer und philosophischer Texte« weiter ausgeführt.

sicht mit der Ausführung. Kritik ist daher nur möglich unter Berücksichtigung der Intention des Autors. Obwohl die Informationen zur Feststellung der Intention des Autors zunächst nur zur Logik des Findens gehören und Hilfen für die Suche nach der richtigen Interpretation geben, müssen sie sich umgekehrt auch am Text bestätigen (»festmachen«) lassen. Gelingt die Bestätigung nicht, so ist ein Auseinanderfallen von Intention des Autors und Durchführung festzustellen. Der Text leistet nicht die Vermittlung der unterstellten Erkenntnis.

Die Reihenfolge von Interpretation und Kritik ist nicht psychologisch gemeint, sondern darstellungslogisch. Die Stufen (auch innerhalb des Interpretationsvorganges) sind nicht so trennbar, daß man das eine tun und das andere völlig ausschalten könnte; aber man kann in der Darstellung Akzente setzen.

Literarische Rekonstruktion besteht in dem methodisch kontrollierten Einstieg in den hermeneutischen Zirkel. Sie ist die Entsprechung zur rationalen Rekonstruktion. Rationale Rekonstruktion in der Philosophie bedeutet: eine solche Interpretation eines behauptenden Textes vorlegen, daß die Behauptungen des Autors übernommen werden können. Literarische Rekonstruktion in der Literaturwissenschaft meint: eine solche Interpretation vorlegen, daß die Darstellung des Allgemeinen im Besonderen als gelungen (adäquat) betrachtet werden kann. Die Rekonstruktion in der Philosophie mißt sich am Wahrheitsanspruch, Rekonstruktion in der Literaturwissenschaft am Adäquatheitsanspruch. Rekonstruktion entsteht aus der Wechselbeziehung von Interpretation und Kritik.

Literarische Rekonstruktion versucht, einen vom Autor intendierten Sinn auszumachen und am Text zu belegen, und versucht dann, die Adäquatheit der Darstellung des Allgemeinen im Besonderen nachzuweisen. Führt die am Text belegte Interpretation zwar zu einer Erkenntnis über den Nachweis der adäquaten Darstellung des Allgemeinen, tritt die Interpretation aber in Widerspruch zur erklärten Intention des Autors, so handelt es sich um eine ›schöpferische Interpretation‹. Sie ist dann zwar nicht richtig, kann aber wertvoller sein als die richtige (vgl. den ›schöpferischen Irrtum‹). Es gibt den Gegensatz von Richtigkeit und Wichtigkeit. Im Nachhinein ist bei einer schöpferischen Interpretation der interpretierte Text bloßer Anlaß zu einer Erkenntnisvermittlung; die Interpretation ist wichtiger als der literarische Text selbst.

Anzeichen für die Vermittlung einer Erkenntnis überhaupt durch Literatur ist die Feststellung, daß man die Dinge bisher *so* nicht gesehen habe. Lesen ohne zu interpretieren begnügt sich mit dieser Feststellung und beläßt es bei dunkler Erkenntnis. Man gewinnt zwar eine neue Einstellung, aber ohne zu wissen wie. Die Erkenntnis tritt gar nicht in das Bewußtsein. Die bewußte Erkenntnis beginnt mit der klaren Erkenntnis. Der Leser, der sich fragt, wieso ihm eigentlich ein bestimmter literarischer Text wertvoll erscheint, verlangt nach klarer Erkenntnis. Diese Erkenntnis *ermittelt* die literarische Rekonstruktion. Ohne literarische Rekonstruktion, die natürlich der Leser selbst vornehmen kann, *vermitteln* literarische Texte nicht klare komplexe, sondern allenfalls dunkle Erkenntnis.

Das rekonstruktive Moment der literarischen Rekonstruktion besteht darin, daß der Text so interpretiert wird, daß er der Kritik standhält. (Die Kritik beurteilt, ob die Darstellung des Allgemeinen im Besonderen gelungen ist.) Wenn die Intention des Autors eine so starke Interpretation nicht zuläßt, dann ist entweder der Text zufällig besser als die Intention oder die Interpretation besser als Intention und Text. Dies sind zwei Varianten der schöpferischen Interpretation. Leser dürfen es bei schöpferischen Interpretationen belassen. Dem Literaturwissenschaftler muß es außerdem um die Richtigkeit der Interpretation gehen; und das heißt: prüfen, ob die Interpretationen die Autorintentionen treffen.

Daß der Adäquatheitsanspruch durch den Text bzw. durch Interpretation am Text einzulösen sei[3], besagt nun, daß diese Interpretation die Kritik im Rücken hat, auf Adäquatheit hin erfolgt, also literarische Rekonstruktion ist. Das ›Auf etwas hin‹-Interpretieren ist das rekonstruktive Moment sowohl der rationalen als auch der literarischen Rekonstruktion. Die Gefahr der Vereinnahmung eines Textes besteht, doch muß man sie in Kauf nehmen angesichts der Alternativen: Dem reinen Literaturhistoriker kommt es genausowenig wie dem reinen Philosophiehistoriker auf die ›Bedeutung‹, das ›Gewicht‹ der Texte an. Für beide entfällt das rekonstruktive Element. Noch einmal: Die Relevanz ihrer Untersuchungen ist damit nicht bestritten, sie sind eben Historiker ganz bestimmter Texte und betreiben Geistesgeschichte. Sie müssen sich aber auch den Hinweis gefallen lassen, daß die Texte eigentlich nicht ›für sie‹ geschrieben sind.

---

[3] Vgl. Verf., Fiktion und Wahrheit, S. 103f.

4

Zum Schluß sei noch einmal der Punkt hervorgehoben, auf den es hier vor allem ankommt, daß nämlich literarische Texte als Kunstprodukte nach Deutung verlangen. (Dies heißt nicht unbedingt, daß man über sie reden muß.) Im Unterschied zu H. Fricke und dessen Deutung (!) seines Goethe-Mottos[4] wird es deshalb weiterhin darauf ankommen, etwas »*hinter* den Phänomenen« - oder: *über* den Phänomenen - zu suchen, nämlich dasjenige, was sich *in* den Phänomenen *zeigt*, worauf der Text über sich hinaus weist.

Ich habe hierfür auch die traditionelle Formulierung von der Darstellung des Allgemeinen im Besonderen gewählt. Aus Erfahrung weiß ich inzwischen, daß diese Formulierung leicht dahingehend mißverstanden wird, als solle ein literarischer Text auf eine allgemeine Moral hin festgelegt werden. Dergleichen ist nicht beabsichtigt, obwohl ich der Ansicht bin, daß die berühmt-berüchtigte Lehrerfrage »Was will uns der Dichter damit sagen?« *so* abwegig auch nicht ist. Das Allgemeine wird vielmehr im Sinne von Kants »ästhetischer Idee« verstanden. Und von dieser heißt es ja ausdrücklich, daß es unmöglich sei, sie durch begriffliches Denken auszuschöpfen. Durch deren Unbestimmtheitsmoment ist einer trivialisierenden Auflösung von Komplexität Einhalt geboten. Das Allgemeine als Leitidee einer Interpretation kann die Interpretation nicht ersetzen, schon gar nicht den literarischen Text selbst. (Insofern stimme ich der zweiten These Frickes zu, daß Interpretation nicht Übersetzung ist.) Das Interpretationsproblem besteht darin, daß ein Besonderes vorgegeben ist, das auf ein Allgemeines hin zu interpretieren ist. Das Verhältnis vom Besonderen zum Allgemeinen läßt sich durch die Relation ›x steht für y‹ ausdrücken; eine entsprechende Form haben dann auch Interpretationsaussagen.

Erläutern läßt sich dies kurz an einer Interpretation von Franz Kafkas »Die Sorge des Hausvaters« durch M. Pasley[5], die hier entsprechend strukturiert in einer Zusammenfassung wiedergegeben wird: Das Ding

---

[4] H. Fricke, Wie soll man über Kafka reden? Sieben Thesen zum Umgang mit Literatur, erläutert an Franz Kafkas Erzählung »Ein Hungerkünstler«, Anstöße 16 (1979), S. 17-23. Das Motto (Maximen und Reflexionen, Nr. 575) lautet: »Man suche nur nichts hinter den Phänomenen: sie selbst sind die Lehre.«
[5] M. Pasley, Die Sorge des Hausvaters, Akzente 13 (1966), S. 303-309 (die im Text folgenden Zitate hier S. 304 und 309).

Odradek in diesem Text *steht für* eine andere Erzählung Kafkas, nämlich »Der Jäger Gracchus«. Der Jäger Gracchus (die Figur der gleichnamigen Erzählung) *steht für* Kafka und seine Existenzproblematik. Die Schwierigkeiten bei der literarischen Erzeugung der Erzählung sind für Kafka Symptome seiner eigenen Existenz (mit »väterlichen Augen« gesehen). Die Problematik dieser Existenz, die Entfremdung, *verkörpert* er daher in dem Ding Odradek. Das Ding Odradek *steht für* Kafkas eigene Existenzproblematik. Für welches Allgemeinere es steht, bleibt einem zweiten Schritt der Interpretation überlassen, in dem es darum gehen würde, »*was* alles Kafka durch die Poetisierung seiner eigenen Existenzproblematik eigentlich ausdrücken wollte«.

Eine naheliegende Interpretationsaussage der betrachteten Art zu Kafkas »Ein Hungerkünstler« läßt sich anschließen: Das Verhalten des Hungerkünstlers - seine Kunst des Hungerns - *steht für* den Hunger des Künstlers, für das Paradox der künstlerischen Existenz, auf ein Publikum angewiesen zu sein, das eigentlich die Vollendung der Kunst, den dauernden sich nicht mehr äußernden Wahrheitshunger, verhindert. Kafka versteht sein Künstlertum (vielleicht das Künstlertum überhaupt) als *Verkörperung* höchster Entfremdung, indem es sein Entfremdetsein zu Markte trägt.

Es versteht sich nach dem zuvor Gesagten, daß diese Kurzinterpretationen gerade nicht beanspruchen, »abschließende« Deutungen zu sein. Sie sollen nur die Eigentümlichkeit von Interpretationsaussagen stilisierend deutlich machen. Indem Interpretationsaussagen vom Besonderen ausgehend dessen exemplarische Bedeutsamkeit darzulegen versuchen, folgen sie nicht der Logik subsumierender, sondern reflektierender Urteilskraft.

WIE KLAR UND DEUTLICH SOLL EINE LITERATURWISSENSCHAFTLICHE TERMINOLOGIE SEIN?

Das Ziel der folgenden Überlegungen ist eine Analyse der Erfordernisse, die an den Aufbau einer literaturwissenschaftlichen Terminologie zu stellen sind. Dabei werde ich versuchen, aus dem Charakter des Gegenstandsbereichs der Literaturwissenschaft, also der Literatur selbst, Folgerungen für den angemessenen, vor allem interpretierenden Umgang mit ihr abzuleiten. Insbesondere wird hier das Verständnis der Literaturwissenschaft als Wissenschaft zu berücksichtigen sein. Eine wesentliche Frage des angemessenen wissenschaftlichen Umgangs mit Literatur ist diejenige nach der Sprache, in der Literaturwissenschaftler über Literatur reden sollen.

Die Probleme einer literaturwissenschaftlichen Terminologie lassen sich als definitionstheoretische Probleme verstehen:

(1) Von welcher Art können und sollen Definitionen in der Literaturwissenschaft sein?
(2) In welchem Sinne kann es und soll es gemeinsam akzeptierte Definitionen geben?

Beide Fragen sind durchaus verschieden. Eine private Terminologie ist etwas ganz anderes als eine gemeinsam akzeptierte Terminologie. Normale Wissenschaft zeichnet sich gerade dadurch aus, daß man sich in einer gemeinsamen Terminologie verständigt. Nicht für Wissenschaft als solche (d.h. für Wissenschaftlichkeit), aber für Wissenschaft als Institution ist eine gemeinsame Terminologie ein praktisches Erfordernis.

In meiner Darstellung werde ich mich insbesondere auf die Arbeiten von Harald Fricke kritisch beziehen. Dies geschieht nicht deshalb, weil ich daran besonders viel auszusetzen hätte, sondern weil unser Thema in Frickes Arbeiten eine so grundlegende und präzise Formulierung gefunden hat, daß ich meine eigene Position am besten durch die Angabe der inhaltlichen »Abweichungen« von Frickes Arbeiten beschreiben kann.

Fricke leitet seine Vorschläge und Forderungen zum Aufbau einer literaturwissenschaftlichen Terminologie aus einem bestimmten Verständnis der Literaturwissenschaft als Wissenschaft ab. Dabei geht er von einer strikten Trennung von *Gegenstandssprache* (als Sprache der behandelten Literatur) und *Beschreibungssprache* (als Sprache der Literaturwissenschaft) aus. Ein wesentliches Erfordernis an Wissenschaft überhaupt ist nach Fricke, daß ihre Behauptungen in einer Sprache formuliert sind, »die prinzipiell *wahrheitsfähig* ist«.[1] Diese Forderung gilt entsprechend für die literaturwissenschaftliche Beschreibungssprache. Daß sie in dieser faktisch meistens nicht erfüllt wird, hat Fricke durch detaillierte Untersuchungen literaturwissenschaftlicher Arbeiten gezeigt. Die Wahrheitsfähigkeit dieser Arbeiten scheitere, so Fricke, insbesondere daran, daß deren Beschreibungssprache sich der Gegenstandssprache anpasse und poetischer Elemente bediene. Die Verwendung und Neubildung von Metaphern wird als unter Literaturwissenschaftlern besonders häufiger Verstoß gegen wissenschaftliches Sprechen hervorgehoben. (Ausgenommen werden natürlich Metaphern mit standardsprachlicher lexikalischer Bedeutung.) Metaphern stellen nach Fricke zudem einen besonders schwerwiegenden Verstoß gegen die Prinzipien der Wissenschaftssprache dar, weil das Zutreffen oder Nichtzutreffen metaphorischer Ausdrücke nicht eindeutig geregelt sei, so daß deren Verwendung gerade die Forderung der Wahrheitsfähigkeit mißachte.[2] Fricke sieht nun einen Zusammenhang zwischen dem Umstand des häufigen Metapherngebrauchs unter Literaturwissenschaftlern und dem Fehlen einer ausgearbeiteten Terminologie der literaturwissenschaftlichen Beschreibungssprache: Der Mangel an genau bestimmten Termini für literarische Sachverhalte zwinge gewissermaßen den Literaturwissenschaftler, sich mit Metaphern zu behelfen.[3] Diese Auffassung besagt in der Umkehrung, daß einer solchen »Ausdrucksnot« der Literaturwissenschaftler mit dem Aufbau einer geeigneten Terminologie abgeholfen werden könne. So wäre dann auch ein Hindernis für die Wahrheitsfähigkeit literaturwissenschaftlicher Behauptungen beseitigt. Die Literaturwissenschaft könnte den Weg von einer Plausibilität heischenden Überredung zu einer Wahrheit beanspruchenden Begründung gehen.[4] Damit ist deutlich, daß für Fricke der Aufbau einer wissen-

---

[1] H. Fricke, Die Sprache der Literaturwissenschaft. Textanalytische und philosophische Untersuchungen, München 1977, S. 202.
[2] A. a. O., S. 80ff.
[3] A. a. O., S. 83.
[4] A. a. O., S. 88.

schaftlichen Terminologie zur *conditio sine qua non* für eine Literaturwissenschaft als Wissenschaft wird, gemäß folgender Bedingtheiten: Keine Wissenschaftlichkeit ohne Wahrheitsfähigkeit; keine Wahrheitsfähigkeit ohne terminologische Bestimmtheit.

Schauen wir uns nun an, in welcher Weise die Forderung der terminologischen Bestimmtheit nach Fricke einzulösen ist. Die Frage lautet genauer: Welcher Definitions*arten* soll man sich bei terminologischen Bestimmungen in der Literaturwissenschaft bedienen? Damit ist die erste der oben genannten Fragen angesprochen, auf die hier eine Antwort gegeben werden soll. Mit Blick auf Fricke möchte ich meine Antwort vorab folgendermaßen charakterisieren: Ich stimme mit ihm darin überein, daß wir uns um terminologische Bestimmungen bemühen sollten, auch darin, daß wir uns um eine gemeinsame Terminologie bemühen sollten (vgl. unsere obige Frage 2); ich teile aber nicht Frickes weitergehende Auffassung, daß diese Bestimmungen unbedingt eine »scharfe Begrenzung der Begriffe« (im Sinne Freges) vornehmen müßten.

Die Forderung nach scharfer Begrenzung der Begriffe besagt, daß für jeden vorgelegten Fall gilt, daß er unter den bestimmten Begriff fällt oder nicht fällt, daß z.B. ein literarischer Text einer Gattung angehört oder nicht angehört. Diese Forderung impliziert nicht, wie Fricke richtig hervorhebt, daß die Begriffe der literaturwissenschaftlichen Beschreibungssprache *disjunkte* Klassenbildungen ermöglichen sollten.[5] Das heißt, ein Text kann z.B. mehreren Gattungen angehören. Die strenge Begrenzung der Begriffe besagt nur, daß er jeder dieser Gattungen eindeutig (»entscheidungsdefinit«) zugehören muß. Damit sind *Mischformen* ausdrücklich zugelassen, nicht aber *Grenzfälle*. Mit Grenzfällen sind hier nicht solche Fälle gemeint, die auf der Grenze zwischen zwei Gattungen liegen. Diese dürften sich als Mischformen verstehen lassen. (Insofern könnte der von Fricke gewählte Ausdruck »*Trenn*schärfe« für »scharfe Begrenzung« mißverständlich sein.) Grenzfälle im von Fricke ausgeschlossenen Sinne sind Fälle, für die das Fallen oder Nicht-Fallen unter einen bestimmten Begriff (z.B. einen Gattungsbegriff) nicht entschieden ist, für die das *tertium non datur* nicht gilt. Damit sind vage Begriffe aus der literaturwissenschaftlichen Beschreibungssprache insgesamt als

---

[5] H. Fricke, Norm und Abweichung. Eine Philosophie der Literatur, München 1981, S. 112.

unzulässig ausgeschlossen. (Vagheit ist nicht zu verwechseln mit *Ambiguität*, die besagt, daß ein Ausdruck mehrere *verschiedene* Bedeutungen hat. Diese Bedeutungen selbst können dann für sich vage oder nicht vage sein.) Man muß sich klar machen, was ein Ausschluß der Vagheit bedeutet. *Vagheit* ist hier nicht in dem vagen Sinne zu verstehen, daß jemand nicht recht wisse, was er meine, daß er gar konfus daherrede. Vagheit im logischen Sinne besagt, daß es neben eindeutigen Fällen, sowohl positiver als auch negativer Art, nicht-eindeutige Fälle, also Zweifelsfälle gibt. Der Ausschluß der Vagheit besagt also mehr als das Bemühen um Genauigkeit; denn auch vage Begriffe sind bis auf die Zweifelsfälle (Grenzfälle) genau. Der Ausschluß der Vagheit verlangt eine Entscheidung auch in Zweifelsfällen. Diese Entscheidung ergibt sich bei Fricke aus der Forderung nach Wahrheitsfähigkeit der literaturwissenschaftlichen Beschreibungssprache. Wenn ich dem Ausschluß der Vagheit von Begriffen hier widersprechen möchte, so läuft dies entsprechend auch auf einen Widerspruch gegen die Forderung der Wahrheitsfähigkeit hinaus, freilich nicht so, daß diese überhaupt verneint würde, doch so, daß sie wenigstens eingeschränkt wird. Verfolgen wir zunächst diese Linie, bevor wir das Thema der scharfen Begrenzung der Begriffe wieder aufnehmen.

Hatte sich die Forderung der Wahrheitsfähigkeit bei Fricke aus der Forderung der Wissenschaftlichkeit ergeben, so müssen wir nun beachten, von welchem Wissenschaftsbegriff dabei ausgegangen wird. Der Idee nach ist die Literaturwissenschaft für Fricke eine empirische Wissenschaft in dem Sinne, daß sie wahrheitsfähige Aussagen (Behauptungen) macht, deren Wahrheit empirisch überprüfbar ist, wobei »Wahrheitsfähigkeit eine notwendige Bedingung für Überprüfbarkeit bildet«.[6] Wie Fricke hervorhebt, unterscheidet sich die Literaturwissenschaft wesentlich von experimentellen empirischen Wissenschaften dadurch, daß ihr in der Regel keine prognostischen Überprüfungsverfahren (Erfolg oder Mißerfolg von Prognosen) zur Verfügung stehen.[7] Man sei deshalb darauf verwiesen, die argumentative Begründung von Behauptungen zu überprüfen. Für Fricke scheint eine literaturwissenschaftliche Behauptung dann und nur dann begründet (wahr) zu sein, wenn sie sich als logische Folgerung (nach den Regeln der

---

[6] H. Fricke, Die Sprache der Literaturwissenschaft, S. 213.
[7] A. a. O., S. 232f.

deduktiven Logik!) aus »einfachen empirischen Befunden«, wie z. B. »die Identifikation von Zeichenfolgen in einem gedruckten Text« ergibt. Dieser Wissenschaftsbegriff scheint mir nun allerdings viel zu eng für die Literaturwissenschaft zu sein. Ich kann mich hier nicht auf eine eingehende wissenschaftstheoretische Diskussion zu Fragen der Argumentationsformen in der Literaturwissenschaft einlassen. Da die Forderungen, die an den Aufbau einer literaturwissenschaftlichen Terminologie zu stellen sind, ihre Begründungen aber wesentlich aus dem zugrundegelegten Wissenschaftsbegriff ziehen, und da ist Fricke unbedingt zuzustimmen, sind einige weitere Ausführungen unvermeidlich. Klammern wir die Frage der Logik hier aus, so bleibt die Frage, was ein »empirischer Befund« zu heißen verdient. Sind es doch empirische Textbefunde, auf deren Beschreibung und Klassifikation sich literaturwissenschaftliche Termini erstrecken.

Betrachten wir ein sehr einfaches Beispiel, das sich in Frickes Behandlung von Hanns Johsts Drama »Schlageter« findet. Die faksimilierte Wiedergabe des Textschlußes dieses Dramas mit dem Schriftunterschied von Fraktur für den deutschsprachigen Text und Antiqua für den französischsprachigen Text kommentiert Fricke mit dem Hinweis auf den »bezeichnenden« Charakter der Antiqua-Zeichen als »Fremdkörper« im Schriftbild und unterstellt damit dem drucktypischen Unterschied eine Bedeutung für die nationalistische Botschaft des Ganzen.[8] Ich möchte betonen, daß ich keine Einwände gegen Frickes Deutung als solche zu machen habe, auch wenn man bedenkt, daß es drucktechnisch üblich ist und nicht unbedingt eine »Abweichung« darstellt, fremdsprachige Teile in Fraktur-Texten als Antiqua auszuzeichnen. (Nebenbei zeigt sich hier einmal mehr die Unverzichtbarkeit des Begriffs der Intention für die Interpretationstheorie. Die Frage ist nämlich, ob die unterschiedliche Auszeichnung auf den Autor oder auf den Setzer zurückgeht.) Mein Einwand richtet sich also nicht gegen die Wahrheit von Frickes Interpretationsaussage und auch nicht gegen deren Begründung. Ich meine vielmehr, daß Fricke sich, und zwar zu recht, einer Argumentation bedient, die seinen eigenen Forderungen nicht genügt. In unserem Beispiel haben wir - ausnahmsweise - tatsächlich einen »einfachen empirischen Befund«, nämlich einen Unterschied im Schrifttyp vorliegen. Das Verhältnis dieses Befundes zu der (behaupteten oder

---

[8] H. Fricke, Norm und Abweichung, S. 218.

unterstellten) Interpretationsaussage ist aber nicht von der Art, daß letztere aus ersterem deduktiv folgt. Nichts anderes als die plausible Deutung eines empirischen Befundes liegt vor. Plausibel und nicht erzwingbar ist diese Deutung, weil die entsprechende Argumentation (in Verbindung mit einer Richtungsänderung des Bedeutens) vom Besonderen (dem empirischen Befund) zum Allgemeinen (dem Deutungsmuster) verläuft und damit nicht die bestimmende, sondern die reflektierende Urteilskraft als Instanz zu bemühen ist. Hierin ist auch der Grund zu suchen, warum Deutungen grundsätzlich nicht abschließbar sind.[9] Und dieser Sachverhalt ist nicht damit zu verwechseln, daß empirische Aussagen falsifiziert werden könnten. Der übliche Begriff der Falsifikation ist in der Literaturwissenschaft gar nicht anwendbar, weil deren Prüfbarkeitsverfahren eben nicht prognoseträchtig sind. Geltung in der Literaturwissenschaft kann also weder danach bemessen werden, ob Falsifikationsversuche gescheitert sind, noch danach, ob ein deduktiver Beweis vorliegt. Wir haben es hier mit Indizienbeweisen zu tun, die mehr oder weniger plausibel sind. Es geht, insbesondere bei der Interpretation von Texten, darum, Evidenzen für ein bestimmtes Verständnis beizubringen. Aus diesem Grunde bestehen große Teile literaturwissenschaftlicher Beschreibungssprache auch gar nicht aus Behauptungen, sondern aus Hinweisen, die sich dann zu einem Verständnis akkumulativ zusammenfügen. So ist ja auch die oben betrachtete Bemerkung zum »Schlageter«, daß die französischen Sätze in Antiqua als »Fremdkörper« in dem Fraktur-Text erscheinen, eher ein Hinweis zum besseren Verständnis, denn eine explizite Behauptung.

Wenn es nun in der Literaturwissenschaft darum geht, Verständnisse von Texten zu erschließen und dem Leser näher zu bringen, so sind auch die von Fricke kritisierten poetischen Elemente der literaturwissenschaftlichen Beschreibungssprache neu zu bewerten. Fricke weist diesen eine suggestive Funktion zu. Da er es selbst vermeidet, diese Funktion pejorativ zu bestimmen und als manipulativ abzulehnen, wird man seine eigene Bestimmung positiv aufgreifen können, um das Verfahren der Literaturwissenschaft zu beschreiben. Fricke bestimmt »Suggestion« terminologisch als »Bezeichnung für jede Art der Überredung oder Überzeugung, die sich nicht auf das Anführen von

---

[9] Vgl. zu diesen Zusammenhängen ausführlicher die Beiträge »Über Bedeutung in der Literatur« und »Zur Interpretation literarischer und philosophischer Texte«.

Gründen beschränkt, sondern ihr Ziel durch eine besondere äußere Form der Kommunikation zu erreichen sucht«.[10] Im Sinne *dieser* Bestimmung kann Literaturwissenschaft gar nicht anders, als suggestiv zu sein. Poetische Elemente, insbesondere Metaphern, sind *als solche* aus der literaturwissenschaftlichen Beschreibungssprache gar nicht zu verbannen. Kritik verdient nur ihr faktischer Gebrauch, wenn sie, wie in so vielen von Fricke untersuchten literaturwissenschaftlichen Arbeiten, eine bloß assoziative »Stimmungsmusik« machen, ohne eine wohlgesetzte, Verständnis erschließende Funktion zu haben.[11] Daß treffende Metaphern eine Erkenntnis und nicht nur Stimmung vermittelnde Kraft haben, wird ja auch in neueren analytischen Metapherntheorien ausdrücklich anerkannt.[12] Eine in diesem Sinne treffende Metapher ist Frickes eigene Verwendung des Ausdrucks »Fremdkörper« an der genannten Stelle. Die Konnotationen stimmen hier. Wesentlich scheint mir zu sein, daß in diesem Beispiel die Metaphorik lokal eingesetzt wird, bei der Erschließung des Verständnisses eines bestimmten Textes, einer bestimmten Textstelle. Daraus ergibt sich, daß ein solcher lokaler Gebrauch die Frage des Aufbaus einer literaturwissenschaftlichen Terminologie nicht berührt, wenn man nicht verlangt, daß die gesamte Sprache der Literaturwissenschaft terminologisiert ist, was angesichts der zu erfassenden Besonderheiten des Gegenstandsbereichs aber völlig unangebracht wäre.

Halten wir fest: Es geht nicht um die Anerkennung beliebiger Metaphorik, sondern solcher, die angemessen ist. Argumentative Überprüfung wird nicht verabschiedet, sondern über die Wahrheit von Aussagen hinaus auf die Angemessenheit (Adäquatheit) anderer sprachlicher Äußerungen ausgedehnt. Wenn wir Fricke darin widersprochen haben, daß und wie er die Forderung nach einem Aufbau einer literaturwissenschaftlichen Terminologie aus der Forderung der Wahrheitsfähigkeit abgeleitet hat, so bedeutet dies keineswegs den

---

[10] H. Fricke, Die Sprache der Literaturwissenschft, S. 182, Anm. 184.
[11] B. Spillner, Termini und Sprachfunktionen in der literaturwissenschaftlichen Fachsprache, in: Wissenschaftssprache. Beiträge zur Methodologie, theoretischen Fundierung und Deskription, ed. Th. Bungarten, München 1981, S. 372-403, dort S. 398.
[12] Vgl. z.B. Nelson Goodman, Languages of Art. An Approach to a Theory of Symbols, Indianapolis 1968, S. 77ff. Zum Erkenntniswert von Metaphern vgl. im vorliegenden Band insbesondere den Beitrag »Der Logiker als Metaphoriker«.

Verzicht auf definitorische Bemühungen in der Literaturwissenschaft. Haben sich Frickes allgemeine wissenschaftstheoretischen Forderungen als strenger erwiesen, als er sie - glücklicherweise - in seiner überzeugenden literaturwissenschaftlichen Praxis selbst befolgt, so haben wir nun seine Konsequenzen zu prüfen, die sich aus seinen Voraussetzungen für die Forderungen an den Aufbau einer literaturwissenschaftlichen Terminologie ergeben.

Fricke leitet seine Vorschläge aus zwei Forderungen an die literaturwissenschaftliche Beschreibungssprache ab: Sie muß nicht nur wahrheitsfähig sein, sondern außerdem »eine reflexive Anwendung der literaturwissenschaftlichen Forschungsergebnisse ermöglichen«.[13] Das Problem ist deshalb, welcher Definitionsart(en) man sich bedienen soll, um wissenschaftliche Präzision mit Verständlichkeit für den Leser zu verbinden. Hier bietet sich das Carnapsche Verfahren der *Explikation* als Rekonstruktion bereits in Gebrauch befindlicher Ausdrücke an:

> »Explizite Begriffsfestsetzungen sollten in der Sprache der Literaturwissenschaft nicht durch willkürliche Definitionen eindrucksvoller Kunstwörter, sondern soweit wie irgend möglich durch die *Explikation* standardsprachlicher Begriffe erfolgen.«[14]

Erscheint bei Fricke die Forderung der Verständlichkeit fast als Zugeständnis[15], in dessen Gefolge gewisse definitionstheoretische Abstriche am Ideal einer Wissenschaftssprache zu machen sind, so vertrete ich hier umgekehrt die Auffassung, daß nicht die Wahrheitsfähigkeit, sondern eine mit Genauigkeit gepaarte Verständlichkeit der methodologische Hauptgesichtspunkt einer literaturwissenschaftlichen Sprache zu sein hat. Dabei ist hervorzuheben, daß die hier geforderte Genauigkeit keineswegs mit einer terminologischen Festlegung (Exaktheit) identisch ist. Für die Verständlichkeit der literaturwissenschaftlichen Beschreibungssprache ist es vielfach hinreichend, daß der Sprachgebrauch erläutert wird, z.B. durch *exemplarische Bestimmungen*, d.h. durch die Angabe von Beispielen und Gegenbeispielen (eventuell gestützt durch die Angabe notwendiger Merkmale in Form von Prädikatorenregeln). Der Tradition folgend möchte ich diesen Grad von Genauigkeit *Klarheit* nennen. Von *Deutlichkeit* können wir dann sprechen, wenn eine explizite Definition

---

[13] H. Fricke, Die Sprache der Literaturwissenschaft, S. 253.
[14] A. a. O., S. 256.
[15] A. a. O., S. 261.

mit der Angabe *aller* notwendigen und damit auch *hinreichenden* Merkmale vorliegt. Im Rahmen einer literaturwissenschaftlichen Beschreibungssprache gehört es zu den Erfordernissen der Verständlichkeit, daß es keine Deutlichkeit ohne Klarheit gibt. Die Umkehrung gilt nach unseren Ausführungen gerade nicht.

Ein klarer oder deutlicher Sprachgebrauch kann überdies partikulär sein, d.h. in sich verstehbar, ohne allgemein verbindlich zu sein. Ich kann den Sprachgebrauch eines anderen verstehen, ohne ihn zu teilen. So gesehen könnte die Forderung der Verständlichkeit als Klarheit oder Deutlichkeit in der literaturwissenschaftlichen Beschreibungssprache erfüllt werden, ohne daß man sich überhaupt auf einen *gemeinsamen* Sprachgebrauch einigen müßte (vgl. die Eingangsbemerkungen). Dies gilt es zu beachten, weil wir sonst den Stellenwert des Aufbaus einer literaturwissenschaftlichen Terminologie für die Literaturwissenschaft überbewerten würden. Der von Fricke und anderen beklagte Zustand des literaturwissenschaftlichen Sprechens ist nämlich nicht in erster Linie auf das Fehlen einer gemeinsamen exakten Terminologie zurückzuführen. Er besteht eher darin, daß gerade die außerterminologische Sprache, in der die lokalen Besonderheiten eines Textes analysiert werden, nicht genau genug ist. Die hier erforderliche Genauigkeit läßt sich deshalb nicht durch den Aufbau einer Terminologie erreichen, sondern hier hilft nur sprachliche »Selbstzucht« im Einzelfall, ohne daß dies den Ausschluß sogenannter poetischer Rede wie insbesondere der Metaphorik bedeuten würde. Welcher Stellenwert kommt dann aber einer literaturwissenschaftlichen Terminologie zu?

Bei Fricke ist Verständlichkeit von vornherein auf Gemeinschaftlichkeit ausgerichtet. Dies ergibt sich aus seiner Bestimmung, daß der Literaturwissenschaft die reflexive Aufgabe der »Bewältigung kommunikativer Probleme« zufällt.[16] So versteht sich das Bemühen um eine *gemeinsame* Terminologie. Fricke argumentiert aber nicht nur für eine gemeinsame Terminologie, sondern auch für eine normierte Terminologie. Im Rahmen der Definitionstheorie unterscheidet man zwischen *lexikalischen Definitionen* als Feststellungen über den bisherigen Sprachgebrauch und *stipulativen Definitionen* als Festsetzungen für den zukünftigen Sprachgebrauch. Das für den Aufbau der literaturwissenschaftlichen Terminologie vorgeschlagene Verfahren der

---

[16] A. a. O., S. 255, vgl. S. 249.

Explikation verbindet beide Definitionsarten miteinander, indem es bei der Normierung dem bisherigen Sprachgebrauch soweit wie möglich Rechnung trägt. Warum solche Sprachnormierungen für die Allgemeinheit? Deren Forderung läßt sich nicht allein aus der Forderung nach Exaktheit ableiten; denn Exaktheit läßt sich auch esoterisch realisieren (Freges Begriffsschrift war vormals ein solcher Fall). Die Forderung nach einer allgemein anerkannten Sprachnormierung ergibt sich auch für Fricke wegen »der besonderen Form schriftlicher öffentlicher Kommunikation«.[17] Die Sprachnormierungen sollen zusammengetragen einen terminologischen Bestand ausmachen, der für weitere Untersuchungen gemeinsam zur Verfügung steht, ohne daß jeder seine eigene Terminologie, der Forderung nach Verständlichkeit folgend, neu explizieren müßte. Die Literaturwissenschaft hätte, dies scheint die Perspektive zu sein, einen wesentlichen Schritt getan, eine »normal science« (T. S. Kuhn) zu werden. Fragen wir also, kann und soll eine literaturwissenschaftliche Terminologie solchen Vorstellungen folgen?

Zunächst einmal kann es sicher nicht darum gehen, Sprachnormierungen »dudenmäßig« verbindlich zu machen. So sind die Explikationen nicht eigentlich als Normierungen, sondern als Normierungsvorschläge zu verstehen, von denen abgewichen werden kann und die für neue Entwicklungen offen sind:

> »Auf diese systematische Sammlung von Explikaten könnte sich jeder Literaturwissenschaftler zur abkürzenden Erläuterung seines Sprachgebrauchs beziehen, bei eventuellen Vorbehalten jedoch auch seine eigene Explikation vornehmen; so ließe sich zugleich eine gewisse Kontinuität der literaturwissenschaftlichen Forschung wie auch die notwendige Offenheit gegenüber neuen Entwicklungen sichern.«[18]

Da solche Entwicklungen in der Natur des Gegenstandsbereichs, der sich historisch verändernden Literatur, begründet sind, ist die Offenheit nicht nur aus externen Gründen faktisch gegeben, sondern aus internen Gründen sogar prinzipiell notwendig. Dieser Umstand läßt es fraglich erscheinen, ob hier überhaupt sinnvoll von »Normierungen« gesprochen werden kann.

Betrachten wir ein einfaches Beispiel einer Explikation außerhalb der Literaturwissenschaft, um den Unterschied zu Explikationen innerhalb der Literaturwissenschaft zu verdeutlichen. Bekanntlich expliziert die

---

[17] A. a. O., S. 262.
[18] A. a. O., S. 263.

Biologie den Begriff »Fisch« abweichend von der Gebrauchssprache in der Weise, daß nicht alle größeren »Wasserlebewesen« darunterfallen. So ist der gebrauchssprachlich so genannte »Walfisch« in der biologischen Terminologie kein Fisch, sondern ein Säugetier. Für die Zwecke einer systematischen Wissenschaft wie der Biologie ist eine solche Sprachnormierung auf der Grundlage einer begründeten Neuklassifikation sinnvoll und im Rahmen dieser Wissenschaft ja auch allgemein anerkannt. Für die Zwecke einer historischen Wissenschaft wie der Literaturwissenschaft ist ein solches Unterfangen jedoch problematisch, weil eine nach den Gegebenheiten der modernen Literatur vorgenommene Klassifikation den Gegebenheiten älterer Literatur unangemessen sein kann. Erschwerend kommt hinzu, daß wir es in der Biologie mit natürlichen, in der Literaturwissenschaft aber mit intentionalen Gegebenheiten zu tun haben. Der Schöpfer der Natur unterläuft nicht wie die Schöpfer literarischer Werke »absichtlich« unsere Klassifikationen durch »Abweichungen«. Dieser Sachverhalt ist insbesondere in der Gattungstheorie ausführlich und erhellend diskutiert worden.[19] Um ihm Rechnung zu tragen, d.h. die Angemessenheit der Begriffsbildungen den historischen Gegenständen gegenüber zu bewahren und den Anspruch einer Wissenschaft zu sichern, hat man in der Gattungstheorie sinnvollerweise unterschieden zwischen historischen und ahistorischen Beschreibungskategorien, wie z.B. »Gattung« vs. »Schreibweise«[20] oder »Genre« vs. »literarische Textsorte«[21]. Als Lösung des genannten Problems scheint sich dann die folgende anzubieten: Die Explikation der entsprechenden *historischen* Beschreibungsbegriffe hat so zu erfolgen, daß diese nicht auf eine einzige Bestimmung, sondern auf mehrere voneinander abweichende Bestimmungen hinausläuft, unter Angabe der historisch begrenzten Klasse von Texten, auf die sie sich jeweils zu beziehen beanspruchen. Die Explikation der entsprechenden *ahistorischen* Beschreibungsbegriffe käme dagegen ohne die genannte Beschränkung aus. Lassen sich, so ist nun unsere Frage, unter diesen Voraussetzungen die jeweiligen Explikationen als Sprachnormierungen oder Vorschläge zu solchen Normierungen verstehen? Um dies entscheiden zu können,

---

[19] Vgl. K. W. Hempfer, Gattungstheorie. Information und Synthese, München 1973.
[20] K. W. Hempfer, a. a. O., S. 26ff.; ferner T. Verweyen/G. Witting, Die Parodie in der neueren deutschen Literatur, Darmstadt 1979, S. 108ff.
[21] H. Fricke, Norm und Abweichung, S. 132ff.

ist ein Blick auf die Stellung der Explikationen innerhalb der Wissenschaften erforderlich.

Als eine von der Literaturwissenschaft sehr verschiedene Wissenschaft können wir die Arithmetik betrachten. Arithmetik kann sinnvoll betrieben werden, ohne die Explikation des Anzahlbegriffs, wie sie von Frege und anderen vorgenommen worden ist, mitzuführen. Dem Einzelwissenschaftler genügt das Ergebnis der Explikation, die abschließende Definition als Angabe des Explikats für das Explikandum. (Dem Wissenschaftshistoriker und dem Wissenschaftstheoretiker genügt das bloße Ergebnis freilich nicht.) In einer Wissenschaft wie der Mathematik stehen die Definitionen der einschlägigen Termini systematisch betrachtet am Anfang. Wissenschaftliche Ergebnisse ergeben sich erst logisch später unter Benutzung dieser Definitionen. Entsprechendes gilt wohl allgemein für die exakten Wissenschaften, für die Carnap seine Konzeption der Explikation entwickelt hat. Ganz anders ist die Situation in einer hermeneutischen Wissenschaft wie der Literaturwissenschaft. Hier stehen Definitionen weniger am Anfang, sondern eher am Ende der Untersuchung. Wir gehen nicht erst nach der Definition unserer Termini zu eigentlicher wissenschaftlicher Arbeit über, etwa der Ableitung oder Begründung von Aussagen. Vielmehr ist es umgekehrt so, daß Definitionen das zusammengefaßte Ergebnis der literaturwissenschaftlichen Arbeit selbst darstellen. Deshalb kann die definitorische Gleichsetzung von Explikandum und Explikat auch niemals die in der Explikation selbst geleistete Erkenntnisarbeit ersetzen, wie dies nach Carnaps Vorstellung mit der Einordnung des Explikandums in eine exakte Wissenschaftssprache vorgesehen ist. Sorgfältige Explikationen solcher Gattungsbegriffe wie »Parodie«[22] oder »Aphorismus«[23] machen ganze Bücher aus und lassen sich nicht auf ihre definitorischen Ergebnisse reduzieren. Die weitere Arbeit mit ihnen ist nicht so zu denken, daß sie die exakten terminologischen Voraussetzungen für deduktive Schlußfolgerungen liefern, sondern so, daß sie selbst in neuen Untersuchungen unter Einschluß neuer Explikationen auf ihre Angemessenheit hin überprüft werden. Wenn das jeweilige Ergebnis auch die Form eines begründeten Wortgebrauchsvorschlags annehmen mag, so verbirgt sich dahinter doch eher eine Sacherklärung im traditionellen Sinne. Einem

---

[22] Vgl. die bereits genannte Arbeit von T. Verweyen/G. Witting.
[23] H. Fricke, Aphorismus, Stuttgart 1984.

solchen Wortgebrauchsvorschlag allgemeine Verbindlichkeit auch nur zuzumuten, hieße, Sachfragen im terminologischen Handstreich lösen zu wollen. Tatsächlich geschieht dies auch nicht, es scheint aber unter Wissenschaftstheoretikern die Auffassung vorzuherrschen, daß man auch in der Literaturwissenschaft nach dem Muster der exakten Wissenschaften verfahren könne: erst einmal die definitorischen Fragen zu klären, um dann zu Sacherkenntnissen zu kommen. Mag eine Unterscheidung von Definitionen und Aussagen in den exakten Wissenschaften aus methodologischen Gründen geboten sein - der Sache nach läßt sie sich auch hier nicht streng durchführen -, für die Literaturwissenschaft jedenfalls gilt: Explikationen sind die Sache selbst. Zumindest gilt dies für einen Bereich wie die Gattungstheorie, weniger wohl für den Bereich der Metrik, aber sicher noch mehr für den Bereich literarischer Bewegungen oder gar poetologischer Leitbegriffe, wie z.B. »Realismus«. Hier haben wir es zusätzlich mit dem Problem des Verhältnisses von Definitionen und Interessen zu tun.[24]

Daß Explikationen in der Literaturwissenschaft einen anderen Stellenwert haben als in den exakten Wissenschaften, belegt Carnaps Formulierung des Kriteriums der *Fruchtbarkeit*. Danach soll das Explikat, also die exakte Bestimmung des Explikandums, die Aufstellung möglichst vieler Gesetze und Lehrsätze ermöglichen.[25] In dieser Formulierung macht das Kriterium für die Literaturwissenschaft ersichtlich keinen Sinn. Man wird es für diese (und andere hermeneutische Wissenschaften) dahingehend umformulieren können, daß Explikationen ihre Aussagekraft gerade umgekehrt, nicht im Allgemeinen, sondern im Besonderen, in Analysen (Interpretationen) einzelner Texte zu erweisen haben, indem sie relevante Unterschiede und Ähnlichkeiten im Gegenstandsbereich zu formulieren ermöglichen. Bedeuten kann das aber nicht, daß sie als terminologische Vorschläge für die Einzelanalyse verbindlich wären. Hier besteht nämlich häufig gar kein Grund, in der Terminologie dem Ergebnis einer Explikation zu folgen, und sei diese ansonsten noch so vorbildlich. Die Explikation bildet hier den Hintergrund, der eine bewußte Abweichung von ihrem Ergebnis, dem Explikat, gerade ermöglicht. Im Anschluß an seine Explikation von »Aphoris-

---

[24] Vgl. dazu den Beitrag »Wissenschaftliche Begriffsbildung und Theoriewahldiskurse«.

[25] R. Carnap/W. Stegmüller, Induktive Logik und Wahrscheinlichkeit, Wien 1959, S. 12ff.

mus«, verstanden als »literarische Textsorte«, sagt Fricke unter anderem von Schopenhauers »Aphorismen zur Lebensweisheit«: »Diese ›Aphorismen‹ sind Aphorismen so wenig wie der ›Walfisch‹ ein Fisch und wie Hegels ›Logik‹ eine Logik.«[26] Wie soll diese Aussage verstanden werden? Sie klingt geradezu wie eine Wesensaussage. Nach Frickes eigenen wissenschaftstheoretischen Voraussetzungen kann sie aber nur meinen, daß Schopenhauers Text nach Frickes Wortgebrauchs*vorschlag* die Bezeichnung »Aphorismen« nicht zukommt. Deswegen brauchen wir uns im Rahmen einer Analyse dieses Textes den Terminus »Aphorismus« jedoch nicht zu versagen, wenn wir angeben, wie wir diesen Terminus mit Bezug auf Schopenhauer und im Anschluß an dessen Wortgebrauch zu verstehen haben, nämlich so, daß die Darstellung »auf dem gewöhnlichen empirischen Standpunkt bleibt« und »keinen Anspruch auf Vollständigkeit« macht (so Schopenhauer nach Frickes eigenem Zitat).[27]

Als Folgerung ergibt sich, daß wir Explikationen in der Literaturwissenschaft nicht nach Carnaps Muster für die exakten Wissenschaften so verstehen sollten, daß das Explikandum *ausschließlich* im Sinne des Explikats zu verwenden ist. Weil es in der Literaturwissenschaft nicht um die Ableitung allgemeiner Sätze, sondern um die Analyse besonderer Texte geht, muß eine lokal abweichende Terminologie legitim sein. Daraus ergibt sich abschließend auch eine Bewertung der Forderung nach strenger Begrenzung der Begriffe. Explikationen mögen versuchsweise eine solche Begrenzung im Sinne der Deutlichkeit der Begriffe vornehmen, das kann aber nicht heißen, daß die literaturwissenschaftliche Terminologie, das Sprechen in der Literaturwissenschaft, auf eine solche Begrenzung festgelegt wäre. Deshalb sind Explikationen in der Literaturwissenschaft nicht als Wortgebrauchsnormierungen zu konzipieren, und ein Lexikon der literaturwissenschaftlichen Terminologie kann aus diesem Grund kein Ortholexikon im Sinne P. Lorenzens sein.[28] Es sollte aus Explikationen bestehen, aber nicht zum Zwecke der Normierung der literaturwissenschaftlichen Beschreibungssprache, sondern zum Zwecke der übersichtlichen Gliederung des literaturwissenschaftlichen Gegenstandsbereichs. Wie klar und deutlich soll eine

---

[26] H. Fricke, Norm und Abweichung, S. 158.
[27] H. Fricke, Aphorismus, S. 43.
[28] P. Lorenzen/O. Schwemmer, Konstruktive Logik, Ethik und Wissenschaftstheorie, Mannheim u.a. 1973, S. 223ff.

literaturwissenschaftliche Terminologie, soll die Sprache des Literaturwissenschaftlers sein? So klar wie möglich und so deutlich wie nötig.

»SACHEN GIBT'S, DIE GIBT'S GAR NICHT«. SIND LITERARISCHE FIGUREN FIKTIVE GEGENSTÄNDE?

Literatur und Fiktion sind zwei grundsätzlich unterschiedene Bereiche, die aber in der Dichtung zusammentreffen, insofern wir es hier mit fiktionaler Literatur zu tun haben. Wir sind in dem Beitrag »Über Bedeutung in der Literatur« den semantischen Bedingungen dafür nachgegangen, wie Dichtung trotz ihrer Fiktionalität Erkenntnis vermitteln kann. Dem Literaturtheoretiker mögen die dort gegebenen Erläuterungen zum Begriff der Fiktionalität genügen, nicht so dem Logiker. Seit Frege gibt es eine durchgehende Tradition der logischen Analyse fiktionaler Rede, die über A. Meinong, B. Russell, H. Reichenbach, P. F. Strawson, W. V. O. Quine, N. Goodman, J. R. Searle, D. Lewis bis in die Gegenwart reicht. Den meisten dieser Autoren ist allerdings weniger an der Frage der Wahrheit oder des Erkenntniswertes der Dichtung gelegen, und wo es Auskünfte hierzu gibt, sind sie deshalb auch meistens unzureichend. Für Logiker ist fiktionale Rede in ganz anderer Hinsicht von Belang. Sie stellt nämlich eine Herausforderung an sie dar, unter Beweis zu stellen, daß ihre Theorien eine angemessene Behandlung *auch* der sich hier ergebenden besonderen Probleme ermöglichen, oder umgekehrt gesagt, daß von fiktionaler Rede keine Gefährdung des eigenen Paradigmas von logischer Sprachanalyse ausgeht. Die Frage »Wie hältst Du es mit der fiktionalen Rede?« wird damit zur dauernden Gretchenfrage an die Logik und eine logisch orientierte Sprachphilosophie. Eine wichtige Rolle hat in der logisch-analytischen Debatte das Thema der Anerkennung fiktiver Gegenstände gespielt. Ein Zusammenhang mit der Literaturtheorie besteht hier nicht unmittelbar, stellt sich aber mit der Frage danach ein, welche ontologischen Voraussetzungen mit dem Verstehen fiktionaler Texte verbunden sind. (Dies wird z. B. in den Arbeiten von R. Ingarden deutlich.) Es fragt sich dann etwa, worüber wir eigentlich reden, wenn wir uns auf literarische Figuren beziehen. Haben wir diese Figuren als fiktive Gegenstände zu denken oder läßt sich eine Analyse vorlegen, die derartig starke ontologische Voraussetzungen unnötig macht? Die Anerkennung solcher und anderer »Sachen, die es gar nicht gibt« ist in der Tradition besonders von A. Meinong befürwortet worden, der sie jenseits von Sein und Nichtsein ansiedelte.

Nachdem diese Position lange Zeit als in sich widersprüchlich gegolten hatte, hat Meinongs »Jenseits« in den vergangenen Jahren verschiedene Wiederentdeckungen gefunden. Von besonderer Bedeutung sind dabei die Arbeiten von Terence Parsons, weil dieser sich nicht nur um eine widerspruchsfreie Rekonstruktion der Meinongschen Gegenstandstheorie bemüht hat, sondern darüber hinaus sogar deren Überlegenheit gegenüber alternativen Theorien behauptet hat.[1]

Die folgenden Bemerkungen beziehen sich auf Parsons' Aufsatz »Fregean Theories of Fictional Objects«.[2] Parsons versucht dort an ausgewählten Beispielsätzen zu zeigen, daß die üblichen Paraphrasen mit dem Ziel, die Anerkennung nicht-existierender Gegenstände zu vermeiden, nicht immer gelingen. Dabei untersucht er als mögliche Alternative zu seinem eigenen Meinongschen Ansatz einen Fregeschen Ansatz, der darauf hinausläuft, fiktive Gegenstände als intensionale Gegenstände aufzufassen. Auch diese Alternative wird von ihm als unzureichend verworfen. Entgegen den Überlegungen von Parsons soll im folgenden eine adäquate Paraphrase seiner Beispielsätze vorgelegt werden, die unter Verwendung Fregescher Unterscheidungen ohne die Anerkennung fiktiver Gegenstände auskommt und darüberhinaus sogar vermeidet, die Fregeschen Sinngebilde als intensionale Gegenstände aufzufassen. Im Ergebnis bedeutet dies, daß die von Parsons als unvermeidlich angesehenen ontologischen Zugeständnisse (hinsichtlich nicht-existierender Gegenstände) tatsächlich vermeidbar sind und daß die Theorie der Fiktion ohne diese Zugeständnisse auskommt.

Der Einführung des Aufsatzes ist zu entnehmen, daß Parsons seiner eigenen »quasi-Meinongschen« Theorie von Kritikern der Hinweis auf die Fregesche Theorie entgegengehalten worden ist - mit guten Gründen, wie ich meine. Parsons meint nun feststellen zu können, daß es eine solche Theorie bislang gar nicht gibt. In der Tat hat sich Frege selbst nicht zur Möglichkeit fiktiver Gegenstände geäußert; er hat aber, worauf Parsons auch hinweist, Unterscheidungen angeboten, die Ansätze zu einer solchen Theorie liefern, z. B. die Unterscheidung von gerader und ungerader Rede. In diesem Sinne kann man vielleicht nicht von einer Fregeschen »Theorie« sprechen, aber doch von einem Fregeschen »An-

---

[1] Vgl. insbesondere die systematische Darstellung: Nonexistent Objects, New Haven 1980.
[2] Erschienen in: Topoi 1-2 (1982), S. 81-87, dt. Übersetzung der wesentlichen Teile in: Fiktion: Frege vs. Meinong, Zeitschrift für Semiotik 9 (1987), S. 51-66.

satz«. Und an derlei werden die von Parsons erwähnten Kritiker wohl gedacht haben, als sie ihm rieten, erst einmal bei Frege nachzusehen, bevor er sich auf den Weg in Meinongs Jenseits mache. Da Parsons, wie gesagt, Fregesche Theorien fiktionaler Gegenstände zu vermissen meint, geht er so vor, daß er zunächst selbst, ausgehend von Freges Unterscheidungen in »Über Sinn und Bedeutung«[3], eine Formulierung dessen gibt, was eine Fregesche Theorie heißen könnte. Dann bringt er Beispiele von Sätzen, die seiner Ansicht nach eine solche Theorie in Schwierigkeiten bringen.

Ich will hier nicht der Frage nachgehen, ob die von Parsons so genannte »Fregesche Theorie« ihren Namen zu Recht trägt. Ihr wichtigster Aspekt ist, daß fiktive Gegenstände als Individualbegriffe (Individuenbegriffe) im Sinne Carnaps verstanden werden. Die Theorie ist daher eher eine Frege-Carnapsche Theorie; Parsons' Frege ist der Frege Carnaps. Ich erwähne diesen Punkt, weil den folgenden Analysen ein anderer als der von Parsons vorgestellte Fregesche Ansatz zugrunde liegt, ein eher Frege-Wittgensteinscher Ansatz.[4] Ich verzichte deshalb auch auf ein Referat der Ausführungen von Parsons, insbesondere auf eine detaillierte Prüfung, ob die als Fregesche Theorie fiktionaler Gegenstände ausgegebene Theorie tatsächlich in die beanstandeten Schwierigkeiten kommt. Stattdessen wende ich mich direkt der Analyse der von Parsons als Komplikationsfälle betrachteten Beispielsätze zu und stelle angesichts dieser Fälle die weitergehende Frage: Geben uns Freges Unterscheidungen ein Verfahren in die Hand, das es uns erlaubt, alle Sätze, in denen fiktionale Eigennamen (oder andere Ausdrücke, die sich auf fiktive Gegenstände zu beziehen scheinen) vorkommen, zu verstehen, ohne zur Anerkennung fiktiver Gegenstände gezwungen zu sein; oder gibt es Fälle, in denen ein solches Verfahren versagt, so daß auch ein Fregescher Ansatz die Annahme fiktiver Gegenstände nicht verhindern kann?

Diese Frage ist insofern weitergehend, als es nicht um die Verteidigung einer alternativen Theorie fiktiver Gegenstände geht, sondern eher um einen Fregeschen Weg, solche Gegenstände zu »umgehen«. Das allge-

---

[3] Neudruck in: G. Frege, Funktion, Begriff, Bedeutung, ed. G. Patzig, Göttingen 1975, S. 40-65.
[4] Vgl. G. Gabriel, Fiktion und Wahrheit. Eine semantische Theorie der Literatur, Stuttgart-Bad Cannstatt 1975, S. 33-42; ferner ders., Fiction - A Semantic Approach, Poetics 8 (1979), S. 245-255, dort S. 249-253.

meine, dabei zugrunde gelegte Verfahren sei kurz erläutert: Sätze der genannten Art werden so analysiert, daß deren scheinbarer Bezug auf fiktive Gegenstände durch einen Bezug auf fiktionale Namen, fiktionale Texte, fiktionale Sinngebilde oder auf Kombinationen dieser drei ersetzt wird. Die fiktionalen Sinngebilde (des Individuentyps) verdienen hier besondere Beachtung. Sie übernehmen die Rolle der Carnapschen Individualbegriffe, allerdings mit einer wesentlichen Nuance. Diese besteht darin, daß Sinngebilde aufgefaßt werden als mit sprachlichen Zeichen (Texten) verbundene und an sprachliche Zeichen (Texte) gebundene Verständnisse, was nicht heißt, daß ein bestimmtes Sinngebilde an genau ein bestimmtes Zeichen gebunden ist. Wenn in den folgenden Analysen Sätze verwendet werden, die solche Verständnisse insofern zum Gegenstand haben, als sie etwas über sie aussagen, so ist damit nicht die Anerkennung dieser Verständnisse als intensionaler Gegenstände im ontologischen Sinne verbunden. Die *Thematisierung* von Verständnissen (Sinngebilden) impliziert nicht deren *Hypostasierung*. Andererseits wird aber die Rede von Sinngebilden und damit Intensionen als unverzichtbar angesehen und deshalb auch benutzt, so daß hier keinem extensionalistischen Nominalismus das Wort geredet wird. Dieser allgemeine Grundgedanke, auf den im folgenden noch zurückzukommen sein wird, ist im Auge zu behalten, wenn nun zunächst die besonderen Parsonsschen Sätze analysiert werden. Sie lauten (in Übersetzung):

(1) Sherlock Holmes ist ein fiktiver Detektiv, der berühmter ist als jeder wirkliche (lebende oder tote) Detektiv.
(Bei Parsons ist Sherlock Holmes ein *fiktionaler* (fictional) Detektiv, nicht ein *fiktiver*. Ich unterscheide »fiktiv« als Prädikat von Gegenständen von »fiktional« als Prädikat von Texten, Geschichten, Diskursen o.ä. Diese Unterscheidung ist wichtig, da es gerade darum geht, ob die Terminologie der »fiktiven Gegenstände« auf die Terminologie der »fiktionalen Rede« zurückführbar ist.)
(2) Ein gewisser fiktiver Detektiv ist berühmter als jeder wirkliche Detektiv.
(3) Einige fiktive Charaktere (Figuren), die wirklichen Menschen nachgebildet sind, sind weniger lebensnah als andere, die vollständig Produkte der Einbildungskraft ihrer Autoren sind.
(4) Die Dinge würden besser laufen, falls gewisse Politiker, die (unglücklicherweise) nur in der Fiktion existieren, dieses Land leiten würden, statt derjenigen, die wir jetzt haben.[5] (Anmerkung S. 137)

SIND LITERARISCHE FIGUREN FIKTIVE GEGENSTÄNDE?

Wenn im weiteren, dem Sprachgebrauch Parsons' folgend, von der Analyse von *Sätzen* die Rede ist, so handelt es sich dabei streng genommen um eine Analyse des behauptenden Gebrauchs dieser Sätze. Im vorliegenden Falle dürfte sich ein solcher Zusatz zwar von selbst verstehen, in anderen Fällen führt es aber zu Verwirrungen, zwischen fiktionalem und behauptendem Gebrauch desselben Satzes (z.B. des Satzes »Sherlock Holmes wohnte in der Baker Street«) nicht zu unterscheiden.[6]

Parsons behauptet nun, daß es für die Sätze (1)-(4) keine der üblichen Paraphrasen gibt, die uns die Anerkennung fiktiver Gegenstände vermeiden läßt. Er versteht dabei (dem üblichen Verständnis folgend) unter einer Paraphrase die Übersetzung des ganzen Satzes in eine »logisch durchsichtige Notation« (logically perspicuous notation). Meines Erachtens bereiten hier Sätze des Typs (2) die meisten Schwierigkeiten. Mit ihnen werde ich mich daher im folgenden vornehmlich beschäftigen.

Versuchen wir erst einmal, die Eigentümlichkeit der genannten Sätze zu bestimmen. Sie besteht zunächst darin, daß die Sätze »gemischt« sind, indem in ihnen fiktive Charaktere mit wirklichen Personen verglichen werden. Dies ist aber nicht der ausschlaggebende Grund, warum die übliche Paraphrase nicht gelingt. Zum Beispiel bereitet der gemischte Satz[7]

(5) Freud analysierte Ödipus

keine Schwierigkeiten; denn was Freud tatsächlich analysierte, war nicht eine fiktive Person mit Namen »Ödipus«, sondern ein fiktional dargestelltes Verhalten und Geschehen, zugänglich anhand des *Textes* der gleichnamigen Tragödie des Sophokles. Die Aussagen, die Freud über Ödipus machte, sind demnach Aussagen der Art: Dem Drama von Sophokles zufolge war Ödipus so-und-so. (5) läßt sich also in der üblichen Weise paraphrasieren als

(5*) Freud analysierte, was dem Drama »Ödipus« zufolge Ödipus getan hat.

---

[5] Die Zählung der Sätze folgt nicht derjenigen von Parsons; die Sätze (1)-(4) sind bei Parsons die Sätze (4)-(7). So auch in der dt. Übersetzung.
[6] Vgl. dazu Verf., Fiction - A Semantic Approach, S. 251ff.
[7] Zu diesem Beispiel vgl. J. Woods, The Logic of Fiction, Den Haag 1974.

Und auch wenn wir nach Analogie von (2) Fiktion und Wirklichkeit in eine »echte« Beziehung bringen, haben wir eine Paraphrase anzubieten. Ersetzen wir in (2) den zweistelligen Beziehungsausdruck »ist berühmter als« durch »ist kleiner als« (im Sinne von Körpergröße), so erhalten wir den Satz

(6) Ein gewisser fiktiver Detektiv ist kleiner als jeder wirkliche Detektiv.

Satz (6) läßt sich paraphrasieren als:

(6*) Die Körpergröße, die gewissen Detektivromanen zufolge ein gewisser Detektiv hat, ist geringer als die Körpergröße jedes wirklichen Detektivs.

Wenn wir (2) entsprechend zu analysieren versuchen, so müssen wir feststellen, daß dieses nicht gelingt. Wir können *nicht* an Stelle von (2) sagen:

(2*) Die Berühmtheit, die gewissen Detektivromanen zufolge ein gewisser Detektiv hat, ist größer als die Berühmtheit jedes wirklichen Detektivs.

Wir können dieses deshalb nicht sagen, weil die Berühmtheit des Detektivs, um die es in (2) geht, nicht dessen Berühmtheit »in den Geschichten (Romanen)« ist. Da unsere Schwierigkeiten mit der Paraphrase nicht darauf zurückzuführen sind, daß wir es mit gemischten Sätzen zu tun haben, so liegt die Vermutung nahe, daß hier die Besonderheit des zweistelligen Ausdrucks »ist berühmter als« eine Rolle spielt (in Verbindung freilich damit, daß die beiden Stellen gemischt besetzt sind). Der Umstand, daß es sich bei (2) um eine quantifizierte Aussage (Existenzaussage) handelt, spielt anscheinend keine Rolle, denn die Quantifizierung läßt sich, wie das Beispiel (6*) zeigt, in anderen Fällen so verschieben, daß sie letztlich nicht über fiktive Gegenstände, sondern über fiktionale Texte geht. So läßt sich (6*) und damit (6) paraphrasieren als

(6**) Es gibt gewisse Detektivromane, denen zufolge es einen gewissen Detektiv von einer Körpergröße gibt, die geringer ist als die Körpergröße jedes wirklichen Detektivs.

Zurück also zur Besonderheit des Ausdrucks »ist berühmter als«. Diese Besonderheit wird deutlich, wenn wir die beiden folgenden (wohl wahren) nicht gemischten Sätze miteinander vergleichen:

(7) Frege ist berühmter als Meinong.
(8) Meinong ist größer als Frege.[8]

Ein Unterschied zwischen diesen beiden Sätzen besteht offensichtlich darin, daß - vorausgesetzt beide Sätze sind wahr - Frege seine größere Berühmtheit gewissermaßen für andere hat, Meinong seine größere Körpergröße jedoch für sich. Anders ausgedrückt, Berühmtheit hat man nur mit Bezug auf eine sogenannte »öffentliche Meinung«, während einem seine eigene Körpergröße unabhängig von einer solchen Meinung an sich selbst zukommt. Dieser Umstand legt es nahe, zu vermuten, daß Prädikate wie »berühmter als« indirekte Kontexte erzeugen. Ein solcher Gedanke ist Parsons, wie er selbst (S. 83) erwähnt, bereits häufig vorgehalten worden. Als Gegenargument verweist er darauf, daß das salva-veritate-Prinzip für Kontexte des Prädikats »berühmter als« gilt, so daß diese keine indirekten sein könnten. In der Tat haben wir es nicht mit einem indirekten Kontext im üblichen Sinne zu tun; festzuhalten ist jedoch, daß »Berühmtheit« ein Meinungsprädikat ist, d.h., daß das Prädikat einem Gegenstand dann und nur dann zukommt, wenn eine bestimmte Meinung besteht. Aber dies ist noch nicht alles. Schauen wir uns genauer an, worauf sich diese Meinung erstreckt.

Ein Indiz für das richtige Verständnis auch der Berühmtheitssätze dürfte (in Anwendung des bekannten Wittgensteinschen Sinnkriteriums) sein, wie diese gegebenenfalls zu begründen (verifizieren) sind, falls jemand ihre Wahrheit in Zweifel zieht. Betrachten wir als Beispiel den Satz (7). Ich behaupte, daß eine Begründung für diesen Satz letztlich nicht anders erfolgen kann als durch den empirischen Nachweis, daß mehr Leuten der Name »Frege« bekannt ist als der Name »Meinong«. Der Name als bloßes sprachliches Gebilde freilich tut es nicht, sonst wäre jeder mit Namen »Müller« berühmter als Frege. Zur Kenntnis des Namens muß noch ein Verständnis dieses Namens hinzukommen. Was es mit diesem Verständnis auf sich hat, darüber sagen die verschiedenen Namenstheorien Unterschiedliches aus. Diese Unterschiede brauchen uns hier nicht zu beschäftigen.[9] Entscheidend ist, daß es bei der Feststellung, ob jemand berühmter ist als ein anderer, auf die Kenntnis des Namens in einer Öffentlichkeit wesentlich ankommt. Ziehen wir zum Vergleich den folgenden Satz heran.

---
[8] Natürlich nur im Sinne der Körpergröße!
[9] Siehe dazu den Beitrag »Die Bedeutung von Eigennamen«.

(9) Der Begründer der modernen Aussagen- und Prädikatenlogik ist berühmter als der Begründer der Gegenstandstheorie.

Ich bezweifle, daß wir derartiges behaupten könnten, wenn die Namen der beiden Begründer unbekannt geblieben wären, wenn wir nicht wüßten, *wer* diese Begründer sind. In solchen Fällen vergleichen wir allenfalls die Berühmtheit der Sachen (Theorien) mit einander:

(10) Die moderne Aussagen- und Prädikatenlogik ist berühmter als die Gegenstandstheorie.

Die Absurdität anonymer Berühmtheitsaussagen unterstreicht das folgende Beispiel:

(11) Der (oder die) Erfinder des Wagenrades ist (sind) berühmter als der (oder die) Erfinder des Ziehbrunnens.

Daß uns (11) so absurd vorkommt, liegt genau daran, daß niemand diese Erfinder namentlich kennt. Was hier (mit Bezug auf Parsons' Beispielsätze) von dem zweistelligen Ausdruck »berühmter als« gesagt wurde, gilt natürlich auch für den einstelligen Ausdruck »berühmt«. In diesem Sinne wollen wir festhalten: Ob jemand berühmt ist oder berühmter als ein anderer ist, läßt sich nur relativ zur Bekanntheit des jeweiligen Namens entscheiden. Die *Kenntnis* des Namens (d. i. nicht unbedingt die wirkliche Nennung, aber die potentielle Nennbarkeit des Namens) in einer Öffentlichkeit, bezüglich der die Berühmtheit festgestellt werden soll, ist eine notwendige Bedingung dafür, eine solche Feststellung treffen zu können. Daraus folgt, daß die von Parsons angenommene Extensionalität von Berühmtheitssätzen nur scheinbar ist. Die Substitution salva veritate ist nur möglich unter der stillschweigenden Voraussetzung (Präsupposition) der Bekanntheit des Namens. Hinzugefügt sei an dieser Stelle, daß Entsprechendes auch dann gilt, wenn die Personen (Figuren) nicht namentlich, sondern lediglich kennzeichnend gegeben (eingeführt) werden:

(12) Die Sieben Zwerge sind berühmter als die Fünf Weisen.
(13) Das tapfere Schneiderlein ist berühmter als jeder wirkliche Schneider.

Die bisherige Analyse soll an weiteren Beispielen noch bestätigt werden.

(14) Der Ehemann der am 15. 2. 1856 geb. Margarethe Lieseberg ist berühmter als der Begründer der Gegenstandstheorie.

(14) ist, falls (7) wahr ist, ebenfalls wahr, da der Ausdruck »der Ehemann der ...« eine Kennzeichnung Freges ist. Um festzustellen, ob (14) wahr ist, müssen sowohl der Feststellende als auch die Mitglieder des befragten Kreises, die die öffentliche Meinung repräsentieren, wissen, daß es sich um Frege handelt. Genauer gesagt müssen beide den Namen »Frege« (verbunden mit einem Verständnis) und die Kennzeichnung »der Ehemann der ...« auf dieselbe Person beziehen. Ein solches Wissen ist nicht erforderlich für die Feststellung der Wahrheit eines Satzes wie

(15) Der Ehemann der am 15. 2. 1856 geb. Margarethe Lieseberg ist größer als der Begründer der Gegenstandstheorie.

Auch die folgende Überlegung spricht für unsere Analyse. Sollte sich herausstellen, daß Frege die Werke, derentwegen er (in Philosophenkreisen) berühmt geworden ist, gar nicht selbst geschrieben hat, so ändert sich die Wahrheit von (7) dadurch nicht; vielleicht würde Frege dadurch sogar in weiteren Kreisen berühmt - dank des wissenschaftlichen Skandals. Berühmt ist man eben mit Bezug darauf, wofür man *gehalten* wird, nicht mit Bezug darauf, was man wirklich *ist*. Man kann zu Unrecht berühmt sein. Es kommt bloß darauf an, daß die Mitglieder des Kreises, die die öffentliche Meinung repräsentieren, etwas mit dem Namen verbinden, gleichgültig, was dieses ist und ob es zutrifft. Besagten Skandal einmal angenommen, so würde sich herausstellen, daß (9) im Unterschied zu (7) nicht wahr ist. Und bliebe der wirkliche Begründer der modernen Aussagen- und Prädikatenlogik unbekannt, so würde sich hieran auch nichts mehr ändern können. Wir könnten dann nur auf die Formulierung (10) zurückgreifen. Ganz anders die Wahrheit unseres Satzes (7): Sie würde nicht nur den genannten Skandal überstehen, sondern auch die Auflösung der historischen Person Frege. Wäre die Person Frege so im Dunkeln geblieben, daß auch historische und kausale Erklärungsversuche nach Art Donnellans und Kripkes scheitern würden, die Wahrheit von (7) bliebe unberührt. (Ein passenderes Beispiel wäre hier eine entsprechende Berühmtheitsaussage über Lao Tse als den historisch nicht zu bestimmenden mythischen Verfasser des »Tao Te King«).

Die Beispielanalysen abschließend kann man feststellen, daß Berühmtheitsaussagen indirekte Kontexte dadurch erzeugen, daß sie letztlich keine Aussagen über die Person selbst machen, sondern über deren Namen, verbunden mit einem unterstellten Verständnis dieser Namen. Wie sehr die Kenntnis der Namen hier Vorrang hat, sieht man daran, daß das unterstellte Verständnis der Namen unbestimmt bleiben kann. Für die von Parsons untersuchte Frege-Carnapsche Ersetzung fiktiver Gegenstände durch Individualbegriffe bedeutet dies, daß dieser Ansatz durch Parsons' Argumente am Beispiel seiner Berühmtheitsaussagen nicht widerlegt wird; denn Berühmtheitsaussagen sind in keinem Fall einfach Aussagen über Gegenstände, seien diese nun wirkliche oder (angeblich) fiktive. Die Schwierigkeiten, die Parsons für die von ihm so genannte Fregesche Theorie konstruiert, sind keine Schwierigkeiten dieser Theorie, sondern seiner eigenen Annahme, daß Berühmtheitsaussagen sich direkt auf Gegenstände beziehen. Die kritisierte Theorie wird sich also so aus der Affäre ziehen können, daß sie Parsons' Aussagen (1) und (2) nicht als direkte Aussagen über Individualbegriffe anerkennt, sondern sie als Aussagen über Namen und die mit ihnen verbundenen unbestimmten Verständnisse analysiert. Dies bedeutet freilich auch, daß sich die Einführung von Individualbegriffen soweit noch erübrigt. Die angedeutete Analyse ergibt dann:

(1*) »Sherlock Holmes« ist ein fiktionaler Detektivname, der (verbunden mit einem unbestimmten Verständnis) berühmter ist als der (mit einem unbestimmten Verständnis verbundene) Name jedes wirklichen (lebenden oder toten) Detektivs.

(2*) Ein gewisser fiktionaler Detektivname ist (verbunden mit einem unbestimmten Verständnis) berühmter als der (mit einem unbestimmten Verständnis verbundene) Name jedes wirklichen Detektivs.

Betrachten wir nun ein Beispiel, das in Parsons' Aufsatz zwar nicht vorkommt, das aber in seinem Sinne als Gegenbeispiel für die hier vorgeschlagene Analyse angeführt werden könnte.

(16) Die fiktive Hauptfigur der Romane A. C. Doyles ist berühmter als jeder wirkliche Detektiv.

Eine Analyse der bisherigen Art scheint uns hier nicht weiterzubringen. Tatsächlich stellt uns eine Umformulierung wie »Der Name der fiktiven Hauptfigur ...« vor die Frage, ob die Rede von (fiktiven) Romanfiguren nicht zur Anerkennung fiktiver Gegenstände zwingt. Hier böte sich nun die von Parsons beschriebene Frege-Carnapsche Theorie als Ausweg an, Romanfiguren usw. als Individualbegriffe zu fassen. Bedenklich scheint mir diese Lösung deshalb zu sein, weil sie zu einer Vergegenständlichung von Sinn führt. Wir haben auf diese Weise zwar die Anerkennung

SIND LITERARISCHE FIGUREN FIKTIVE GEGENSTÄNDE?

fiktiver Gegenstände vermieden, aber um den Preis der Anerkennung intensionaler Gegenstände. Man versteht Freges Auffassung, daß die ungerade Bedeutung von Ausdrücken deren normaler Sinn ist, dann so, daß die den Eigennamen (und Kennzeichnungen) in normaler Rede zugeordneten Sinngebilde in ungerader Rede zu intensionalen Gegenständen werden. Obwohl Frege dieses Verständnis manchmal nahelegt, ist es doch ein Schritt in die falsche Richtung. Die Unterscheidung zwischen Sinn und Bezeichnetem (Frege: »Sinn« und »Bedeutung«) ist eine solche der semantischen Rolle, die nicht mit einer ontologischen Rede von Gegenständen in Verbindung gebracht werden sollte. Aus dem Umstand, daß man in ungerader Rede über Sinngebilde redet, darf also nicht so ohne weiteres gefolgert werden, daß diese Sinngebilde ontologische Gegenstände besonderer Art sind.

Um auch die Anerkennung intensionaler Gegenstände zu vermeiden, wird man, wie eingangs angedeutet, den Bezug auf Sinngebilde analysieren als Bezug auf Verständnisse von sprachlichen Ausdrücken, d. h. auf sinnvolle Verwendungen sprachlicher Ausdrücke. Unter dieser Einschränkung sind dann fiktive Figuren aufzufassen als durch entsprechende fiktionale Texte konstituierte Sinngebilde (des Individuentyps). Eine Aussage wie

(17) Die Figur des fiktiven Erzählers in Thomas Manns »Doktor Faustus« ist widersprüchlich angelegt

zwingt uns somit (als Aussage über ein nur anhand des entsprechenden Textes zugängliches Sinngebilde) nicht einmal zur Anerkennung intensionaler Gegenstände, geschweige denn fiktiver, weil es genaugenommen die sinnvolle fiktionale Erzähler-Beschreibung ist, von der die Widersprüchlichkeit ausgesagt wird. Diese Auffassung kann insgesamt bei der Analyse von Sätzen mit textexternen Gegenstandsbestimmungen Anwendung finden:

(18) Der fiktive Erzähler in Thomas Manns »Doktor Faustus« ist verheiratet.
(18*) Die fiktionale Erzähler-Beschreibung in Thomas Manns »Doktor Faustus« schließt die Charakterisierung »verheiratet« ein.

Alle *möglichen* Einwände gegen die hier verfolgte Strategie können zwar nicht vorweggenommen werden; es läßt sich aber wohl sagen, daß eventuelle Gegenbeispiele am ehesten im Umkreis der vornehmlich analysierten merkwürdigen Parsonsschen Sätze zu suchen sein werden.

Sätze anderen Typs scheinen keine besonderen Schwierigkeiten zu bereiten, wie die Analysen von (5) und (6) gezeigt haben. In derselben Weise ist z. B. auch ein Satz wie

(19) Sherlock Holmes ist ein fiktiver Detektiv, der besser ist als jeder wirkliche (lebende oder tote) Detektiv

zu paraphrasieren als

(19*) Die Qualität, die fiktionalen Detektivromanen zufolge Sherlock Holmes hat, ist größer als die Qualität jedes wirklichen (lebenden oder toten) Detektivs.

Wenn man bedenkt, daß (19) aus (1) durch die scheinbar geringfügige Ersetzung von »berühmter« durch »besser« entstanden ist, wird noch einmal deutlich, daß es gerade die Sätze vom Typ der Parsonsschen Berühmtheitssätze sind, die der Paraphrase am ehesten Schwierigkeiten bereiten könnten. Deren »Witz«, den es zu durchschauen gilt, besteht darin, daß bloße Sinngebilde zwar nicht *wirklich* größer oder besser sein können als wirkliche Personen, daß sie aber sehr wohl *wirklich* berühmter sein können als diese.

In den bisher betrachteten Fällen von Berühmtheitssätzen konnten (und mußten) wir in Rechnung setzen, daß die fiktiven Figuren durch Namen (oder Kennzeichnungen) in Texten eingeführt sind. Diese Sätze, so hatten wir gesehen, sind so zu behandeln, daß auf die jeweiligen Namen wesentlich Bezug genommen wird. Als Analyse von (16) ergibt sich somit:

(16*) Der fiktionale Hauptfigurname der Romane A. C. Doyles ist (verbunden mit einem unbestimmten Verständnis) berühmter als der (mit einem unbestimmten Verständnis verbundene) Name jedes wirklichen Detektivs.

Welches die Hauptfigurnamen in Romanen usw. sind, wird in diesen zwar in der Regel nicht ausdrücklich gesagt, läßt sich aber anhand der Texte feststellen.

Es ist nun noch der Sonderfall zu berücksichtigen, daß Figuren überhaupt nicht namentlich (oder gekennzeichnet), sondern nur indexikalisch in Texten in Erscheinung treten. Denken wir uns als Beispiel einen Ich-Erzähler, der auch in der Anrede der von ihm erzählten Figuren nicht namentlich genannt wird. Ein annäherndes literarisches Beispiel ist die fiktive Hauptfigur in A. Schnitzlers »Leutnant Gustl«, wenn wir nämlich davon absehen, daß der Name dieser Hauptfigur durch den Titel der Erzählung gegeben ist und sich die Hauptfigur in ihrem inneren Monolog einige Male selbst mit Namen anspricht. Ein noch besseres Beispiel, so wurde mir gesagt, gebe der Ich-Erzähler in Dashiell Hammetts »Red Harvest« ab. Betrachten wir in Analogie zu (16) den Satz

(20) Der fiktive Ich-Erzähler in D. Hammetts »Red Harvest« ist berühmter als jeder wirkliche Erzähler.

Berühmtheitsaussagen hatten sich uns dargestellt als Aussagen über Verbindungen von Namen mit unbestimmten Verständnissen dieser Namen (d.h. Sinngebilden). Wo Namen (und einführende Kennzeichnungen) fehlen und textexterne Bestimmungen wie »die Hauptfigur ...« oder, in unserem Beispiel, »der fiktive Ich-Erzähler ...« deren Stelle vertreten müssen, wird man sich auf die durch die Texte gegebenen (Sinngebilde konstituierenden) Beschreibungen beziehen können. Dieses ist deshalb adäquat, weil unserer Analyse zufolge Berühmtheitsaussagen auch im nicht-fiktionalen Fall nicht Aussagen über die Gegenstände selbst sind. Gemäß dem hier verfolgten allgemeinen Analyseverfahren schlage ich deshalb für (20) folgende Paraphrase vor:

(20*) Die fiktionale Ich-Erzähler-Beschreibung in D. Hammetts »Red Harvest« ist (verbunden mit einem unbestimmten Verständnis) berühmter als der Name (verbunden mit einem unbestimmten Verständnis) jedes wirklichen Erzählers.

Bliebe noch nachzutragen, wie Parsons' Fälle (3) und (4) zu behandeln sind. Er selbst versucht anhand dieser Beispiele wiederum Schwierigkeiten aufzuzeigen für die Frege-Carnapsche Theorie, statt fiktiver Gegenstände Individualbegriffe anzunehmen. Ob Parsons' Einwände berechtigt sind, insbesondere, ob sie auch für die im vorigen modifizierte Fregesche Theorie der Sinngebilde zutreffen würden, brauchen wir hier nicht zu untersuchen, da für (3) und (4) ohnehin »harmlosere« Analysen zur Verfügung stehen:

(3*) Es gibt fiktionale Personenbeschreibungen, die wirklichen Menschen nachgebildet sind und weniger lebensnah sind als andere fiktionale Personenbeschreibungen, die vollständig Produkte der Einbildungskraft ihrer Autoren sind.

(4*) Die Dinge würden besser laufen, falls gewisse Politikerbeschreibungen, die (unglücklicherweise) nur fiktional sind, dieses nicht wären, und wenn Politiker, auf die diese Beschreibungen zutreffen, dieses Land leiten würden, statt derjenigen, die wir jetzt haben.

Zusammenfassend sei festgehalten, daß die vorgelegte Argumentation aus zwei Teilen besteht. Erstens wurde zu zeigen versucht, daß die sogenannten fiktiven Gegenstände, soweit sich ihre Einführung überhaupt als notwendig erweist, als Sinngebilde (Intensionen) gefaßt werden können. Gerade dies ist von Parsons bestritten worden. Und zweitens wurde eine Interpretation dieser Sinngebilde angeschlossen, die es vermeidet, sie als intensionale Gegenstände im ontologischen Sinne aufzufassen: Sinngebilde sind keine Seinsgebilde. Die beiden Teile der Argumentation sind voneinander so unabhängig, daß man nicht nur den ersten Teil ohne den zweiten, sondern auch den zweiten ohne den ersten übernehmen kann. Die nicht-ontologische Auffassung der Sinngebilde (Intensionen) sollte deshalb ganz unabhängig von einer Anwendung auf das Fiktionsproblem Anerkennung finden können, nämlich in der Nominalismus-Platonismus-Debatte. Die hier vertretene Position läßt sich dabei als ein (nicht-psychologistischer) Konzeptualismus charakterisieren.[10] Der verwendete Begriff des Sinns wird im folgenden Beitrag weiter erläutert und für eine Theorie der Interpretation herangezogen.

---

[10] Für viele freundschaftlich-dialektische Auseinandersetzungen über Sachen, die es eigentlich gar nicht gibt, Auseinandersetzungen, die letztlich die vorliegenden Ausführungen veranlaßt haben, möchte ich Thomas Zimmermann danken. Übrigens: er ist unter dem Namen »Ede« berühmter als unter seinem wirklichen Namen!

ZUR INTERPRETATION LITERARISCHER UND PHILOSOPHISCHER TEXTE

Es wird im folgenden um die Frage einer Verhältnisbestimmung von literarischen und philosophischen Texten gehen, sowie um die Konsequenzen, die sich hieraus für den interpretierenden Umgang mit ihnen ergeben. Eine solche Untersuchung erscheint vor allem deshalb notwendig, weil eine postmoderne, dekonstruktivistische und intertextualistische Einebnung der Textunterschiede bis in einen ungeschiedenen, nicht nach Textsorten differenzierenden Umgang mit diesen Texten durchschlägt. Umgekehrt könnte man es auch so ausdrücken, daß der ungeschiedene Umgang mit Texten ein Anzeichen dafür ist, daß deren Unterschiede verkannt werden, mag dies nun naiv oder in einer bewußten Leugnung der Unterschiede geschehen. Im Rahmen unserer Themenstellung werden bestimmte Beschränkungen vorgenommen, die zunächst deutlich ausgesprochen und begründet werden sollen.

Es soll nicht geleugnet werden, daß es viele sinnvolle und wichtige Weisen des Umgangs mit Texten gibt. Insbesondere ist klar, daß Texte nicht nur Gegenstand sogenannter Textwissenschaften sein können, sondern z.B. auch empirischer Sozialwissenschaften. Man sollte beides nur nicht verwechseln. Es ist ein Unterschied, ob das Verstehen des Textes Ziel des Umgangs mit ihm ist oder ob der Text lediglich als eine soziale Manifestation neben anderen angesehen wird. Im ersten Fall dienen historische Kenntnisse nur dem besseren Verständnis, gehören in den Vorhof der Bemühungen, im zweiten Fall können sie dagegen der Zweck selbst sein, und der Text gehört dann neben anderen Manifestationen lediglich zum Korpus des historischen Materials. Unter sozialwissenschaftlicher Fragestellung mögen dann auch die Unterschiede zwischen Textarten eingeebnet werden, weil hier Wirkungen wichtiger sind als der Wille eines Autors und der Wert seines Werkes. Sozialwissenschaftlich gesehen wird, etwa bei der Suche nach den tatsächlichen Bedürfnissen der Menschen, die Beschäftigung mit der Regenbogenpresse und ihrer Rezeption interessanter oder »signifikanter« sein als die Beschäftigung mit den Klassikern der praktischen Philosophie; aber bei der Suche nach den »wahren« Bedürfnissen des Menschen oder zumindest in der Auseinandersetzung um die Frage nach solchen Bedürfnissen werden wir die Fakten zur Kenntnis nehmen müssen, sie aber doch nicht normativ hinnehmen dürfen, sondern uns eher an den Klassikern orientieren wollen. In ähnlicher Weise fällt auch der ästhetische Wert literarischer Texte aus sozialwissenschaftlicher Sicht nicht ins Gewicht, sofern hier das Phänomen der Massenprodukte aufschlußreicher sein mag als die »Höhenkammliteratur«; aber das kann ja nicht dazu führen, nach solchen Gesichtspunkten den Lektürekanon des Deutschunterrichts bestimmen zu lassen, höchstens dazu, solche Texte *auch* im Unterricht zu behandeln, damit die Schüler gerade den Unterschied sehen lernen. Kurzum, es gibt sinnvolle Fragestellungen mit Blick auf Texte, die die Unterschiede, auf die es unter anderen Fragestellungen gerade ankommt, berechtigterweise unberücksichtigt lassen. Hier wird man, was literarische Texte anbelangt, einem Pluralismus der Methoden zustimmen können. Für philosophische Texte gilt dies nicht in gleicher Weise, wie wir sehen werden. Wir können aber grundsätzlich zwischen externen Fragestellungen, etwa solchen der Geschichte, Psychologie und Soziologie und internen Fragestellungen unterscheiden, z.B. solchen nach dem Sinn (Inhalt eines Textes) und seinem argumentativen oder ästhetischen Wert.

Wenn im folgenden von Interpretation die Rede ist, so geht es nur um solchen Umgang mit Texten, der sich von internen Fragestellungen bestimmen läßt. Die Unterscheidung von internen und externen Fragestellungen ist selbst nur möglich, wenn man die Rede vom Sinn eines Textes zuläßt, und zwar so, daß man gleichzeitig unterscheidet zwischen intendiertem und symptomatischem Sinn. Dieser Unterschied ist keineswegs gleichzusetzen mit explizitem und implizitem Sinn. Intendierter Sinn schließt vielmehr - selbstverständlich - die Möglichkeit impliziten Sinns ein. Selbst alltägliche Aussagen tuen dies in dem trivialen Sinne, daß sie das mitmeinen, was sie logisch implizieren. Und sie meinen dieses notwendigerweise mit, selbst wenn sich deren Sprecher dieser Implikationen zunächst nicht »bewußt« gewesen sein sollte. Wenn der Sprecher nämlich diese Implikationen nicht mitgemeint hätte, würde er, nachdem sie ihm bewußt gemacht worden sind, die Aussage selbst zurücknehmen. Ebenso gilt auch für Autoren, daß sie selbstverständlich implizit mehr meinen, als sie explizit sagen. Das Verhältnis von Sagen und Meinen ist freilich komplizierter als es hier im Rahmen erster Unterscheidungen bereits zur Sprache kommen könnte. Der symptomatische Sinn einer Aussage ist im Unterschied zum intendierten Sinn derjenige Sinn, der nicht den Inhalt der Aussage ausmacht, sondern etwas über den Aussagenden selbst verrät. Der symptomatische Sinn ist also der im eigentlichen Sinne »unbewußte« Sinn als der unfreiwillige Sinn, der Sinn »im Rücken« der Subjekte. Daß dieser Sinn sinnvoll Gegenstand psychoanalytischer und ideologiekritischer Analysen sein kann, wird fast niemand bestreiten wollen. Dennoch wird man solche Untersuchungen als externe von internen Untersuchungen zu unterscheiden haben, die sich um ein Verständnis dessen bemühen, was der Sprecher oder Autor hat sagen oder meinen wollen. Zumindest wird man hier zwischen verschiedenen Ebenen innerhalb einer Untersuchung zu trennen haben. Und auch, wenn ein Autor sich die symptomatische Komponente intentional zunutze macht, wenn das »Verräterische« absichtlich eingesetzt wird, bedarf es einer solchen Unterscheidung, weil nur sie es erlaubt, eine solche Frage überhaupt angemessen zu thematisieren, etwa in einer - sehr lohnenden Untersuchung - philosophischer Texte unter dem Gesichtspunkt, welcher Beispiele sich die Autoren bedienen, was die Wahl der Beispiele zur Sache beiträgt und was sie über den Autor zu erkennen gibt (»an den Beispielen sollt ihr sie erkennen«). So kann man z.B. Freges konservative politische Ansichten an vielen seiner Beispielsätze ablesen. Absicht oder nicht? Läßt der Logiker, für den Politik kein Gegenstand seiner analytisch-philosophischen Untersuchungen war, hier seine Anschauungen »durchblicken« oder »verrät« er sich? Ist das Symptomatische selbst noch einmal intendiert oder ist es *nur* symptomatisch? Um solche Fragen überhaupt stellen zu können, bedarf es der genannten Unterscheidung. Ist das Symptomatische intendiert, so haben wir es mit einem besonderen Fall der indirekten Mitteilung zu tun, einem intentionalen Analogon zur sogenannten Kontextimplikation in folgendem klassischen Beispiel: Jemand, der etwas behauptet, behauptet nicht, daß er das, was er sagt, auch glaubt; aber er gibt es zu verstehen, und zwar in dem Sinne, daß er intendiert, der Hörer dürfe (im Kontext behauptender Rede) unterstellen, daß er (der Sprecher) glaubt, was er sagt.

Die Rede vom Sinn eines Textes ist nicht erst seit den »Sinnzerstäubern« der Postmoderne in die Kritik geraten, erst recht, wenn man ihn als intendierten Sinn an die Autorinstanz rückbindet. Mir scheint, daß diese Kritik unberechtigterweise den Intentionalisten die Auffassung unterstellt, daß der Sinn eines Textes ein psychisches Gebilde »im Kopfe« des Autors sei, den dieser in unerklärlicher Weise seinem Produkt einpflanzt. Da wir nicht »in den Kopf« des Autors sehen können, ist dann der Einwand natürlich schlagend, daß wir auch niemals überprüfen können, ob der Sinn nun tatsächlich ins Werk übergegangen sei oder nicht. Einer solchen Karikatur des Intentionalismus ist unser alltäglicher Umgang mit solchen Formulierungen entgegenzuhalten, wie »ich verstehe nicht, was Du meinst«, »Du meinst doch mehr als Du gesagt hast«, »Du hast das zwar so gesagt; aber meinst Du es auch so?«, »Auch wenn Du es so nicht gemeint haben solltest, Du hast es aber so gesagt, daß man Dich mißverstehen mußte«. Solche und ähnliche Formulierungen bringen zum Ausdruck, daß wir, wenn wir reden, meistens etwas sagen wollen, obwohl wir vielleicht nicht immer etwas zu sagen haben; dafür häufig in dem, was wir sagen wollen, nicht verstanden werden; daß dies am Zuhörer liegen kann, aber auch an uns selbst, wenn wir nämlich das, was wir meinen, nicht klar und deutlich genug gesagt haben. Wir unterscheiden ganz alltäglich zwischen dem, was wir sagen, also der Formulierung, und dem, was wir meinen, dem intendierten Sinn unseres Sagens. Die Frage ist, warum sollen wir uns diese schlichte Unterscheidung, deren wir uns im täglichen Leben dauernd bedienen, für den Umgang mit dem, was Autoren in Form von Texten sagen und meinen, verkürzen, geradezu *ver*sagen? Im Grunde genommen haben wir nur zwei Möglichkeiten, entweder wir dehnen diese Unterscheidung auf alle Arten von Äußerungen aus (freilich mit den hier gebotenen Differenzierungen) oder wir geben überhaupt, auch in unserer alltäglichen Rede, das Bemühen auf, den Sinn der Rede eines anderen zu verstehen. Das hieße, wir betrachten uns auch in unserem Alltag als Wesen, die die Äußerungen anderer Sprecher lediglich aufgreifen als Fäden, die fortzuspinnen sind zu intertextuellen Geweben ohne Subjekte. Ich könnte hierin keine realistische Darstellung von tatsächlicher Kommunikation (in ihrem Gelingen und Mißlingen) sehen, sondern nur eine theoretische Überhöhung des Phänomens der Ideenflucht mit Tendenz zur radikalen Sprachskepsis, die ihrerseits auf die Grundstruktur einer subjekt- und identitätslosen Schizophrenie verweist. Bei aller heiligen Scheu (und das meine ich genau so, wie ich es sage) vor dieser Ausnahmesituation des Menschen, wir können sie nicht zu seiner Grundsituation erklären. Die einzige realistische Sicht der Dinge kann deshalb nur sein, den Sinnbegriff nicht aufzugeben, sondern daraufhin zu überprüfen, mit welchen Modifikationen er von alltäglichen Verstehenssituationen auf den interpretierenden Umgang mit literarischen und philosophischen Texten übertragen werden kann.

Die Beschränkung gerade auf diese Textarten ist lediglich eine thematische, keine systematische Beschränkung. Würde man die Interpretation von juristischen und anderen Texten mit Verbindlichkeitsanspruch einbeziehen, so müßte die Ausklammerung des Intentionsbegriffs eher noch abwegiger erscheinen. Mit der Verteidigung eines nicht-psychologistischen Begriffs von intendiertem Sinn soll nicht behauptet werden, daß es uns gelingen könnte, den einheitlichen und in sich abgeschlossenen Sinn eines Textes ein- für allemal intersubjektiv festzustellen oder gar, daß ein solcher Sinn objektivistisch einem solchen Text inhäriert. Es soll aber behauptet werden, daß wir gar nicht anders können als unter der regulativen Idee anzutreten, daß das, was wir in unseren Interpretationsbehauptungen behaupten, im Text selbst auch vom Autor angelegt ist, so daß es auch Sinn macht, denen, die den Text anders verstehen, die Berechtigung ihrer Lesart zu bestreiten. Und selbst wenn uns der interne Umgang mit Texten gar nicht die höchste Form des Umgangs sein sollte, d.h. wenn wir es aufgeben wollten, den Sinn des Textes selbst zu verstehen und an die Stelle eines solchen unmittelbaren Umgangs einen mittelbaren, etwa rezeptionsorientierten setzen wollten, wir können nicht umhin, mit der Unterscheidung von intendiert und nicht-intendiert zu operieren. Ohne eine solche Unterscheidung könnten wir den Beitrag des Lesers überhaupt nicht dingfest machen.[1] Dabei soll nicht einmal behauptet werden, daß die historisch korrekteste intentionalistische Lesart immer die fruchtbarste ist; es gibt ja fruchtbare Irrtümer; aber um überhaupt von einem fruchtbaren »Irrtum« sprechen zu können, nehmen wir - der Idee nach - den Begriff der »richtigen« Interpretation in Anspruch. Und dies gilt auch dann, wenn es für keine vorgelegte Interpretation Sinn macht zu sagen, daß sie *die* endgültige Interpretation sei.

Die Berücksichtigung der Intention des Autors darf nicht dahingehend mißverstanden werden, als würde nun gefordert, den expliziten Erklä-

---

[1] Der Versuch, den Leser stattdessen dem *Werk* gegenüberzustellen, verschiebt das Problem nur auf die Frage, was unter dem Werk zu verstehen sei. Soll dieses einen intentionsunabhängigen Bestand haben, so bleiben wir auf die unbefriedigende Alternative zwischen einer nominalistischen oder einer platonistischen Auffassung verwiesen, die entweder das Werk mit dem bloßen Text als Zeichen (»type«) identifiziert oder ihm eine Seinsweise jenseits aller »Verfaßtheit« zubilligt. Als Ausweg bietet sich daher, wenn dieses Wort erlaubt ist, ein inten*t*ionalistischer Intens*i*onalismus an. Vgl. hierzu auch den Beitrag »Sachen gibt's, die gibt's gar nicht«.

rungen des Autors zu seinem Text, seien diese biographischer oder selbstinterpretierender Art, den Vorrang vor dem Text einzuräumen. Das würde gerade heißen, externe Evidenz vor interner Evidenz auszuzeichnen, und wie wir wissen, kann auch ein Autor sich selbst mißverstehen. Darauf beruht die Möglichkeit, einen Autor besser zu verstehen als er sich selbst versteht. Die erklärte Absicht eines Autors muß also nicht mit der im Text realisierten Absicht übereinstimmen. Das heißt umgekehrt, der vom Autor intendierte Sinn muß sich als Sinn des Textes festmachen lassen. Der vom Autor intendierte Sinn ist demnach gar nicht als ein vom Text ablösbares psychisches Gebilde zu denken. Kürzt man durch eine solche Unterstellung, so ist der sogenannte intentionale Fehlschluß, der von der externen Absicht auf die interne gelungene Durchführung schließt, von vornherein vermieden.[2] In diesem Sinne könnte sich in besonderen Fällen herausstellen, daß der von einem Autor *in* seinem Text intendierte Sinn mit seinen Erklärungen *zu* diesem Sinn nicht übereinstimmt.

Unterscheiden wir so zwischen erklärten Absichten und realisierten Absichten und verstehen den vom Autor intendierten Sinn im zweiten Sinne, so spricht prima facie nichts gegen die »Identitätsthese«, den Sinn eines Textes mit dem vom Autor intendierten Sinn gleichzusetzen. Diese Identitätsthese geht häufig einher mit der These von der »Determiniertheit« des Sinns. Zumindest wird von seiten der Kritiker behauptet, daß die Identitätsthese ohne die Unterstellung der Determiniertheit des Sinns zusammenbreche. Was aber heißt hier »Determiniertheit«? Wenn sie besagt, daß der Sinn bestimm*bar* sein muß, so kann man sie nicht nur, sondern muß sie anerkennen; besagt sie aber, daß der Sinn bestimmt ist, und zwar im wörtlichen Sinne von »determiniert« als »begrenzt«, so führt sie zu unhaltbaren Konsequenzen. Es ist häufig die Unabschließbarkeit von Interpretationen als Argument gegen den Intentionalismus vorgebracht worden. Möglich wurde dies, weil man nicht hinreichend zwischen den genannten beiden Auffassungen von Determiniertheit unterschieden hat und so meinen konnte, es müsse der Intentionalist die Unabschließbarkeit von Interpretationen leugnen, so als besage die

---

[2] Siehe hierzu den ausführlichen Literaturbericht von L. Danneberg/H.-H. Müller, Der ›intentionale Fehlschluß‹ - ein Dogma? Zeitschrift für allgemeine Wissenschaftstheorie 14 (1983), Teil I (S. 103-137), Teil II (S. 376-411), insbesondere S. 114 die Feststellung, daß Autorintentionen nicht als private Entitäten gefaßt werden dürfen.

regulative Idee der richtigen Interpretation auch, daß man den intendierten Sinn des Autors ein für allemal »im Sack« habe. Man soll nicht meinen, daß der Hinweis auf Autoren, die sich der sinnhaften Vereinnahmung durch Interpreten zu entziehen suchen (Kafka, Beckett), als Argument gegen die Berücksichtigung des vom Autor intendierten Sinns dienen könnte. Ein solches Bemühen wäre, falls realisiert, Teil des vom Autor intendierten Sinns.[3] Hier offenbart sich, daß die Frage nach der Intention des Autors eine transzendentale Bedingung unseres verstehenden Umgangs mit Literatur ist. Ich möchte deshalb zu zeigen versuchen, daß - scheinbar paradox formuliert - die Idee der richtigen Interpretation als die Bestimmung des vom Autor intendierten Sinns verträglich ist mit der Unbestimmtheit dieses Sinns. Dazu ist es erforderlich, auf die semantischen Besonderheiten literarischer Texte einzugehen. (Philosophische Texte bleiben zunächst ausgeklammert.)

Die Unabschließbarkeit von Interpretationen (auch des vom Autor intendierten Sinns) ergibt sich nicht daraus, daß verschiedene Leser sogenannte Unbestimmtheitsstellen imaginativ unterschiedlich ausfüllen.[4] Obwohl auch derlei der Fall sein wird, liegt eine solche Ausfüllung doch jenseits des vom Autor intendierten Sinns, und gerade hierin wird der Grund liegen, warum die Rezeptionsästhetik oder Wirkungsästhetik einem intentionalistischen Konzept entgegensteht.[5] Doch woraus ergibt sich die Unabschließbarkeit dann? Ein sprachliches Kunstwerk enthält in der Regel keine direkte Mitteilung seines Sinns, es

---

[3] Allgemein läßt sich feststellen: Die moderne Kunst unterläuft keineswegs den Intentionsbegriff. Gerade dort, wo die Kritik am traditionellen Werkbegriff auch den Subjektbegriff zu treffen sucht, indem etwa Gebrauchsgegenstände ästhetisch »verklärt« werden, erweist sich paradoxerweise der Begriff des intendierten Sinns als erst recht unverzichtbar; denn nur er erlaubt es noch, einen Unterschied zu machen zwischen ästhetischen Gegenständen und zufällig in das Museum geratenen Gegenständen (vgl. A. C. Danto, Die Verklärung des Gewöhnlichen, Frankfurt a. M. 1984). Insofern ist für die Interpretation von Literatur und Kunst der Intentionsbegriff sogar wesentlicher als für die Interpretation philosophischer Texte, weil diese aufgrund ihrer Diskursivität Sinn garantieren und weniger in der Gefahr stehen, prinzipiell mißverstanden zu werden. Normalerweise liefern sie ihre Verstehensbedingungen mit, und sei es auch nur indirekt, etwa durch die Wahl einer bestimmten literarischen Form.
[4] W. Iser, Die Appellstruktur der Texte. Unbestimmtheit als Wirkungsbedingung literarischer Prosa, Konstanz 1970, S. 30.
[5] Die Unbestimmtheit ist eine des »Textes« (ebd.). Hier stellt sich dieselbe Frage wie oben (in Anm. 1) zum Status des »Werkes«. Den Zusammenhang von Werk

ist vielmehr ein mimetisches Arrangement von Handlungen, Situationen, Stimmungen usw. Daß nämlich der propositionale Gehalt etwa von Aussagesätzen in der Dichtung nicht deren intendierten Sinn ausmacht, erkennen wir daran, daß diese Sätze, bzw. die entsprechenden Äußerungen auch fiktional sein dürfen. Die ästhetische Funktion solcher Sätze besteht denn auch nicht in der schlicht aussagenden Mitteilung, sondern in ihrem Beitrag zur vergegenwärtigenden Darstellung. In ihrer kommunikativen Rolle sind sie dabei nicht berichtend, sondern erzählend (Erzählen verstanden als vergegenwärtigendes Berichten). Semantisch läßt sich hier von einer Richtungsänderung des Bedeutens sprechen. Dichtung bezieht sich nämlich nicht direkt (referentiell) auf Wirklichkeit, sondern indirekt (exemplarisch). Das in Dichtung je Vergegenwärtigte hat hier den Charakter des Besonderen. Als solches fordert es die reflektierende Urteilskraft (im Unterschied zur bestimmenden Urteilskraft) heraus, nach Deutungen zu suchen, d.h. danach, wofür es als Besonderes steht.[6] Wir haben es hier geradezu in Analogie zum metaphysischen Bedürfnis, zur »Metaphysik als Naturanlage«, mit einem interpretatorischen Bedürfnis zu tun. Unsere Frage hätte dann in Analogie zu Kants Frage zu lauten: »Wie ist Interpretation *als Wissenschaft* möglich?« Auch dies haben beide Bedürfnisse gemeinsam, daß man immer wieder versucht hat, sie den Menschen auszureden. Doch »Sinn«-Fragen sind eben, mit Kant zu reden, »unabweisbar«.

Es ist der Umstand, daß Interpretieren eine Tätigkeit der reflektierenden Urteilskraft ist, der Interpretationen wesentlich unabschließbar macht, und diese Tätigkeit setzt nicht erst bei der Deutung des Ganzen, sondern bereits bei der Erläuterung der textlichen Einzelheiten »mit Blick auf das Ganze« ein. Interpretieren ist dann zu verstehen als der

---

und Text bestimmt Iser so, daß sich das Werk durch den »Prozeß« der Lektüre des Textes »im Bewußtsein des Lesers« konstituiert (Der Akt des Lesens, München 1976, S. 39). Immerhin wird zugestanden, daß der Text vom Autor »geschaffen« ist (S. 38). Was ist es aber, das da geschaffen worden ist? Der Text kann hier ja nicht einfach Papier und Druckerschwärze sein. Gesteht man dem Text dann aber seinen Sinn zu, so läßt sich die Frage nach dem intendierten Sinn nicht umgehen, sobald ein Disput darüber entbrennt, welches dieser Sinn ist. Iser hat denn auch in seinen späteren Schriften einen »verschämten« Intentionalismus angenommen. Vgl. Akte des Fingierens, in: D. Henrich/W. Iser (eds.), Funktionen des Fiktiven, München 1983, S. 127.

[6] Vgl. hierzu ausführlicher den Beitrag »Über Bedeutung in der Literatur«.

dauernde Prozeß, ein nicht-begriffliches Besonderes auf ein begriffliches Allgemeines zu bringen; aber: Individuum est ineffabile. Die Unabschließbarkeit von Interpretationen folgt demnach, semantisch gesehen, aus der begrifflichen Unausschöpfbarkeit der Individualität eines sprachlichen Kunstwerks.[7]

Wenn also, so verstanden, der Sinn eines sprachlichen Kunstwerks bestimmbar ist, indem er in begrifflichen Bestimmungen entfaltet werden kann, andererseits nicht bestimmt ist, weil diese Bestimmungen aus semantischen Gründen prinzipiell nicht an ein Ende kommen können, kann man dann noch von einem intendierten Sinn sprechen? Ich denke, der Autor hat uns nicht irgendein Besonderes, sondern ein intentional konstituiertes Besonderes vorgesetzt. Natürlich kann auch er genauso wenig wie der Leser alle möglichen interpretatorischen Bestimmungen überblicken. Auch für Autoren kann es Überraschungen geben, sie können von Lesern lernen, was sie alles mitgemeint haben. E. D. Hirsch spricht hier von einem »unbewußt« intendierten Sinn.[8] Diese psychologistisch anmutende Formulierung hat erwartbar die Kritiker auf den Plan gerufen. Ersetzen wir sie durch den weniger verfänglichen semantischen Begriff des indirekt oder implizit intendierten Sinns, so erscheint die intentionalistische Position mit dem Faktum der Unabschließbarkeit von Interpretationen vereinbar. Mir selbst kommt es hier aber weniger auf eine Verteidigung der Identitätsthese als darauf an, daß die Interpretationstheorie nicht ohne den Begriff des vom Autor intendierten Sinns auskommen kann.

Wir hatten gesehen, daß die Unabschließbarkeit von Interpretationen literarischer Texte semantisch durch die Richtungsänderung des Bedeutens in diesen Texten begründet ist. Dies bedeutet, daß wir es hier wesentlich mit indirekter Kommunikation zu tun haben. In literarischen Texten *sagt* der Autor nicht, was er meint, er *zeigt* es vielmehr. Für philosophische Texte gilt dagegen das Umgekehrte. Freilich haben wir uns

---

[7] Diese Unausschöpfbarkeit bedeutet positiv: »Fülle« des Kunstwerks. Indem wir uns einer solchen Konzeption anschließen, stehen wir im Gegensatz zu aller Negativitätsästhetik, deren jüngster und konsequentester Versuch darauf hinausläuft, das Wesen des Ästhetischen ineinszusetzen mit der (negativen) Erfahrung des Mißlingens aller Versuche, das Kunstwerk zu verstehen (C. Menke-Eggers, Die Souveränität der Kunst, Frankfurt a. M. 1988). Bedacht oder nicht bedacht, hier wird uns ein kunstphilosophisches Pendant einer negativen Theologie zugemutet, das die Aura Gottes auf das Kunstwerk überträgt.
[8] E. D. Hirsch, Prinzipien der Interpretation, München 1972, S. 74ff.

die beiden Textarten nicht als disjunkte Klassen zu denken. Genauer handelt es sich um einen polar-konträren Gegensatz, zwischen dessen Polen des reinen Zeigens und des reinen Sagens es Übergänge als Mischformen gibt. Die Anerkennung eines solchen Kontinuums darf aber nicht dazu führen, in stetiger Nivellierung der Unterschiede schließlich auch die Pole zusammenfallen zu lassen, sondern fordert ganz im Gegenteil dazu heraus, die Unterscheidungen um so sorgfältiger herauszuarbeiten. Die differenzierende, nicht nivellierende Behandlung dieser Fragen fängt schon bei der Analyse der Rolle von Metaphern an. Der zurecht hervorgehobene Umstand, daß Metaphern auch in der Philosophie (und selbst in sogenannten exakten Naturwissenschaften) eine wichtige Rolle spielen, besagt noch lange nicht, daß sie auch dieselbe Funktion haben; aber auch nicht, wie manche Wissenschaftstheoretiker zu meinen scheinen, daß sie in wissenschaftlichen Texten lediglich dazu dienen dürfen, den Unterhaltungswert zu heben. Ein poetischer Gebrauch einer Metapher zur gelungeneren Vergegenwärtigung einer Situation in ihrer komplexen Fülle ist etwas anderes als ein philosophischer Gebrauch einer Metapher zur besseren Verdeutlichung einer Unterscheidung in ihrer kategorialen Bestimmtheit.[9] Wo die Metaphorik »trifft«, sprechen wir in beiden Fällen von »Prägnanz«. Wir wissen aber sehr wohl, daß prägnante Schilderungen und prägnante Unterscheidungen in entgegengesetzte Richtungen tendieren. Die poetische Metapher bereichert eine Darstellung, die philosophische ermöglicht eine Unterscheidung. Poetische Metaphern sind Väter des Überflusses (Konnotationen werden im Ausdrucksreichtum freigesetzt); philosophische Metaphern aber sind Kinder des Mangels (sie werden aus Ausdrucksnot geboren, Konnotationen werden zur Bereicherung des Ausdrucks herangezogen, nicht freigesetzt). Dieser Gegensatz entspräche etwa der von Kant getroffenen Unterscheidung von »ästhetischen Ideen« und »Symbolen«[10].

Um den Eindruck zu vermeiden, nun doch eine strenge Grenze ziehen zu wollen, könnten wir auch sagen, daß es jedenfalls Texte *philosophischen* Inhalts gibt - welcher literarischer Mittel sie sich auch bedienen mögen -, in denen Argumente eine wesentliche Rolle spielen. Der inter-

---

[9] Als Beispiel wäre hier etwa Freges Unterscheidung von Gegenständen und Funktionen anhand der Metaphorik »gesättigt - ungesättigt« zu nennen. Vgl. dazu die Ausführungen in »Der Logiker als Metaphoriker«.
[10] Vgl. Kant, Kritik der Urteilskraft, §§ 49, 57 (Anm. I) u. 59.

pretierende Umgang mit solchen Texten ist in gewisser Hinsicht einfacher als der mit literarischen Texten im engeren Sinne. Das Problem, den Sprachmodus des Zeigens in den des Sagens zu »übersetzen«, tritt hier zurück. Für apophantische Texte, und seien sie auch so literarisch wie z.B. Wittgensteins »Tractatus«, wird man die Möglichkeit einer propositionalen Paraphrase nicht sinnvoll bestreiten wollen, auch wenn man gute Gründe hat, den Sinn dieses Textes nicht vollständig in einer solchen Paraphrase aufgehen zu lassen. Die Einwände gegen die Möglichkeit, so etwas wie den vom Autor intendierten Sinn interpretierend reproduzieren zu können, haben bei philosophischen Texten von vornherein aus semantischen Gründen weit weniger Plausibilität als bei literarischen.

Während hier so vorgegangen wurde, eine intentionalistische Position im »schwierigeren« Fall der literarischen Texte zu verteidigen, die dann eine intentionalistische Behandlung des »einfacheren« Falls der philosophischen Texte impliziert, schiene das Bemühen der angenommenen Gegenseite darin zu bestehen, die These von der Unmöglichkeit einer intentionalistischen Position an literarischen Texten zu entwickeln und auf philosophische Texte auszudehnen. (Denkbar wäre angesichts der unterschiedlichen semantischen Gegebenheiten auch eine Aufteilung: Anerkennung einer intentionalistischen Position im Bereich der Philosophie, Leugnung im Bereich der Literatur.) Ein Teil dieser Strategie der Gegenseite bestünde dann darin, für die Philosophie zunächst denselben Status zu reklamieren wie für die Literatur, indem man Philosophie als eine Form der Literatur auszuweisen sucht. Nun ist in der Tat das Thema »Literarische Formen der Philosophie« bei der Interpretation philosophischer Texte bislang sträflich vernachlässigt worden, vielleicht deshalb, weil das Darstellungsproblem in der Philosophie noch nicht als Methodenproblem erkannt worden ist. Insofern kommt dem Dekonstruktivismus vordergründig eine gewisse Plausibilität zu. Und dafür sind auch diejenigen mitverantwortlich, die lange genug Philosophie zu einseitig dem Wahrheitswert und Literatur zu einseitig dem Gefallenswert zugeordnet haben. Zugrunde liegt dem der erkenntnistheoretische Fehler, den Erkenntnisbegriff auf den Wahrheitbegriff, d.h. auf einen propositionalen Erkenntnisbegriff einzuengen. Philosophie hätte es dann mit Wahrheit und nichts als Wahrheit, d.h. ausschließlich mit propositionalen Geltungsansprüchen zu tun. Diese Tendenz reicht noch bis in die neueren Auseinandersetzungen von J. Habermas mit dem Poststrukturalismus hinein.[11] Soweit es darum geht, Geltungsansprüche für die Philosophie zu verteidigen, ist Habermas Recht zu geben. Er scheint aber nicht zu sehen, daß die Philosophie sich bestimmter literarischer Formen bedient, die nicht schlicht auf ihren Status, Geltungsansprüche zu erheben, zurückführbar sind. Hier kommt es nun darauf an, die *methodische* Funktion solcher Formen aufzudecken, zu zeigen, daß ihnen sehr wohl eine Erkenntnisfunktion zukommt, die oberhalb oder unterhalb des propositionalen Erkenntnisbegriffs, der Geltung von Aussagen, anzusiedeln ist. So liegt dem ganzen Streit im Grunde ein gemeinsamer Irrtum zugrunde, nämlich die Gleichsetzung von Wahrheit und Erkenntnis. Die eine Seite meint, den Wahrheitsanspruch der Philosophie dadurch in Sicherheit bringen zu müssen, daß sie sich die literarischen Formen der Philosophie vom Leibe hält, und die andere Seite meint, mit dem Hinweis auf literarische Elemente, etwa rhetorischer oder metaphorischer Art, in der Philosophie auch deren Wahrheitsanspruch auflösen zu können. Erkennt man aber die methodische, erkenntnisorientierte Funktion literarischer Formen an, so kann man sich getrost auf eine Einschränkung im Anwendungsbereich des Wahrheitsbegriffs einlassen, ohne doch den Erkenntnisanspruch der Philosophie aufzugeben. Wesentlich erleichtert wird ein solcher Schritt dadurch, daß man auch für die Literatur im engeren Sinne Möglichkeiten der Erkenntnisvermittlung nachweist.

Hat man einmal die Möglichkeit nicht-propositionaler Erkenntnis eingesehen, so eröffnet sich ein Spektrum von Erkenntnissen, das von der adäquaten Vergegenwärtigung menschlicher Grundsituationen in der Dichtung über die Angemessenheit von Unterscheidungen in der Philosophie bis zu bewiesenen Behauptungen in der Wissenschaft reicht. Auf der Grundlage einer solcher Erweiterung des Erkenntnisbegriffs gewinnen wir ein angemesseneres Bild des Verhältnisses von Kunst, Literatur, Philosophie und Wissenschaft, das dem Wahrheitsanspruch seine Vorrangstellung nimmt, ihn dafür aber an dem Platz, der ihm zukommt, um so sicherer etabliert. Gleichzeitig wäre die Richtung angegeben, die Kluften nicht nur zwischen Literatur und Philosophie, sondern zwischen

---

[11] J. Habermas, Exkurs zur Einebnung des Gattungsunterschiedes zwischen Philosophie und Literatur, in: ders., Der philosophische Diskurs der Moderne, Frankfurt a. M. 1985, S. 219-247.

allen Formen menschlicher Welterschließung zu überbrücken, ohne sie dabei mit postmodernem Trümmergestein zuzuschütten.

In diesem Sinne ist daran festzuhalten, daß philosophische Texte aufgrund ihres besonderen Status darauf angelegt sind, sich mit ihnen argumentativ auseinanderzusetzen. Es wäre daher von vornherein eine Verkürzung ihres Anspruchs, würde man es dabei belassen, den vom Autor intendierten Sinn zu verstehen. Es gilt auch, ihn in seinem Erkenntnisanspruch zu beurteilen. Eine solche Beurteilung wird nun, weil man zwischen propositionalen und nicht-propositionalen Erkenntnissen zu unterscheiden hat, nicht auf die Beurteilung der Geltungsansprüche als Wahrheitsansprüche beschränkt bleiben dürfen, sondern z.b. auch die nicht-propositionalen Erkenntnisansprüche, wie z.b. die Angemessenheit kategorialer Unterscheidungen einzubeziehen haben (als Beispiel sei hier abermals Freges Unterscheidung von Gegenständen und Funktionen angeführt). In dieser Situation kommt es regelmäßig zu einem Konflikt zwischen historisch verstehenden und systematisch rekonstruierenden Interpretationen, d.h. zwischen dem Bemühen, den vom Autor intendierten Sinn zunächst einmal schlicht ausfindig zu machen, und dem Bemühen, diesen Sinn von vornherein so darzustellen, daß er der kritischen Beurteilung standhält oder doch zumindest einen systematischen Beitrag zur Diskussion der Gegenwart leistet. Meiner Meinung nach müßte ein solcher Konflikt aber nicht bestehen. Die verstehende Interpretation führt bei klassischen Autoren - und deshalb werden sie so genannt - dazu, Unterscheidungen, Argumente und Gegenargumente exemplarisch abzuschreiten. Und daher hat eine solche Lektüre, gerade weil sie sich an dem vom Autor intendierten Sinn orientiert, eo ipso einen systematischen philosophischen Wert. Ein genaues Verstehen legt die systematischen *Möglichkeiten* allererst offen. Eine Interpretation freilich, die ein systematisches Interesse nicht vor Augen oder wenigstens im Rücken hätte, wäre *philosophisch* nicht relevant, wozu sie sonst auch immer beitragen möchte. Dies würde heißen, daß der oben angesprochene Methodenpluralismus der Literaturwissenschaft nicht auf die Philosophie übertragbar ist. Interne Fragestellungen müssen *in* der Philosophie mit Blick auf ihr systematisches Anliegen den Vorrang haben. Für die Literaturwissenschaft ist die Ausgangslage eine andere. Sie geht auch in interner Fragestellung über eine verstehende Interpretation nicht hinaus. Eine gewisse Analogie zur argumentativen Bewertung philosophischer Texte bestünde in der ästhetischen Bewertung literarischer Texte, sofern diese die Frage nach der durch Literatur vermittelten Erkenntnis einschließt[12]; aber auch diese Möglichkeit stellt die Literaturwissenschaft, sofern sie sie überhaupt selbst wahrnehmen will, nicht auf eine Stufe mit der Literatur. Literaturwissenschaft ist als Wissenschaft argumentativ, Literatur nicht. Literaturwissenschaft ist eine Textwissenschaft, d.h. Texte sind ihre Gegenstände. Für die Philosophie dagegen sind Texte zwar auch ihre Gegenstände, aber außerdem sind sie Medium ihrer Argumente. In einer solchen argumentativen Auseinandersetzung agieren Autor und Leser von vornherein auf derselben Ebene (selbst wenn es sich hier um Kant als Autor und ein Erstsemester der Philosophie als Leser handeln sollte), geschieden lediglich durch die Qualität der Argumente, nicht aber durch eine andere »Diskursform«. Diese prinzipielle Gleichrangigkeit besteht nicht im Verhältnis von Autor und Leser bei literarischen Texten, und zwar aus semantischen Gründen. Interpretieren bleibt deshalb etwas anderes als Dichten, selbst dann, wenn sich die Interpreten in einer falsch verstandenen Sympathie sprachlich ihrem Autor anähneln. Daß die poststrukturalistischen Versuche, die Unterschiede zwischen den Diskursen verschwimmen zu lassen, gerade unter Literaturwissenschaftlern Anerkennung gefunden haben, könnte sich dem ungestillten Wunsch verdanken, endlich legitimiert zu den Dichtern aufschließen zu dürfen. Da bietet sich der Dekonstruktivismus geradezu an, aus der Not eine Tugend zu machen und ungeschieden mit zu diskursieren.

---

[12] Vgl. dazu die Bemerkungen zur literarischen Rekonstruktion in dem Beitrag »Literaturwissenschaft zwischen Literatur und Wissenschaft«. Wie sich unter solcher Perspektive auch der hermeneutische Wahrheitsbegriff jenseits von Szientismus und Wissenschaftsskepsis einbringen läßt, hat D. Teichert überzeugend deutlich gemacht: Erfahrung, Erinnerung, Erkenntnis. Untersuchungen zum Wahrheitsbegriff der Hermeneutik Hans-Georg Gadamers, Stuttgart 1991.

IV
VORPROPOSITIONALE ERKENNTNIS

DIE BEDEUTUNG VON EIGENNAMEN

VORBEMERKUNG

Wenn im Titel von der »Bedeutung« von Eigennamen die Rede ist, so entspricht dies der üblichen Terminologie. Gemeint ist dabei genauer die intensionale Bedeutung, also der Sinn von Eigennamen. Die Unverzichtbarkeit des Sinnbegriffs wurde in den bisherigen Beiträgen wiederholt herausgestellt, allerdings in sehr verschiedenen Argumentationszusammenhängen, einerseits gerichtet gegen die Auflösung dieses Begriffs durch einen antimethodischen Dekonstruktivismus, andererseits gegen die Ausklammerung durch einen methodischen Extensionalismus. Die beiden »Sinn«-Gegner lassen sich nämlich von geradezu konträren Motiven leiten. Ist dem Extensionalisten der Sinnbegriff *zu* diffus, versucht der Dekonstruktivist ihn *weiter* zu diffundieren. Will der Dekonstruktivist ihn von innen auflösen, um den Einschränkungen zu entgehen, die ihm sonst auferlegt würden, ist dem Extensionalisten der Begriff nicht eingeschränkt (bestimmt) genug, um einer wissenschaftlichen Verwendung zugeführt werden zu können.[1] Unsere Überlegungen stehen im Gegensatz zu beiden Extremen. Beim vorliegenden Thema haben wir es nur mit dem Extensionalismus zu tun. Die Frage nach der Bedeutung (dem Sinn) von Eigennamen darf dabei als Testfall insbesondere für einen *universellen* Intensionalismus angesehen werden, der Intensionen nicht nur den üblichen deskriptiven Ausdrücken (wie Sätzen, Prädikaten und Kennzeichnungen) zubilligt, sondern auch Eigennamen. Deren Bezug auf Gegenstände erfolgt dann sozusagen »sinngemäß«, d.h. entlang dieses unterstellten oder hergestellten Sinns. Was nun im Rahmen unserer Untersuchung von Erkenntnisformen interessiert, ist vor allem die Frage nach dem Erkenntniswert von Eigennamen. Beschränken wir uns dabei auf deren Rolle in Aussagesätzen. Der

---

[1] Dies ist die Position W. V. O. Quines. Etwas anderes ist es, Intensionen aus nominalistischen Motiven auszuschließen, wie dies etwa bei N. Goodman der Fall ist. Zu Goodman vgl. den Beitrag »Ein Mann von Welten«.

Erkenntniswert eines Aussagesatzes wird über die Zuordnung seines Wahrheitwertes zu seinem Sinn erfaßt.[2] Mit Blick auf diesen propositionalen Erkenntnisbegriff kann Eigennamen nur dann ein Erkenntniswert zugesprochen werden, wenn sie einen Sinn haben, der seinerseits als Beitrag zum Sinn des Aussagesatzes aufgefaßt werden kann. Dieser Erkenntniswert ist dann durch die Zuordnung der Bedeutung (im Sinne von Referenz als Bezug) des Eigennamens zu seinem Sinn bestimmt. Da er als Beitrag zum propositionalen Erkenntniswert des ganzen Satzes zu verstehen ist, selbst aber noch nicht propositional ist, können wir hier von einem *vorpropositionalen* Erkenntniswert sprechen.

Im folgenden wird es nun um die Begründung eines solchen Erkenntniswertes von Eigennamen gehen, wobei auf eine ältere, bislang unbekannt gebliebene Verteidigung des (intensionalen) Bedeutungsgehaltes von Eigennamen zurückgegriffen werden kann. Sie stammt von L. Landgrebe, basiert auf Überlegungen von A. Marty und nimmt - das macht sie für unser Thema so interessant - gewichtige Argumente gegen eine rein kausale Theorie der Eigennamen vorweg.[3] Die vorgetragenen Argumente lassen sich zugunsten der Beschreibungs- oder Kennzeichnungstheorie auswerten, indem sie eine Lösung für deren Problem der Synonymität von Eigennamen und ihren bedeutungserklärenden Kennzeichnungen anbieten. Auf Landgrebes durch Husserl inspirierte Kritik an einigen Auffassungen Martys werde ich nicht eingehen, sondern den gemeinsamen und systematisch wesentlichen Argumentationsstrang hervorheben. Bevor wir jedoch zu den einschlägigen Textpassagen kommen, seien einige grundsätzliche Überlegungen im Ausgang von Kripkes Auffassung angestellt.

KRIPKES AUFFASSUNG

Die neuere Diskussion über den semantischen Status von Eigennamen ist wesentlich durch S. Kripkes These bestimmt, daß Eigennamen keine

---
[2] Vgl. G. Freges Bemerkung, »daß für den Erkenntniswert der Sinn des Satzes, nämlich der in ihm ausgedrückte Gedanke, nicht minder in Betracht kommt als seine Bedeutung, das ist sein Wahrheitswert« (Über Sinn und Bedeutung, Zeitschrift für Philosophie und philosophische Kritik 100 (1892), S. 50).
[3] L. Landgrebe, Nennfunktion und Wortbedeutung. Eine Studie über Martys Sprachphilosophie, Halle 1934, § 16. - A. Marty, Untersuchungen zur Grundlegung der allgemeinen Grammatik und Sprachphilosophie, Halle 1908, insb. S. 438f.

deskriptive Bedeutung haben.[4] Ob Kripke damit Eigennamen jegliche Bedeutung abspricht, ist nicht ganz klar, seine Argumentation richtet sich (eingeschränkt) wesentlich gegen die Auffassung, daß die Bedeutung von Eigennamen durch Kennzeichnungen angebbar sei. Und diese Argumentation wiederum steht im Zusammenhang mit seiner Frage danach, wie die Referenz von Eigennamen bestimmt (determiniert) wird. Daß diese Frage Kripkes *eigentliche* Frage ist, belegt u.a. seine Zusammenfassung zu Beginn des III. Vortrages (S. 123). Im Rahmen *dieser* Fragestellung versucht Kripke dann zu zeigen, daß die Bestimmung der Referenz nicht über die Angabe entsprechender Kennzeichnungen geschieht, bzw., daß die Eigennamen und Kennzeichnungen jedenfalls nicht synonym sind, wo die Bestimmung der Referenz doch so geschieht. Ausdrücklich wendet er sich sowohl gegen entsprechende ältere Theorien (Frege, Russell) als auch gegen modifizierte neuere (Wittgenstein, Searle). Nach den neueren Theorien wird die Referenz von Eigennamen nicht durch *einzelne* Kennzeichnungen, sondern durch *Bündel* (cluster) von Kennzeichnungen bestimmt, die dabei selbst die Bedeutung der Eigennamen angeben.[5] Kripkes Hauptargument gegen die Kennzeichnungstheorie der Eigennamen ist, daß ein Eigenname seine Referenz hat, ohne daß die durch die

---

[4] S. Kripke, Naming and Necessity, Oxford 1980. Seitenangaben nach der dt. Ausgabe: Name und Notwendigkeit, Frankfurt a. M. 1981.
[5] Ob Kripke die von ihm kritisierten Autoren richtig wiedergibt, bleibt hier außer acht, mögen auch berechtigte Zweifel, insbesondere im Falle Freges, bestehen. Festzustellen ist, daß auch Kripkes »Gewährsmann«, J. S. Mill, dem gängigen Bild gar nicht entspricht. Zwar sagt er, daß ein Eigenname »nur ein bedeutungsloses (unmeaning) Zeichen« sei, fügt aber hinzu, daß wir es »in unserem Geiste mit der Vorstellung (idea) des Gegenstandes verknüpfen, damit wir, sobald das Zeichen unserem Auge begegnet oder in unseren Gedanken auftaucht, an den individuellen Gegenstand denken mögen« (A System of Logic, Buch I, Kap. II, § 5, dt. zit. nach U. Wolf (ed.), Eigennamen, Frankfurt a. M. 1985, S. 56 f.). Mit anderen Worten, auch Mill verlangt eine inhaltliche Vermittlung zwischen dem Namen und seinem Gegenstand, nur daß diese nicht semantischer, sondern psychischer Natur ist. In der Fortsetzung der zitierten Stelle spricht Mill dann davon, daß der Gebrauch eines Eigennamens es uns ermöglicht, »zu wissen, daß, was wir in irgend einem Satze, in dem er als Subjekt erscheint, ausgesagt finden, von dem individuellen Dinge ausgesagt wird, mit dem wir vorher bekannt (acquainted) waren«. Diese Bekanntschaft ist aber nichts anderes als eine (wahrgenommene) »Art des Gegebenseins« im Sinne Freges (vgl. den Schluß dieses Beitrages). Es scheint, daß man Mills Position eher als eine psychologistische Variante der Beschreibungstheorie der Eigennamen zu verstehen hat denn als Vorläuferin der Kripkeschen Auffassung. Searle hätte durch Mill also eine zusätzliche Bestätigung seiner Auffassung erfahren können, daß es einer inhaltlichen Verbindung

Kennzeichnung gegebenen Beschreibungen auf den Träger als Referenten zutreffen müßten. Das alternative Bild, das er entwirft, läuft auf eine kausale Theorie der Eigennamen hinaus. Danach mag die Referenz ursprünglich ostensiv oder durch Kennzeichnungen in einem »Taufakt« bestimmt sein, anschließend aber bleibt sie nicht etwa durch die Bedeutung dieser Kennzeichnungen bestimmt, sondern kausal dadurch, daß der Eigenname in einer Kommunikationsgemeinschaft von Sprecher zu Sprecher als den Gliedern einer Benutzerkette weitergereicht wird. Als wichtig für das Folgende sei noch einmal hervorgehoben, daß Kripkes eigentliche Frage nicht ist, ob Eigennamen eine Bedeutung haben, sondern auf welche Weise die Referenz von Eigennamen bestimmt wird. Hier ist eine weitere Klärung notwendig.

DIE FRAGE DES SEMANTISCHEN STATUS VON EIGENNAMEN

Es scheint, daß in der Diskussion über den semantischen Status von Eigennamen häufig die folgenden zwei Fragen nicht auseinandergehalten werden:

1) Wie *stellen* wir *letztlich fest*, wer (welcher Träger) mit einem Eigennamen gemeint ist?
2) Wie *erklären* wir *normalerweise*, wer (welcher Träger) mit einem Eigennamen gemeint ist?

Auch wenn es zutreffend sein sollte, auf die erste Frage die Antwort »durch Rückwärtsverfolgung der Benutzerkette« zu geben, so ist diese Antwort keine zutreffende Antwort auf die zweite Frage. Und umgekehrt mag die zutreffende Antwort auf die zweite Frage »durch Angabe von Kennzeichnungen« keine zutreffende Antwort auf die erste Frage sein. Wir dürfen die Frage nach der Bedeutung von Eigennamen also nicht gleichsetzen mit der Frage, wodurch der Bezug (die Referenz) eines Eigennamens festgelegt ist. Ausgehend von der zweiten Frage, die der Frage nach der Bedeutung der Eigennamen näher steht, stellt sich die Verbindung zur ersten üblicherweise über eine dritte Frage her:

---

bedürfe, zumal die zitierten Stellen bestens zu seiner späteren intentionalistischen Modifikation der Beschreibungstheorie passen. Er wiederholt jedoch nur die übliche Einschätzung. Vgl. Intentionality. An Essay in the Philosophy of Mind, Cambridge u.a. 1983, dt. Intentionalität, Frankfurt a. M. 1987, S. 301.

3) Was tun wir, wenn sich herausstellt, daß alle üblichen Kennzeichnungen zur Erklärung der Bedeutung eines Eigennamens »N« nicht zutreffen, wenn also alles, was wir bisher über den Träger des Eigennamens zu wissen schienen, nicht zutrifft?

In einem solchen *Ausnahmefall* scheint es sinnvoll zu sein, daß wir uns auf historisch-kausale Spurensuche begeben, um herauszufinden, *wer* denn dieser so genannte »N« war. In den meisten Fällen würden wir aber wohl eher das Interesse an diesem N verlieren. Nehmen wir im Sinne der Überlegungen Kripkes an, es würde sich herausstellen, daß Aristoteles tatsächlich nicht der akademische Philosoph wäre, für den wir ihn bislang gehalten haben, sondern ein Oliven anbauender Lebensphilosoph, dem fälschlicherweise alle die bekannten Kennzeichnungen zugesprochen werden. Ich denke, wir würden mit dem Hinweis darauf, daß »dieser« Aristoteles nicht »unser« Aristoteles sei, auf die Verwendung des Eigennamens verzichten und stattdessen auf die Kennzeichnungen alleine zurückgreifen. Wir würden etwa von »dem Verfasser der Analytiken« sprechen, eventuell mit dem Zusatz »wer immer dies war«. Hierin dürfte ein Indiz dafür zu sehen sein, daß uns an der Referenz eines Eigennamens nicht als solcher gelegen ist, sondern nur in Verbindung mit Gegebenheitsweisen (Frege) des Bezugsgegenstandes, ohne die der Eigenname für uns seinen Erkenntniswert verlieren würde. Auch wenn wir nun unsere Spurensuche fortsetzen würden, weil uns vielleicht die Ursachen und Hintergründe einer grandiosen Verwechslung interessieren, ein solcher Ausnahmefall bestimmt jedenfalls nicht unseren normalen Umgang mit Eigennamen. Und selbst der Ausnahmefall führt normalerweise dazu, verläßliche Kennzeichnungen auszumachen, in unserem Beispiel solche des »neuen« Aristoteles; denn in den wenigsten Fällen wird sich nachträglich eine direkte Bekanntschaft (knowledge by acquaintance) erreichen lassen. Wir können noch hinzufügen, daß auch das korrekte Weiterreichen des Namens in der Namenskette, sobald der Namensträger nicht mehr gegenwärtig ist, nicht anders denkbar ist als unter Rekurs auf Kennzeichnungen. Die kausale Theorie der Eigennamen beschreibt also nicht unseren Umgang mit Eigennamen (und will dies vielleicht auch nicht), sie gibt vielmehr ein Verfahren zur Entdeckung wirklich identifizierender Kennzeichnungen an die Hand. So gesehen bestätigt sie eher die Kennzeichnungstheorie der Eigennamen, als daß sie diese zunichte machen würde. Wie dem auch sei, betrachten wir unseren normalen Umgang mit Eigennamen, den Gebrauch von Eigennamen, so werden wir ihnen jedenfalls eine Bedeutung (einen Sinn) zugestehen müssen. Die nächste Frage ist dann, welcher Art diese Bedeutung ist. Hier scheint das eigentliche Problem zu liegen, dem wir uns nun durch eine weitere Unterscheidung nähern wollen.

BEDEUTUNG UND LEXIKALISCHE BEDEUTUNG

Die Frage nach der Bedeutung von Eigennamen wird meistens mit der Frage nach deren linguistischer oder lexikalischer Bedeutung gleichgesetzt. Auf dieser Gleichsetzung beruhen bereits die traditionellen Argumente, Eigennamen als nicht ins semantische Lexikon gehörig aus den Sprachen ausschließen zu wollen. Geben sie doch, anders als prädikative Ausdrücke, nicht Eigenschaften der von ihnen benannten Gegenstände an.[6] Doch wenn sie auch in diesem Sinne keine lexikalische Bedeutung haben, muß das nicht heißen, daß sie überhaupt keine Bedeutung haben. Es kommt hier also auf eine Unterscheidung von Bedeutung und *lexikalischer* Bedeutung an. Eine solche Unterscheidung findet sich nun bei Landgrebe im Anschluß an Marty ausgearbeitet.

Landgrebes Argumentation wendet sich ausdrücklich gegen eine von H. Ammann vertretene Position, die mit derjenigen Kripkes gewisse Übereinstimmungen aufweist. Um dies zu dokumentieren, sei das einschlägige längere Zitat hier angeführt:

»Das Verhältnis des Namens zu seinem Träger ist kein Verhältnis des Bedeutens. Bedeutung ist ein im Sprachgebrauch gegründetes Verhältnis zwischen Bezeichnetem und Bezeichnung, die Beziehung zwischen Name und Träger aber wird nicht durch die Sprache als solche geschaffen, sondern durch Sitte, religiöse Anschauungen, Gesetze und vielfach auch durch die bloße Willkür des Einzelnen bestimmt. Die Bedeutung eines Appellativums wie *Dichter* ist eine sprachgeschichtliche Tatsache, daß der Dichter des Faust *Goethe* heißt, hat dagegen mit der Sprache gar nichts zu schaffen [...].«[7]

Landgrebe selbst gesteht den von Ammann hervorgehobenen Unterschied zwischen Eigennamen und Appellativen als einen »genetischen« zu, bestätigt also, daß die Beziehung zwischen Name und Träger *ur-*

---

[6] »Wer heißt überhaupt? Man nennt ihn.« So formuliert C. Morgenstern pointiert im Vorwort (»Wie die Galgenlieder entstanden sind«) zu seinen »Galgenliedern«.
[7] H. Ammann, Die menschliche Rede. Sprachphilosophische Untersuchungen I, Lahr 1925, S. 67.

sprünglich durch Sitte usw., also durch einen Kripkeschen Taufakt (im weitesten Sinne) hergestellt wird. Er betont dann aber, daß dieser Unterschied im »faktischen Zusammenhang der Rede« keine Rolle spielt. Hier - und dies ist unser obiger Fall (2) - wird das Verständnis dessen, wer der Träger eines Eigennamens ist, durch begriffliche Beschreibungen des Trägers vermittelt. Von den Eigennamen heißt es entsprechend bei Landgrebe (S. 87):

> »Es ist nicht einzusehen, warum wir das, was diese ihre Verständlichkeit ausmacht, nicht als ihre Bedeutung ansehen sollten.«

Soweit steht die von Landgrebe verteidigte Position der Bündel-Theorie der Eigennamen nahe. Daraus folgt aber nicht, daß ein Eigenname als *synonym* mit »seinem« Bündel von Kennzeichnungen bestimmt wird. Entsprechende, aus Eigenname und Kennzeichnungen gebildete Identitätsaussagen sind dann auch nicht so ohne weiteres als analytisch anzusehen. Landgrebes Auffassung läuft im oben genannten Sinne darauf hinaus, Eigennamen eine Bedeutung zuzusprechen, ohne ihnen eine *lexikalische* Bedeutung zuzugestehen. Wie läßt sich aber diese Unterscheidung rechtfertigen?

REFERENZ UND BEDEUTUNG BEI MARTY

Werfen wir zum besseren Verständnis des Folgenden erst einmal einen Seitenblick auf das Verhältnis von Referenz und Bedeutung bei Marty. Er selbst beschreibt dieses Verhältnis in den Termini »Nennen« und »Bedeuten«. Betrachten wir zunächst andere Namen als Eigennamen, z.B. Appellative, wie insbesondere Gattungsnamen. Nach Marty beziehen sich solche Namen nennend vermittels ihrer Bedeutung auf Gegenstände, wobei auch mögliche Gegenstände zugelassen sind. Ausdrücklich zugestimmt wird der scholastischen Formel *voces significant res mediantibus conceptibus* mit der Erläuterung:

> »Die Namen nennen in der Tat die Gegenstände als das, als was sie durch unsere begrifflichen Gedanken erfaßt werden (resp. vom Hörer erfaßt werden sollen).« (Marty, S. 436, Anm. 1)

»Genannte« sind demnach die Gegenstände selbst. Die begriffliche »Bedeutung« dagegen wird als die mit den Namen bei Sprecher und Hörer verbundene »Vorstellung« bestimmt. So ist dann z.B. die begriffliche Vorstellung *Weißes* die Bedeutung des Namens »Weißes«, und alle weißen Gegenstände sind die durch diesen Namen Genannten.[8] Mit Bezug auf die genannten Gegenstände spricht Marty weiter von einer »Unvollständigkeit« der die Nennung vermittelnden Vorstellung. Unvollständig ist z.B. die Vorstellung *Weißes* hinsichtlich der verschiedenen weißen Gegenstände, weil sie diese lediglich in ihrer Farbe charakterisiert. Die Unvollständigkeit ergibt sich hier, wie Marty sagt, aus einer »Unbestimmtheit oder Universalität«, d.h. aus dem Umstand, daß durch ein und dieselbe Vorstellung »unbestimmt viele verschiedene Gegenstände vorgestellt sein können« (Marty, S. 437). Es gibt aber auch eine Unvollständigkeit *ohne* Unbestimmtheit. Und dieses Verhältnis charakterisiert gerade den semantischen Status von Kennzeichnungen und Eigennamen, da diese einen *bestimmten* Gegenstand nennen. Marty versteht Kennzeichnungen, wie Frege, als Eigennamen *im weiteren Sinne*. Zunächst zu den Kennzeichnungen. Diese werden (auf der Vorstellungsebene) wie folgt eingeführt:

> »Wir bilden aus universellen Begriffen durch prädikative Synthese Zusammensetzungen, deren Gegenstand zwar nur einer sein kann und die also in diesem Sinne individuell sind, die ihn aber bloß in derart bestimmter Richtung erfassen, daß er dadurch nicht erschöpft ist und darum neben der einen Auffassung mannigfache andere möglich sind, die ihn ebenso treffen und ebensowenig erschöpfen.« (Marty, S. 438)

Interessanterweise steht auch Marty in der Tradition des (dank Frege) berühmten »Aristoteles«-Beispiels. So gibt er »Erzieher Alexander des Großen« und »Begründer der peripatetischen Schule« als Kennzeichnungen für Aristoteles an und fügt hinzu:

> »Jede dieser Auffassungen ist in ihrer Weise unvollständig aber individuell, nur ohne das zu erfassen, worin die Individualität des Gegenstandes eigentlich besteht. Die eigentliche und vollständige Vorstellung eines Individuums könnte natürlich nur *eine* sein.« (Marty, S. 438, Anm. 2)

---

[8] Es gilt hervorzuheben, daß Martys Rede von »Vorstellungen« in diesem semantischen Kontext nicht unbedingt einen Psychologismus implizieren muß. Jedenfalls wendet er sich ausdrücklich dagegen, das »sprachliche Bild« vom Gedachten »im« Denkenden wörtlich zu nehmen (Marty, S. 397). Eine bemerkenswerte Verteidigung Martys gegen den Vorwurf des Psychologismus gibt Landgrebe (S. 27f., Anm. 60). Landgrebe hebt hervor, daß, genau genommen, Marty nicht die Bedeutung mit der Vorstellung (als einem psychischen Phänomen) identifiziert, daß für ihn ein Ausdruck vielmehr die Bedeutung (d.h. Funktion) *hat*, ein psychisches Phänomen hervorzurufen, ohne daß dieses Phänomen die Bedeutung *ist*. In diesem Sinne kann Martys Bedeutungstheorie als eine Art Gebrauchstheorie verstanden werden (vgl. Landgrebe, § 3).

Kennzeichnungen bedeuten also mit Bezug auf ihren genannten *bestimmten* Gegenstand wesentlich *unvollständig*. Zur besonderen Problematik der Eigennamen leitet Marty dann unmittelbar anschließend über mit den Worten:

> »Der Satz, daß die Namen die Gegenstände nennen mediantibus conceptibus könnte nur eine Anfechtung erfahren hinsichtlich der Eigennamen im engsten Sinne des Wortes, wie Aristoteles, Napoleon, Friedrich, Rom, Wien usw. Und bezüglich *ihrer* Funktion herrscht überhaupt mannigfach Unklarheit und Streit.«

Danach folgt eine Auseinandersetzung mit J. St. Mills Deutung der Eigennamen. Die entscheidende Passage lautet:

> »Auch hier [bei den Eigennamen, G. G.] wird eine Vorstellung des einzelnen Gegenstandes, die seine Nennung vermittelt (und natürlich muß es eine individuelle sein), nicht fehlen. Aber es ist [anders als bei Kennzeichnungen, G.G.] dem Zusammenhang überlassen, *welche* gerade erweckt werde, während der Name für sich allein in dieser Beziehung *nicht determinierend wirkt*. Er ist für sich allein nicht bloß äquivok in *dem* Sinne, daß er unentschieden läßt, welcher unter den verschiedenen Heinrich-, Fritzgenannten gemeint sei, sondern auch, durch welche individuelle Vorstellung der Betreffende vorgestellt werden solle oder möge.« (Marty, S. 439, Anm.)[9]

---

[9] Marty erwähnt in diesem Zusammenhang auch die Auffassung, die Bedeutung eines Eigennamens gleichzusetzen mit der entsprechenden Vorstellung des Sogenanntseins. Es sei hier angemerkt, daß Marty (S. 439, Anm. 2), Landgrebe (S. 87) und Kripke (S. 82ff.) diese Auffassung ungeachtet gewisser Nuancen übereinstimmend zurückweisen. Nach Marty (S. 509) könne die Vorstellung des Sogenanntseins für das Verständnis eines Eigennamens zwar eine Rolle spielen, es aber nicht »voll begründen«. Diese Vorstellung sei nur eine *allgemeine* Vorstellung, »während die Bedeutung [eines Eigennamens] bald diese bald jene *individuelle* ist, und daß man auf sie verfalle, hängt mit von den besonderen Umständen ab«. Ausgehend von Marty wird diese Vorstellung von O. Funke zur Definition des Begriffs des Eigennamens herangezogen. Ansonsten schließt auch er sich der Martyschen Auffassung an: »Die durch einen Eigennamen bedeutete Individualvorstellung kann relativ reicher oder ärmer sein, niemals aber kann sie den totalen Begriff des Individuums erschöpfen - das läge jenseits unserer Erkenntnisgrenzen -; noch kann eine solche Bedeutung vollständig fehlen, sofern wir überhaupt bei solcher Namennennung im Gespräch etwas vorstellen.« (O. Funke, Zur Definition des Begriffes ›Eigenname‹, in: W. Keller (ed.), Probleme der englischen Sprache und Kultur. Festschrift Johannes Hoops, Heidelberg 1925, S. 72-79, dort S. 78).

AMBIGUITÄT UND VAGHEIT

Martys Auffassung der semantischen Unentschiedenheiten gibt die Grundlage ab für weiterführende Überlegungen Landgrebes. Die Charakterisierung dieser Unentschiedenheiten als Äquivokationen ist zwar nicht sehr glücklich und wird von Landgrebe deshalb auch nicht übernommen (vgl. Landgrebe, S. 85), die äquivoke Verwendung von »äquivok« läßt sich in der Sache aber dahingehend auflösen, daß Marty für Eigennamen eine *Ambiguität* der Referenz und eine *Vagheit* der Bedeutung unterscheidet: Eigennamen können mehrdeutig sein, insofern derselbe Name z.B. mehrere Personen »desselben Namens« benennen kann. Im Rahmen dieser Mehrdeutigkeit (Ambiguität) der Referenz kommt Eigennamen dann aber außerdem noch Vagheit zu, weil ihre Bedeutung nicht scharf begrenzt ist. Hier antizipiert Marty Wittgensteins Auffassung in der bekannten Analyse des »Moses«-Beispiels in den »Philosophischen Untersuchungen« (§ 79). Außerdem gibt er zu verstehen, daß die Vagheit bei Eigennamen grundsätzlicherer Art ist, grundsätzlicher als die mögliche Vagheit von Gattungsnamen. Sie ist es deshalb, weil die Eigennamen selbst nicht ihre Bedeutung »determinieren«, sondern dieses »dem Zusammenhang überlassen«. Die Bedeutung von Eigennamen ist also kontextabhängig. Der Vergleich mit den Kennzeichnungen ergibt, in Kombination der Martyschen Begriffe *Unvollständigkeit* und *Unentschiedenheit*, daß die Bedeutung sowohl von Kennzeichnungen als auch von Eigennamen (mit Blick auf das von ihnen Genannte) *unvollständig* ist, daß Eigennamen aber außerdem noch *unentschieden* lassen, welche unvollständige Beschreibung ihre Bedeutung ausmacht.[10]

---

[10] Dies scheint auch die Position Husserls in seinen »Logischen Untersuchungen« IV, § 3 zu sein. Vgl. K. Mulligan/B. Smith, A Husserlian Theory of Indexicality, Grazer Philosophische Studien 28 (1986), S. 133-163. In VI, § 5 gesteht Husserl zu, daß wir den adäquaten Gebrauch von Eigennamen durch Kennzeichnungen lernen können, z.B. durch die Angabe »Die Hauptstadt Spaniens heißt Madrid«; aber er leugnet, daß wir so zu der »Eigenbedeutung« von Eigennamen kommen. Hier scheint Husserl eher die Position zu vertreten, daß Kennzeichnungen zwar die Bedeutung von Eigennamen *erklären* helfen, aber nicht deren Bedeutung *ausmachen*. Dagegen machen sie nach Marty sehr wohl die Bedeutung aus, aber diese Bedeutung kann von Kontext zu Kontext verschieden sein. Letztere Version versuche ich hier plausibel zu machen.

LANDGREBES LÖSUNG

Die Grundsätzlichkeit der von Marty herausgestellten Bedeutungsvagheit von Eigennamen als Unentschiedenheit der Bedeutung wird von Landgrebe weiter erhärtet. Danach kann man bei Gattungsnamen (trotz eventueller Vagheit an den Bedeutungsrändern) von Kernbedeutungen ausgehen - Landgrebe spricht von »konstitutiven Bestimmungen« als »wesentlichen Merkmalen« -, dagegen ist eine solche Auszeichnung innerhalb des Bedeutungsspektrums von Eigennamen sinnlos:

>»Zur Bedeutung von Gattungsnamen gehört eine eigentliche, mehr oder weniger vollständige Erfassung des so Genannten. Dasselbe so Genannte kann andererseits auch durch bloße *denominationes extrinsecae* genannt werden, durch umschreibende Namen usw. Hingegen darin, daß der Eigenname nur eine situationsgebundene Bedeutung hat, liegt, daß hier der Unterschied von *denominatio extrinseca* und konstitutiver Bestimmung sinnvoll gar nicht gemacht werden kann, und daher auch nicht der Unterschied einer mehr oder weniger großen Vollständigkeit. Denn man kann von keiner der Vorstellungen, die jeweils im Zusammenhang der Rede die Bedeutung eines Eigennamens bilden, sagen, daß sie seine eigentliche Bedeutung ausmachen, daher auch nicht, daß sie diese mehr oder weniger treffen, und daher mehr oder weniger vollständig sind. Das durch sie Genannte kann niemals wirklich absolut in seiner Individualität getroffen werden; es können von dem durch einen Eigennamen Genannten niemals in gleichem Sinne irgendwelche konstitutiven, wesentlichen Merkmale angegeben werden, wie von dem durch Gattungsnamen Genannten, das heißt, keine solchen, die zur Bedeutung des Eigennamens zu zählen wären. Die Bestimmungen auf Grund der Subsumption des so Genannten unter einen allgemeinen Begriff, z.B. die Bestimmung des Aristoteles als Menschen, gehören nicht zur Bedeutung des Eigennamens als solchen. Bei der Erläuterung dessen, was ein bestimmter Eigenname »bedeutet«, werden freilich immer solche Appellativa mit herangezogen; aber kein noch so reich gegliederter Komplex von Appellativen ist jemals einem Eigennamen äquivalent, sondern diese Erläuterung durch Zuhilfenahme von Appellativen geschieht immer nur unter gleichzeitiger Mithilfe von weiteren Eigennamen; z.B. »Aristoteles war ein Philosoph, der Alexander den Großen erzog und die peripatetische Schule begründete«. Denn Eigennamen dienen immer zur Bezeichnung eines *einmaligen* geschichtlichen Faktums in seiner Individualität, die niemals durch Appellative wirklich getroffen werden kann.« (Landgrebe, S. 88)

Ich habe dieses ausführliche Zitat beigegeben, weil meines Wissens hier zum ersten Mal nicht nur die grundsätzliche Vagheit von Eigennamen auf den Begriff gebracht erscheint, sondern auch der positive Aspekt dieser Vagheit, die Eigennamen allererst dazu befähigt, ihre besondere, nicht zu ersetzende Rolle in der sprachlichen Kommunikation zu spielen, nämlich die Referenz auf *denselben* Gegenstand zu ermöglichen, ohne die Be-

DIE BEDEUTUNG VON EIGENNAMEN

deutung als den Weg dorthin kontext*unabhängig* festzulegen.[11] Diese Rolle können auch indexikalische Ausdrücke nicht ersetzen, weil bei ihnen die *Referenz* in stärkerem Maße kontextabhängig ist als bei Eigennamen:

>»Ist für einen Eigennamen einmal die Beziehung auf eine bestimmte Person festgelegt, dann bleibt sie bestehen, und er dient in einem bestimmten Zusammenhang der Rede immer wieder zur Bezeichnung dieser bestimmten Person, während die Pronomina auch im gleichen Zusammenhang der Rede in ihrer Hinzeigefunktion wechseln können.« (Landgrebe, S. 89)

Kommen wir nun noch einmal auf die Unterscheidung von Bedeutung und lexikalischer Bedeutung zurück. Wir haben anhand der Überlegungen von Marty und Landgrebe gesehen, wieso Eigennamen eine Bedeutung haben, ohne daß sich diese *lexikalisch* festhalten läßt. Lexikalische Bedeutung verlangt nämlich eine Kernbedeutung, eine solche gibt es aber bei Eigennamen wegen der genannten Kontextabhängigkeit nicht. Wiederum bietet sich ein Vergleich mit indexikalischen Ausdrücken an. Diese haben eine allgemeine formale, als Funktion beschreibbare Bedeutung, die Eigennamen fehlt. So hat das Personalpronomen »ich« die Funktion, daß *jeder* sich mit »ich« in *allen* Situationen auf sich selbst beziehen kann. Die Allgemeinheit dieser Funktion ist es, die einen Eintrag in das Lexikon ermöglicht. Auf den Umstand, daß die Bedeutung von Eigennamen nicht lexikalischer Art ist, ist es auch zurückzuführen, daß die Verbindung von Eigennamen und bedeutungs*erklärenden* Kennzeichnungen nicht als Synonymität zu beschreiben ist. Mit dem »Unterschied von *denominatio extrinseca* und konstitutiver Bestimmung«, wie Landgrebe es genannt hat, entfällt für Eigennamen überhaupt der Unterschied von synthetischen und analytischen Bestimmungen. Entsprechend kann also auch eine Trennung von Bedeutungsregeln und Tatsachenaussagen (von Lexikon und Welt) für Eigennamen nicht aufrecht erhalten werden. Und darauf beruht deren irritierende sprachphilosophische »Sprengkraft«. Der Streit um den semantischen Status von Eigennamen scheint wesentlich dadurch bedingt zu sein, daß man geneigt ist, sich entweder für die eine oder für die andere Auffassung zu entscheiden. Diese Alternative wäre aufzugeben.

---

[11] Vgl. später J. R. Searle, Proper Names, Mind 67 (1958), S. 166-173; ferner ders., Speech Acts, Cambridge 1969, Kap. 7.2, wo Searle (S. 172) davon spricht, daß Eigennamen als Nägel fungieren, an denen Kennzeichnungen aufgehängt werden. Diese treffliche Metapher weiter ausführend müßte man allerdings hinzufügen, daß es hier (umgekehrt) die »Gewichte« sind, die den Nägeln erst ihren sicheren Halt in der Wand geben.

SEMANTISCHES ERGEBNIS

Die hier dargelegte Position des Verhältnisses von Eigennamen und bedeutungserklärenden Kennzeichnungen sei abschließend noch einmal im direkten Vergleich mit Kripkes Auffassung dieses Verhältnisses herausgestellt. Kripke unterscheidet zwei Varianten der Kennzeichnungstheorie der Eigennamen (Kripke, S. 41f. und S. 73. Vgl. auch das Vorwort, S. 11 über den Unterschied von »to give a meaning« and »to fix a reference«). Nach der ersten wird die Bedeutung von Eigennamen durch Kennzeichnungen, sei es eine einzige oder ein Bündel, angegeben. Nach der zweiten bestimmen die Kennzeichnungen nur die Referenz, ohne die Bedeutung anzugeben. Im ersten Fall sind die Eigennamen mit den entsprechenden Kennzeichnungen synonym, im zweiten Falle nicht. Wenn wir hier im Anschluß an Marty und Landgrebe den Gedanken der Synonymität von Eigennamen und zugeordneten Kennzeichnungen zurückweisen, so scheint dies im Rahmen der angesprochenen Kripkeschen Alternative die Ansicht nahezulegen, daß diese Kennzeichnungen gar nicht die Bedeutung von Eigennamen angeben können. Dem ist aber nicht so. Sie können die Bedeutung partiell angeben, aber sie können sie nicht kontextunabhängig ein für alle mal festlegen. *Dies* ist der Grund, warum Eigennamen nicht als synonym mit ihren bedeutungserklärenden Kennzeichnungen zu fassen sind. Dabei wird davon ausgegangen, daß Synonymitäten kontextunabhängig zu bestehen haben. Die Eigennamen zugeordneten bedeutungserklärenden Bündel von Kennzeichnungen sind (kontextabhängig) offene Bündel. Würde man Eigennamen und Kennzeichnungen für synonym erklären, so würde diese prinzipielle Offenheit beschränkt werden.[12]

Somit ergibt sich entgegen der Kripkeschen Alternative, daß eine Verteidigung des deskriptiven Bedeutungsgehaltes von Eigennamen nicht zu der Auffassung der Synonymität von Eigennamen und bedeutungserklärenden Kennzeichnungen zwingt. Damit entfallen dann auch Kripkes Argumente gegen die deskriptive Theorie der Eigennamen, soweit sie auf diese Auffassung rekurrieren. Insbesondere besagt die

---

[12] Diese Offenheit betont auch Searle (Speech Acts, S. 172), und er hat zwar einen analytischen Zusammenhang zwischen Eigennamen und ihren bedeutungserklärenden Kennzeichnungen angenommen, aber nicht die Synonymität behauptet. Dennoch fehlt in seiner Entgegnung in »Intentionality« (Kap. 9) eine explizite Zurückweisung dieser Kripkeschen »Unterstellung«.

Behauptung des deskriptiven Bedeutungsgehaltes von Eigennamen nicht, daß über einen *bestimmten* Gehalt die Identifizierung des Trägers des Eigennamens (des Referenten) in *allen* Kontexten zu erlangen ist.

ERKENNTNISTHEORETISCHER SCHLUSSPUNKT

Die hier vorgetragene Verteidigung des Bedeutungsgehaltes von Eigennamen ist als semantische angelegt, dies macht schon die Rede von Bedeutung deutlich. Das Ergebnis läuft allerdings auf einen eher erkenntnistheoretischen Gedanken hinaus, nämlich auf den Fregeschen Begriff unterschiedlicher »Gegebenheitsweisen« ein und desselben Gegenstandes.[13] Mögen diese sich auch sprachlich artikulieren und dann semantisch als Sinn (intensionale Bedeutung) von Ausdrücken gefaßt werden, sie sind an diese Möglichkeit nicht gebunden. So sind Gegebenheitsweisen auch schlicht wahrnehmbar. Wir können (B. Russells Unterscheidung von »knowledge by acquaintance« und »knowledge by description« folgend) mit ihnen bekannt sein, ohne sie sprachlich zu beschreiben. Der erkenntnistheoretische Gedanke, der auf die Leibnizsche Idee einer Vielheit von Perspektiven zurückgeht, ist auch der Ursprung von Freges Sinnbegriff.[14]

Der Umstand, daß der Bedeutungsgehalt von Eigennamen sich lexikalisch nicht fassen läßt, könnte dann auch so gedeutet werden, daß mit Eigennamen weniger ein (semantischer) *Bedeutungs*-, sondern eher ein (erkenntnistheoretischer) *Informations*gehalt verbunden ist. Am Erkenntniswert von Eigennamen wären deswegen aber keine Abstriche zu machen, ganz im Gegenteil würde er eher noch unterstrichen. Er besteht einfach darin, daß mit Eigennamen ein Inhalt verbunden ist, der uns den Weg zu dem gemeinten Gegenstand weist (vgl. die ursprüngliche Bedeutung von »Sinn« als »Richtung«). Der Leibnizsche Perspektivismus findet hier seinen metaphorischen Ausdruck darin, daß die Zugangsmöglichkeit zu einem Gegenstand sich in verschiedene Wege aufteilt, unter denen sich neben den offiziellen, viel befahrenen Straßen (den Standard-Eintragungen in enzyklopädischen Lexika) auch mehr oder weniger private Trampelpfade befinden können.

---
[13] Über Sinn und Bedeutung, S. 26.
[14] Vgl. Verf. Einleitung zu R. H. Lotze, Logik. Drittes Buch. Vom Erkennen, Hamburg 1989, S. XIV ff.

Mit unserer Untersuchung des Erkenntniswertes von Eigennamen haben wir Bestandteile unterhalb der Satzebene in den Blick gerückt. Dieser Umstand berechtigte uns, von vorpropositionaler Erkenntnis zu sprechen. Den benennenden Ausdrücken (Nominatoren), zu denen die Eigennamen gehören, stehen die prädikativen Ausdrücke (Prädikatoren) als weitere Bestandteile unterhalb der Satzebene gegenüber. Deren Betrachtung führt uns nun von der Theorie der Eigennamen zur Theorie der Begriffsbildung und damit zur Frage nach dem Erkenntniswert von Definitionen.

WISSENSCHAFTLICHE BEGRIFFSBILDUNG UND THEORIEWAHLDISKURSE

»Wissenschaftliche Begriffsbildung« bedeutet zweierlei: Begriffsbildung in den Wissenschaften und Begriffsbildung nach wissenschaftlichen Grundsätzen. Entsprechend gibt es zwei Arten der Beschäftigung mit wissenschaftlichen Begriffsbildungen. Man kann erstens die *faktischen* Begriffsbildungen in den Einzelwissenschaften untersuchen und zweitens Begriffsbildungen vornehmen oder vorschlagen, die *normativen* Vorstellungen von Wissenschaft entsprechen. Beide Vorgehensweisen treffen zusammen in wissenschaftstheoretischen Grundlagendiskussionen. Diese bestehen weitgehend in einer *normativen* Beurteilung *faktischer* Begriffsbildungen.

Das Thema »Begriffsbildung« schließt eine weitere Unterscheidung ein, die der eben getroffenen parallel läuft. Es ist die Unterscheidung zwischen *genetischem* und *systematischem* Aspekt. Der erste hebt die Begriffs*herausbildung*, der zweite die Begriffs*bestimmung* hervor. Begriffe können sich herausbilden in einem langen Entwicklungsprozeß, ohne je einer expliziten Begriffsbestimmung unterzogen worden zu sein. Begriffsbestimmungen treten häufig erst als Präzisierungen bereits herausgebildeter Begriffe auf, wobei der Anlaß meist wissenschaftliches Ungenügen ist. Für diese Art der Begriffsbestimmung hat sich der Terminus »Explikation« eingebürgert. Eine Explikation berücksichtigt die faktisch erfolgte Begriffsbildung, trifft aber unter dem Gesichtspunkt der Wissenschaftlichkeit eine normative Bestimmung des in Frage stehenden Begriffs.

Das Verhältnis von Begriffsherausbildung und Begriffsbestimmung verdient unsere Aufmerksamkeit, weil es das Verhältnis von Wissenschaftsentwicklung und Wissenschaftssystematik zu analysieren erlaubt. Dieses Verhältnis ist im Anschluß an die Untersuchungen zur Wissenschaftsgeschichte von T. S. Kuhn[1] und anderen wieder einmal in den Blickpunkt der Wissenschaft von der Wissenschaft gerückt.

---

[1] T. S. Kuhn, Die Struktur wissenschaftlicher Revolutionen, Frankfurt a. M. 1973 (= stw·25).

Kuhn hat geltend gemacht, daß im historischen Entwicklungsgang der Wissenschaften die Entscheidung zwischen konkurrierenden Theorien nicht den Rationalitätskriterien unterworfen war, die man ihr gemeinhin unterstellt. Kuhn meint, die Wissenschaftsgeschichtsschreibung sei bisher so erfolgt, daß die herrschende Wissenschaftsauffassung die Geschichte jeweils so zurechtschreibe, daß der gegenwärtige Stand der Wissenschaft selbst als die vorläufige Zwischenstation einer im gleichen Sinne fortschreitenden Entwicklung verstanden werden könne. In Wirklichkeit sei die Entwicklung aber nicht kumulativ, sondern revolutionär verlaufen. Dies heißt für Kuhn insbesondere, was immer man zu seinem Begriff von Revolution auch sagen mag, daß die Entscheidung, in welche Richtung der Zug der Wissenschaft schließlich gefahren ist, nicht durch Falsifikation der konkurrierenden Theorie(n), sondern durch die Bekehrung zögernder und das Aussterben verweigernder Gegner erfolgte. Kuhn ist zwar nicht der Ansicht, daß die jeweiligen Entscheidungen völlig irrational gewesen seien, betont aber auch, daß die verworfenen Theorien nicht unbedingt weniger rational gewesen seien. Auf eine knappe Formulierung gebracht: Die Gründe, die faktisch zur Übernahme der einen Theorie und Verwerfung der anderen Theorie geführt haben, lassen sich nicht als im wissenschaftlichen Sinne *rational überwiegende* Gründe auszeichnen. Der von Kuhn dabei in Ansatz gebrachte Rationalitätsbegriff der Wissenschaft ist freilich so eng, daß einen dieses Ergebnis eigentlich gar nicht zu verwundern braucht. Es wird geradezu »rational« und »rationell« gleichgesetzt, wenn (selbstverständlich völlig zu Recht) behauptet wird, daß Debatten über Theoriewahl nicht in der Form logischer oder mathematischer Beweise ausgetragen werden könnten, da es keinen Algorithmus für die Theoriewahl gebe.[2] Solches Verständnis wissenschaftlicher Rationalität, das Kuhn anscheinend anderen unterstellt, ist jedoch nicht das einzig mögliche. Da er selbst zugesteht, daß es auch in Debatten über Theoriewahl um »gute Gründe« gehe, nimmt sich seine Wissenschaftsanalyse durchaus nicht so revolutionär aus, wie es bisweilen den Anschein hat. Andererseits bedarf es nicht erst wissenschaftshistorischer Untersuchungen, um festzustellen, daß Entscheidungen zwischen konkurrierenden Theorien nicht

---

[2] T. S. Kuhn, Postskript - 1969 zur Analyse der Struktur wissenschaftlicher Revolutionen, in: P. Weingart (ed.), Wissenschaftssoziologie 1: Wissenschaftliche Entwicklung als sozialer Prozeß, Frankfurt a. M. 1972, S. 287-319. Dort S. 308.

operational herbeiführbar sind. Intuitiv ist dies jedem Wissenschaftler klar. Doch auch und gerade dann, wenn man Rationalität nicht in dem zu engen Sinne von »rationell« versteht,[3] stellt sich die Frage nach den Grenzen der Rationalität in Diskursen.[4] Diese Grenzen sollen im folgenden am Beispiel von Theoriewahldiskursen (in den Sozialwissenschaften) aufgezeigt werden. Zentrale Bedeutung wird dabei definitionstheoretischen Gesichtspunkten zukommen. Ausgangspunkt sind mir weiterhin Überlegungen Kuhns.

Zunächst ist zu berücksichtigen, daß Theoriewahldiskurse in den Sozialwissenschaften einen anderen Stellenwert als in den Naturwissenschaften haben. Da Kuhn seine Kategorien anhand der Geschichte der Naturwissenschaften entwickelt hat, wird man sich vor naiven Analogiebildungen hüten müssen und sogar zu fragen haben, ob die Anwendung Kuhnscher Kategorien auf die Sozialwissenschaften nicht überhaupt abzulehnen ist. Der wesentliche Unterschied zu den Naturwissenschaften besteht darin, daß es so etwas wie »normale Wissenschaft« im Kuhnschen Sinne als Sozialwissenschaft gar nicht gibt. Somit hätte man die Wahl, den gegenwärtigen Grundlagenstreit in den Sozialwissenschaften entweder als vorparadigmatisch zu interpretieren oder eine gewissermaßen »permanente Revolution« anzunehmen, bei der zusätzlich keine der beteiligten Parteien endgültig von der Bildfläche zu verschwinden scheint. Näher liegt jedoch die Vermutung G. H. von Wrights[5], daß es in den Sozialwissenschaften gar keine universellen Paradigmen gibt und hierin gerade ein wesentlicher Unterschied zu den Naturwissenschaften besteht. Um diesen Unterschied zu markieren braucht man keineswegs auf einen »ontologischen« Unterschied von Natur und Gesellschaft zu rekurrieren, obwohl für diesen einiges spricht, sondern es genügt, auf das unterschiedliche »erkenntnisleitende Interesse« hinzuweisen.[6]

---

[3] Vgl. z. B. die Beiträge in dem von F. Kambartel herausgegebenen Sammelband: Praktische Philosophie und Konstruktive Wissenschaftstheorie, Frankfurt a. M. 1974; ferner: C. Thiel, Rationales Argumentieren, in: J. Mittelstraß (ed.), Methodische Probleme einer normativ-kritischen Gesellschaftstheorie, Frankfurt a. M. 1975, S. 88-106.
[4] Vgl. dazu G. Gabriel, Definitionen und Interessen. Über die praktischen Grundlagen der Definitionslehre, Stuttgart - Bad Cannstatt 1972 (= problemata 13), insb. Kap 5.
[5] G. H. von Wright, Erklären und Verstehen, Frankfurt a. M. 1974, S. 176f., Anm. 12.
[6] J. Habermas, Erkenntnis und Interesse, Frankfurt a. M. 1968.

Das Interesse an technischer Verfügbarkeit ist ein ideologisch weitgehend invariantes Interesse. Nur dieser Sachverhalt macht überhaupt normale Wissenschaft möglich. Wo ein gemeinsames Interesse nicht vorhanden ist, kann es demnach gar nicht zur Herausbildung von normaler Wissenschaft kommen. Mögen sich die Paradigmen in den Naturwissenschaften auch ändern, sie tun es letztlich doch nach Maßgabe des invarianten Interesses an technischer Verfügbarkeit, einem Interesse, das der jeweiligen Paradigmenwahl übergeordnet ist. Wo dieses Interesse in die empirischen Sozialwissenschaften hineingetragen wird, stellt sich dann mit den jeweiligen Paradigmen auch normale Wissenschaft ein, allerdings nur partiell, weil die jeweilige Interpretation der Daten durch gemeinsam anerkannte Paradigmen der Untersuchung nicht determiniert ist. Sozialwissenschaft als normale Wissenschaft wird es also selbst dann nicht geben können, wenn sie den vorparadigmatischen Zustand hinter sich gelassen hat; denn den ideologischen Charakter kann sie nicht hinter sich lassen. Revolutionen - wenn man sie denn noch so nennen will - in den Sozialwissenschaften sind daher, wie G. H. von Wright bemerkt, »das Ergebnis von Ideologiekritik«.[7] Dem hat jede Analyse von Diskursen über Theoriewahl Rechnung zu tragen. Aus definitionstheoretischer Sicht heißt dies, daß insbesondere die ideologische Funktion von Begriffsbestimmungen zu beachten sein wird: das Verhältnis von Definitionen und Interessen. Ich verwende im folgenden den Terminus »Definition«, weil er eine weitere Anwendung erlaubt als »Begriffsbestimmung«, und verstehe darunter jede Art der Präzisierung oder Bestimmung des Gebrauchs eines sprachlichen Ausdrucks.[8] Ausdrücke der Wissenschaftssprache nenne ich kurz »Termini«.

Definitionen haben im wesentlichen zwei Funktionen. Sie können einfach der zwischenmenschlichen Verständigung dienen oder, unter dem Gesichtspunkt der Exaktheit, dem terminologischen Aufbau einer Theorie. Selbstverständlich schließen sich diese Funktionen nicht aus. In ihrer verständigungsdienlichen Funktion können sie erstens jemandem zu verstehen geben, was man selbst genau meint, oder zweitens Einigung über gemeinsamen Wortgebrauch festhalten. Da die Beurteilung einer (wissenschaftlichen) Theorie davon abhängig zu machen ist, ob ihre Aussagen wahr sind, die Wahrheit einer Aussage

---

[7] G. H. von Wright, a.a.O., S. 177.
[8] Selbstverständlich soll dies kein Votum sein gegen die ansonsten notwendige Unterscheidung verschiedener Definitionsarten.

aber wesentlich davon abhängig ist, welche Bedeutung die in ihr verwendeten Termini haben, ist auch die Beurteilung einer Theorie wesentlich von den Definitionen der in ihr verwendeten Termini abhängig. Umgekehrt ist die Tatsache, daß eine Aussage in der einen Theorie falsch und in der anderen wahr ist, Anlaß zur Prüfung, ob vielleicht die verwendeten Termini unterschiedlich verwendet werden. Normalerweise geht dies aus dem terminologischen Aufbau der Theorien hervor. Da sich aber bekanntlich nicht alle Wissenschaftler der Mühe unterziehen, ihre Termini zu definieren, insbesondere dann nicht, wenn sie meinen, eine allgemein anerkannte Bedeutung unterstellen zu dürfen, muß häufig die verständigungsdienliche Funktion der Definitionen in Anspruch genommen werden, indem erst einmal geklärt wird, ob die Nichtübereinstimmung bloß auf einem unterschiedlichen Wortgebrauch beruht, ob es sich also letztlich um einen bloßen Streit um Worte handelt. In diesem Fall haben Definitionen in Diskursen über Theoriewahl die Rolle, sogenannte echte, sachliche Dissenspunkte von sogenannten scheinbaren, verbalen zu unterscheiden. Diese Rolle ist ihnen stets unbestritten zugestanden worden, übersehen wurde aber meist, daß terminologische Differenzen häufig Ausdruck divergierender Interessen sind, die nicht einfach dadurch ausgeräumt werden können, daß die Termini genau definiert werden. So kommt es nicht nur darauf an, zu verstehen, was ein anderer meint, sondern auch, sich auf einen gemeinsamen Wortgebrauch zu einigen. Falls man sich nicht einigen kann, wird man sich bemühen müssen, den eigenen Wortgebrauch durchzusetzen, Wortpolitik zu betreiben.[9] Dies ist nicht etwa nur in der allgemeinen Politik (der Mitte der siebziger Jahre ausgetragene Streit der politischen Parteien der Bundesrepublik Deutschland um den Begriff der »neuen Mitte« ist dafür ein Beispiel), sondern auch in der Wissenschaftspolitik der Fall. Hier geht es darum, die eigene »Richtung« wissenschaftsimmanent durchzusetzen. Die Interessen, die dabei auf dem Spiele stehen, sind daher zunächst theoretische Erkenntnisinteressen, Interessen an einer bestimmten Art der Erkenntniserweiterung. Auf Grund der Verankerung der Institution Wissenschaft im gesellschaftlichen und politischen Gesamtgefüge haben die theoretischen Erkenntnisinteressen aber nicht nur pragmatische Fol-

---

[9] Vgl. dazu H. Lübbe, Der Streit um Worte. Bochumer Universitätsreden, Bochum 1967.

gen, sondern sie sind häufig nur der Oberflächenausdruck zugrundeliegender pragmatischer Interessen. »Pragmatische Interessen« nenne ich solche Interessen, die auf Erhaltung oder Veränderung von (privater, gruppenspezifischer oder öffentlicher) Praxis ausgerichtet sind.[10] So ist der Grundlagenstreit in den Wissenschaften nicht nur ein Streit darüber, wie die Wissenschaften als Wissenschaften vorgehen sollen, sondern insbesondere auch darüber, welche Funktionen sie im gesellschaftlich-politischen Gesamtgefüge einzunehmen haben. Dabei sind die Ergebnisse der einzelnen Richtungen der Sozialwissenschaften stärker dem Ideologieverdacht ausgesetzt als dies die Ergebnisse der Naturwissenschaften oder der Mathematik sind, aber entziehen dürfen auch diese sich nicht einer Kritik der ihnen zugrundeliegenden pragmatischen Interessen. Dies ist ein weiterer Grund, den Kuhnschen Begriff der normalen Wissenschaft mit Vorsicht zu verwenden. Er suggeriert nämlich, insbesondere in der Verbindung mit Kuhns Begriff der wissenschaftlichen Gemeinschaft, daß die Wissenschaft sich nur selbst verantwortlich sei. Doch auch Vertreter dieser Wissenschaftsauffassung (die Kuhn wahrscheinlich nicht teilt) werden zugeben, daß Diskurse über Theoriewahl meistens Ausdruck unterschiedlicher wissenschaftstheoretischer Auffassungen sind, die ihrerseits häufig auf zugrundeliegende divergierende pragmatische Interessen zurückführbar sind. Definitionen nun sind es, die diese Divergenzen zu Tage treten lassen, und deshalb kommt ihnen in Diskursen über Theoriewahl eine besondere Rolle zu. Umgekehrt stellt sich dann aber auch die Frage, ob Definitionen geeignete Mittel sind, solche Divergenzen zu überwinden.

Kuhn vermutet, daß alle wissenschaftlichen Revolutionen ihren Niederschlag in einem neuen Verständnis alter Termini gefunden haben[11], und er betont, daß es nicht ausreicht, das Verständnis durch Definitionen explizit zu machen, um die Diskurse über Theoriewahl zu beenden. Ausführlich heißt es bei ihm:

---

[10] Ich habe (Definitionen und Interessen, S. 83) den Ausdruck »pragmatisch« (in der Verbindung mit »Interesse«) statt »praktisch« wegen unerwünschter gebrauchssprachlicher Nebenbedeutungen des letzteren verwendet, sehe aber nun, daß auch »pragmatisch« inzwischen - im Rahmen linguistischer Theorien - »verbraucht« ist. Zur Präzisierung des Terminus »Interesse« sei verwiesen auf J. Mittelstraß, Über Interessen, in: J. Mittelstraß (ed.), a.a.O., S. 126-159.
[11] Kuhn, Postskript, S. 295.

»Solche Probleme sind, obgleich sie zuerst in der Kommunikation deutlich werden, nicht bloß linguistischer Natur und können nicht einfach dadurch gelöst werden, daß man die Definition schwieriger Begriffe fordert. Da die Wörter, bei denen sich die Schwierigkeiten häufen, teilweise in der direkten Anwendung auf Musterbeispiele gelernt wurden, können die an der Kommunikationsstörung Beteiligten nicht sagen: »Ich gebrauche das Wort ›Element‹ (oder ›Mischung‹ oder ›Planet‹ oder ›freie Bewegung‹) so, wie die folgenden Kriterien angeben.« Sie können nicht bei einer neutralen Sprache Zuflucht nehmen, die beide in gleicher Weise verwenden und die der Darlegung der Theorien beider oder gar ihrer empirischen Konsequenzen angemes-sen ist. Ein Teil des Unterschieds geht der Anwendung der Sprache voraus, in denen er sich dennoch zeigt. [...]
Was die von einer Kommunikationsstörung Betroffenen tun können ist, kurz gesagt, einander als Mitglieder verschiedener Sprachgemeinschaften erkennen und Übersetzer werden.«[12]

Aus diesem Zitat geht weiter hervor, daß Kuhn für die Kommunikationsstörung zwischen Vertretern verschiedener Theorien gerade nicht divergierende Interessen, sondern die Teilnahme an einer jeweils verschiedenen Lehr- und Lerntradition, in der das Verständnis der in Frage stehenden Termini vermittelt wurde, verantwortlich macht. Die Termini sind, so darf man Kuhns Auffassung wohl wiedergeben, durch voneinander abweichende Beispiel- bzw. Operationsreihen gelernt worden, und diese Reihen kann eine rein verbale Definition nicht einholen. Kantisch ausgedrückt: Eine noch so präzise Definition eines Begriffes kann die Anschauungen, die zu seiner Bildung geführt haben, nicht ersetzen. Die Übersetzungen, die Kuhn zur Beseitigung von Kommunikationsstörungen, zur Überwindung von Sprachbarrieren, vorschlägt, dürfen sich daher nicht mit verbalen Definitionen begnügen, sondern müssen die Abweichungen in den Beispiel- und Operationsreihen herauszufinden suchen, die für die Kommunikationsstörungen verantwortlich sind. Die verbalen Definitionen müssen durch ostensive und operationale Definitionen ergänzt werden. Was durch Übersetzung allerdings nur erreicht werden kann, ist ein Verstehen dessen, was der andere meint, nicht aber schon eine Verständigung über eine gemeinsame Theorie; denn dazu wäre eine Einigung über den gemeinsamen Wortgebrauch bis in ostensive und operationale Definitionen notwendig. Diese Einigung ist jedoch - und das scheint mir der »rationale« Kern des Kuhnschen Arguments zu sein - nicht erzwingbar.[13] Kuhns Argument so

---
[12] A.a.O., S. 310.
[13] A.a.O., S. 312.

weit zu akzeptieren, bedeutet zwar nicht, auf gute Gründe verzichten zu wollen, aber doch, deren Reichweite als Basis für Entscheidungen und Einigungen nicht zu überschätzen. Einmal mehr sind wir hier bei einer Form von Erkenntnis oder Einsicht angelangt, die propositional zwar thematisierbar, aber nicht einholbar ist. Um eine Unterscheidung gemeinsam zu akzeptieren, müssen wir die Welt in derselben Weise gliedern, d.h. sie *so* gegliedert sehen.

Faßt man die Diskurse über Theoriewahl in den Sozialwissenschaften ins Auge, so ergeben sich zwangsläufig noch größere Probleme. Selbst wenn man die Ursachen für Kommunikationsstörungen in den Naturwissenschaften nur im Bereich operationaler Lehr- und Lerntraditionen ansiedelt und Divergenzen pragmatischer Interessen meint vernachlässigen zu können, bedürfen die Sozialwissenschaften einer entsprechenden Analyse schon deshalb, weil ihre Ergebnisse stärker dem Ideologieverdacht ausgesetzt sind. Darüber hinaus oder auch gerade deswegen ist der Bereich des Operationalisierbaren weitgehend eingeschränkt und teilweise sogar grundsätzlich umstritten (vgl. z.B. das Problem operationaler Definitionen solcher Begriffe wie »Intelligenz«, »Demokratie« usw.). Beispiele liegen hier - wenn überhaupt - nur in Form komplexer Vorgänge und Situationen vor und sind ohne vorherige Analyse gar nicht verständlich. Die Analyse muß erst feststellen, wofür das Beispiel ein Beispiel ist oder sein soll, und ist daher bereits möglichem Ideologieverdacht ausgesetzt, dem Verdacht nämlich, daß die stillschweigenden Voraussetzungen der Analyse als deren »wissenschaftliches« Ergebnis herauskommen. Dies bedeutet auch, daß die von Kuhn erwogenen Übersetzungsverfahren für die Sozialwissenschaften nicht unproblematisch zur Verfügung stehen.

Im Bereich der Naturwissenschaften besteht eher die Möglichkeit, die Genese der wissenschaftlichen Sozialisation eines Forschers in einer Gruppe oder Schule so weit zu rekonstruieren, daß man versteht, was er meint. Dies liegt daran, daß die Beispiele, an denen er geschult worden ist, einfacher aufweisbar und in operationalen Bereichen sogar herstellbar sind. Wenn man aber in den Sozialwissenschaften die Kommunikationsstörungen überwinden will, indem man als Übersetzer im Sinne Kuhns tätig wird, so kann es notwendig werden, auch die nichtwissenschaftliche Sozialisation, die gesamten Lebensformen der Beteiligten und die darin eingebetteten Weltanschauungen zu rekonstruieren. Man stelle sich nur zwei Demokratietheoretiker vor, von denen der eine in der Bundesrepublik, der andere in der DDR »aufgewachsen« ist.

Niemand kann die Erfahrungen des anderen wirklich nachvollziehen, weil er sie nicht nachholen kann. Er kann sie sich allenfalls auf Grund von Erzählungen und Berichten vergegenwärtigen. Es wird daher nicht immer gelingen, Kommunikationsstörungen zwischen Wissenschaftlern, insbesondere in Diskursen über Theoriewahl, dadurch zu schlichten, daß die Beteiligten ihre Termini definieren. Definitionstheoretisch formuliert: Es ist nicht möglich, zu allen in Frage stehenden Termini über die Rückwärtsverfolgung von Definitionsketten bis zu den exemplarischen Bestimmungen in den Basiseinführungssituationen zurückzukommen. Und selbst wenn dieses gelänge, wenn also jedem Diskursteilnehmer der Sprachgebrauch der anderen über eine solche genetische Rekonstruktion zugänglich gemacht würde, so wäre die Kommunikations*störung* ja erst dann beseitigt, wenn man sich auf einen *gemeinsamen* Wortgebrauch einigen würde. Die Probleme einer solchen Einigung sollen im folgenden an einem einfachen Beispiel dargestellt werden.

Anlaß eines Theoriewahldiskurses sind häufig einander widersprechende Behauptungen. Nehmen wir an, es wären dies die (im Jahre 1975 aufgestellten) Behauptungen »Portugal ist eine Demokratie« und »Portugal ist keine Demokratie«. Wenn die unterschiedliche Beurteilung Portugals nicht darauf zurückzuführen ist, daß die Diskurspartner ihre Behauptungen auf unterschiedliches Tatsachenmaterial stützen, so wird sie ihren Ursprung in einer unterschiedlichen Demokratieauffassung haben.[14] Der nächste Schritt wird also sein, daß die Diskurspartner ihren Wortgebrauch von »Demokratie« erläutern und nach Möglichkeit eine Definition aufstellen. Sollten beide Definitionen im Wortlaut übereinstimmen, so wird es notwendig, Definitionen für diejenigen Termini vorzulegen, die im definierenden Teil (Definiens) der Definition von »Demokratie« vorkommen. Dieses Verfahren wird fortgesetzt bis man auf eine Differenz in den Definitionen stößt. Nehmen wir an, diese Differenz liefe auf die Unterscheidung von »Volksdemokratie« und »parlamentarischer Demokratie« hinaus. Auf diesem Stand des Diskurses versteht jeder der Partner, was der andere behauptet und auch, wieso er gerade dieses behauptet. Die Ursache der Kommunikationsstörung ist aufgedeckt, und diese Entdeckung wird formuliert in Äußerungen der folgenden Art: » ja, wenn Sie ›Demokratie‹ *so* verstehen, dann verstehe

---

[14] Vgl. B. Badura, Sprachbarrieren. Zur Soziologie der Kommunikation, Stuttgart - Bad Cannstatt ²1973 (= problemata 1), insb. Kap. 6.2.

ich auch, wieso Sie zu der Behauptung kommen, daß Portugal eine (keine) Demokratie sei«. Es gibt Wissenschaftstheoretiker, die den Diskurs nach solchen Feststellungen als beendet ansehen und eine Fortsetzung für bloßen Wortstreit halten. Als Ergebnis stellen sie fest: Beide Partner sprechen einfach eine andere Sprache. Den extremsten Ausdruck hat diese Auffassung in der definitionstheoretischen Willkürlichkeitsthese gefunden, nach der Definitionen »im Prinzip« willkürliche Festetzungen des Sprachgebrauchs seien und eine Berücksichtigung der üblichen Verwendung der Worte lediglich aus Bequemlichkeits- und Zweckmäßigkeitsgründen angebracht sei. Eine genauere Analyse zeigt jedoch, daß diese These nicht einmal in der Mathematik, von deren Grundlagentheoretikern sie vornehmlich vertreten worden ist, aufrecht erhalten werden kann.[15]

Würden unsere Diskurspartner den Empfehlungen der genannten Wissenschaftstheoretiker folgen, so gingen sie friedlich auseinander und würden ihren Behauptungen »Portugal ist eine (keine) Demokratie« fortan die Bemerkung hinzufügen, daß »Demokratie« in dem-und-dem Sinne zu verstehen sei. Doch solches tun unsere Diskurspartner in der Regel nicht, sondern sie beginnen im Gegenteil einen Streit um Worte. Sie bestehen darauf, daß »Demokratie« eigentlich das bedeute, was sie selbst darunter verstünden. Zunächst werden beide Seiten ihre Argumente unter Hinweis auf den faktischen Sprachgebrauch, die Etymologie und die Begriffsgeschichte zu stützen versuchen und schließlich mit den Worten, daß »Demokratie« recht verstanden das-und-das bedeute, eine normative Definition vorlegen, die besagt, daß »Demokratie« so-und-so verwendet werden *sollte*. Der Gesamtdiskurs hat sich damit von einem empirischen Sachdiskurs über einen empirischen Wortgebrauchsdiskurs zu einem normativen Wortgebrauchsdiskurs verschoben. Dabei erweist sich die Forderung nach einer normativen Definition als nominalistische Formulierung der sokratischen Forderung nach einer Wesensdefinition. Aus der scheinbaren Sachfrage »was ist Demokratie?« wird die normative Wortgebrauchsfrage »wie soll ›Demokratie‹ verwendet werden?«. Versteht man Wesensdefinitionen nicht als Realdefinitionen (Definitionen des Wesens einer Sache), sondern als normative Nominaldefinitionen im hier präzisierten Sinne, so sind sie entgegen der Ansicht der meisten Wissenschaftstheoretiker unverzichtbar.

---

[15] Gabriel, a.a.O., insb. S. 50-54.

Die Verschiebung des Diskurses in Richtung Wesensdefinition offenbart den eigentlichen Dissens. Er besteht in der Verschiedenheit der zugrundeliegenden pragmatischen Interessen. Der Dissens ist ideologischer Natur. Beide Parteien haben ein Interesse daran, daß »Demokratie« in ihrem Sinne verwendet wird, weil dieses Wort ein Wertprädikat ist. Die Beurteilung einer Staatsform als demokratisch beschreibt nicht einfach empirische Sachverhalte, sondern bewertet, und diese Bewertung ist Ausdruck pragmatischer (hier politischer) Interessen, weil sie auf die Erhaltung oder Veränderung bestimmter Verhältnisse abzielt. Deshalb ist der Streit um Worte hier kein bloßer Streit um Worte, und da Interessen auf dem Spiele stehen, ist er auch berechtigt. Doch wie kann der Diskurs nun weitergehen? Wesensdefinitionen müssen Adäquatheitskriterien genügen. Man wird sich also über solche Kriterien einigen müssen. Scheitert die Einigung, so wird eine Definition von Adäquatheit notwendig, eine adäquate Definition von Adäquatheit. Auf dieser Stufe schließlich wird der Diskurs zirkulär, wobei der methodische Zirkel Ausdruck eines praktischen Zirkels ist, nämlich der Perpetuierung von Interessendivergenzen von Stufe zu Stufe des Diskurses. Nunmehr ist der Diskurs nur dann noch fortsetzbar, wenn die Teilnehmer ihre zugrundeliegenden pragmatischen Interessen explizit zum Gegenstand der Auseinandersetzung machen. Solche Auseinandersetzungen sind normative Sachdiskurse, die auf die Frage »was sollen wir tun?« antworten. Man wird zwar nicht erwarten können, daß Diskurse dieser Art eher mit einer Einigung enden werden als die vorherigen, sie können sogar erneut in der angegebenen Stufenfolge zirkulär enden; trotzdem ist aber in dem Sinne ein Fortschritt erzielt, daß man weiß, woran man ist. Dieses Wissen erlaubt (im gegebenen Fall) zumindest eines: die Unmöglichkeit des Konsenses einzusehen und den Gesamtdiskurs begründet abzubrechen. Dieser Abbruch ist dann nicht etwa ein Zeichen mangelnden guten Willens!

Das so skizzierte Diskursmodell, das man »Dissensmodell« nennen könnte, unterscheidet sich von dem sogenannten »Konsens(us)modell« vor allem darin, daß es den strategischen Wert von Wortgebrauchsdiskursen berücksichtigt. Dieser läßt sich allgemein so charakterisieren: Sobald einer der Diskursteilnehmer auf der Diskursstufe n bemerkt, daß er mit der Übernahme einer Definition seines Gegners eine in seinem Interesse liegende Behauptung oder Unterscheidung der Diskursstufe $n-1$ aufgeben müßte, so kann er, um dem zu entgehen, auf einer (neuen) Diskursstufe $n+1$ gegen die Definition der Diskursstufe n argumentieren.

Wenn ich hier von einem Dissensmodell spreche, so verstehe ich darunter ein Modell für das Auffinden des eigentlichen Dissenses. Es ist die Folie, auf der man faktisch stattfindende oder stattgefundene Diskurse betrachten muß, wenn man die Ursachen ihres - am Konsensmodell gemessen - häufigen Scheiterns verstehen will. Normativ bleibt das Konsensmodell als regulative Idee in Kraft.

Die aufgewiesenen pragmatischen Aspekte wissenschaftlicher Begriffsbildung sind, und das zeigt sich bereits an dem behandelten Beispiel, nicht auf Theoriewahldiskurse beschränkt, sondern lassen sich verallgemeinern. Dies ist zu bedenken, wenn ich nun noch einmal abschließend und zusammenfassend die Rolle von Definitionen in diesen Diskursen bestimme.

1. Die zentralen Termini einer Theorie verweisen auf die zentralen Vororientierungen dieser Theorie.
2. Den Ursachen einer Kommunikationsstörung zwischen Wissenschaftlern kommt man nur dadurch auf die Spur, daß man die Definitionen der zentralen Termini vergleicht.
3. Der Vergleich scheitert, wenn die unterschiedliche Terminologie ihren Ursprung in unterschiedlichen Lebensformen und Weltanschauungen hat, die nicht mehr vergegenwärtigt werden können.
4. Gelingt der Vergleich, hat man verstanden, was der andere meint, so ist die Kommunikationsstörung damit noch nicht beseitigt.
5. Die Kommunikationsstörung ist beseitigt, wenn es gelingt, sich auf einen gemeinsamen Wortgebrauch (durch eine Definition) zu einigen.
6. Mit dieser Einigung ist eine Einigung über gemeinsame pragmatische Interessen verbunden. Eine Verheimlichung dieses Zusammenhangs ist Verschleierung.
7. Mißlingt die Einigung, so ist dies Ausdruck einer (prima facie) unüberwindlichen Divergenz pragmatischer Interessen.

Unser erkenntnistheoretisches Ergebnis lautet: Begriffsbildung bedeutet Unterscheidung, und Unterscheidungen kommt eine weltgliedernde Kraft durch Grenzziehungen zu. Nichts anderes besagt der Ausdruck »Definition«. Nun werden Gliederungen der Welt von Interessen geleitet, und so gehen über Definitionen Vororientierungen in die Theorien selbst ein, die nicht nur deren propositionalen Gehalt bestimmen, sondern mehr oder weniger auch deren »Weltauffassung« tragen. In ganz besonderem Maße gelten diese Zusammenhänge für Kultur- und Sozialwissenschaften, so daß gerade hier eine Untersuchung des Verhältnisses von Erkenntnis und Interesse mit einer Analyse des Verhältnisses von *Definition* und Interesse zu beginnen hätte. Das Fehlen solcher Analysen möchte ein Indiz für einen latenten Propositionalismus nicht nur unter Wissenschaftstheoretikern, sondern auch unter Gesellschaftstheoretikern sein, die (wie J. Habermas) zwar unterschiedliche Geltungsansprüche anerkennen, dabei aber, wie es der Begriff der *Geltung* nahelegt, auf der propositionalen Ebene verbleiben und daher tendenziell den Bereich nicht-propositionaler und vorpropositionaler Erkenntnis vernachlässigen.[16]

---

[16] Bei Habermas wird dies besonders deutlich in seiner Auseinandersetzung mit dem Dekonstruktivismus. Vgl. dazu den Beitrag »Erkenntnis in Wissenschaft, Philosophie und Dichtung«.

V
KOMPLEMENTARITÄT
DER ERKENNTNISFORMEN

EIN MANN VON WELTEN

Es war einmal eine Welt, und die war alles, was der Fall ist; aber die Welt ist auch nicht mehr das, was sie einmal war. Es gibt noch andere Sichtweisen auf Welt und von Welt als diejenige von Sätzen, die das Bestehen oder Nichtbestehen von Sachverhalten aussagen. Wesentlichen Anteil an diesem pluralistischen Perspektivenwechsel hat (innerhalb der analytischen Philosophie) Nelson Goodman, dessen Buch »Ways of Worldmaking« den Wechsel schon im Titel zum Ausdruck bringt. Im folgenden werde ich mich - bei aller prinzipiellen Zustimmung - mit einer relativistischen Tendenz von Goodmans Pluralismus auseinandersetzen, um dadurch meine Argumentation für einen *komplementären* Pluralismus im anschließenden Beitrag unterscheidend vorzubereiten.

Goodman scheint in seinem Buch[1] die weltanschauliche Summe ziehen zu wollen aus vielen Einzeluntersuchungen, die er in vier Jahrzehnten analytisch-philosophischer Tätigkeit vorgelegt hat. Seine Überlegungen fußen wesentlich auf früheren Ergebnissen, wobei vor allem die in »Languages of Art«[2] entwickelte Denkrichtung fortgeführt wird, die man kurz beschreiben könnte als das Bemühen um erkenntnistheoretische Gleichstellung der Künste gegenüber den Wissenschaften und entsprechend der Ästhetik gegenüber der Wissenschaftstheorie. Hatte Goodman sich damit von seiner eigenen logisch-empiristischen Tradition mit deren emotivistischer Auffassung der Kunst verabschiedet, indem er zeigte, wie Kunst Erkenntnis vermittelt, geht er in seinem neuen Buch noch einen Schritt weiter, insofern er dieser Erkenntnis als Welterkenntnis eine neue Deutung gibt. In Wissenschaft und Kunst haben wir es gleichermaßen, wenn auch nicht in gleicher Weise, mit Welterkenntnis zu tun. Doch: Statt einer Welt haben wir verschiedene Welten, aber auch genau genommen nicht eigentlich Welten, sondern lediglich Versionen

---

[1] Seitenangaben beziehen sich auf die deutsche Ausgabe: Weisen der Welterzeugung, Frankfurt a. M. 1984. Das Original erschien Indianapolis 1978.
[2] Languages of Art. An Approach to a Theory of Symbols, Indianapolis 1968, dt. Sprachen der Kunst, Frankfurt a. M. 1973.

von Welten (ohne Ganzheitscharakter), und diese werden nicht etwa erschlossen, sondern erzeugt. »Wir sind bei allem, was beschrieben wird, auf Beschreibungsweisen beschränkt. Unser Universum besteht sozusagen aus diesen Weisen und nicht aus einer Welt oder aus Welten.« (S. 15). Dies klingt nach Relativismus auf idealistischer Grundlage, und tatsächlich versteht Goodman seine Position als einen relativistischen »Irrealismus«, allerdings »unter strengen Einschränkungen« (Vorwort, S. 10). Wenn man sich diese Einschränkungen vergegenwärtigt, entpuppt sich Goodmans Position als etwas weniger radikal, als man zunächst vermuten könnte. So fehlen insbesondere die Anzeichen und typischen Beispiele eines Kulturrelativismus mit den häufigen Begleiterscheinungen einer Kritik oder gar Ablehnung sogenannter westlich-wissenschaftlicher Zivilisation und Rationalität. Von Berichten über fremde Stämme bleibt der Leser verschont. Goodmans Welten sind keine fremden Welten, sondern unsere Welten, und wenn schon nicht faktisch unsere eigenen Welten, so doch grundsätzlich uns zugängliche bzw. von uns erzeugbare Welten. Goodman hebt also nicht ab, vielmehr stellt er sein Buch (im Vorwort) selbst in die Tradition der »modernen« abendländischen Philosophie, die er damit beginnen läßt, »daß Kant die Struktur der Welt durch die Struktur des Geistes ersetzte«, und deren Entwicklung er nach analytischem Selbstverständnis dadurch bestimmt sieht, daß auf die Ablösung der Metaphysik durch Erkenntniskritik eine Ablösung der Erkenntniskritik durch Begriffsanalyse und Sprachkritik erfolgte, und deren Vollendung darin zu sehen sei, daß die Analysen von *der* Sprache auf *die* Sprachen ausgedehnt werden, d. h. auf »die Strukturen der verschiedenen Symbolsysteme der Wissenschaften, der Philosophie, der Künste, der Wahrnehmung und der alltäglichen Rede« (S. 10). Die Vielfalt gleichberechtigter Symbolsysteme läßt sich nicht vereinheitlichen, die Übersetzbarkeit zwischen diesen Systemen ist nicht gewährleistet. Hier auf *einem* System zu beharren, wäre Reduktionismus, und dieser ist neben vielen anderen Gegnern Goodmans Hauptgegner. Vorgelegt wird so eine systematische Philosophie ohne System, eine »Kritik der Welterzeugung« (S. 117).

In auffälligem Kontrast zu Goodmans Bekenntnis zum Relativismus steht sein Festhalten an einem massiven Nominalismus. Bei aller Vielfalt an Welten sind diese Welten doch sämtlich als Welten von Individuen verfaßt (S. 119). Die wesentlichen Ergebnisse des Buches sind aber unabhängig von nominalistischen Voraussetzungen. Und selbst die ironische Abfuhr, die der Mögliche-Welten-Semantik erteilt wird (S. 14),

und die treffliche Zurückweisung der Annahme fiktiver Entitäten (S. 126ff.) läßt sich auf weniger radikaler Grundlage nachvollziehen.[3]
Im Rahmen allgemeiner Erwägungen stellt sich zunächst die Frage nach Goodmans Weltbegriff. Da keine eigentliche Definition gegeben wird, hat man sich an seine Beispiele zu halten. Diese offenbaren einen sehr weiten, geradezu inflationistischen und deshalb problematischen Gebrauch von »Welt«. So können zwar umgangssprachlich »Welten zwischen uns liegen« und ist »die Welt der Peter Stuyvesant« nicht meine Welt, philosophisch sollte man aber doch solchen bloß innerweltlichen Gebrauch von »Welt« nicht mitmachen. Auch wenn man Gründe hat, reduktionistischen Ganzheits- und Einheitsgedanken zu widersprechen, warum sollen verschiedene Aspekte von Welt (Goodmans Weisen der Welterzeugung) nicht zu einer Welt pluralistischer Komplementarität zusammenstimmen können? Einer solchen Auffassung widersetzt sich Goodman mit der Behauptung, daß unsere »Vielfalt von richtigen Versionen oder Welten« sogar »konfligierende« (conflicting) enthält (S. 10). Die Beispiele für konfligierende Welten, die Goodman insbesondere im I. und VII. Kapitel beibringt, sind allerdings schwerlich als solche einzusehen. Statt in einem Pluralismus von Welten lassen sie sich alle in einer pluralistischen Welt unterbringen. Dies gilt insbesondere für das (S. 140-144) diskutierte Hauptbeispiel alternativer Welten von Punkten (in einer Ebene) als durch Geraden erzeugt oder nicht erzeugt. Nicht »Welten im Widerstreit« (S. 141) sind hier gegeben, sondern miteinander verträgliche, wenn auch komplementäre Darstellungen. Was Goodman daran hindert, die Dinge so zu sehen, liegt an seiner Einschätzung dessen, was man traditionellerweise als den Beitrag des Subjekts beim Zustandekommen der Erkenntnis verstanden hat.

Goodman verwirft im Anschluß an die idealistische Tradition zu recht das »eigenschaftslose Substrat« (S. 19) oder die »neutrale Tatsache« (S. 144), verleiht dann aber der aktiven (schöpferischen) Rolle des Erkenntnissubjekts das Übergewicht, wenn er (nach sprachanalytischer Ersetzung des »Subjekts« durch »Sprache«) behauptet: »Wir können zwar Wörter ohne eine Welt haben, aber keine Welt ohne Wörter oder andere Symbole« (S. 19). Im Sinne der (Schopenhauerschen) Symmetrie »kein Objekt ohne Subjekt, aber auch kein Subjekt ohne Objekt« läßt sich einfach dagegenhalten: Wir hätten keine Wörter oder andere Symbole

---

[3] Vgl. den Beitrag »Sachen gibt's, die gibt's gar nicht«.

ohne eine Welt. Die Vorrangstellung des Subjekts (der Sprache) wirkt sich schließlich in Verbindung mit der symboltheoretischen Ersetzung des Singulars »Sprache« durch den Plural »Symbolsysteme« als überzogener Welterzeugungspluralismus aus. Problematisch ist daran nicht der Pluralismus, sondern der Gedanke der Erzeugung und der Weltbegriff. Tatsachen bleiben, was der Fall ist, auch wenn es keinen Sinn macht, von einem sprachfreien (oder symbolfreien) Zugang zu ihnen zu sprechen; nur, es ist eben nicht alle Erkenntnis, vielleicht nicht einmal die wesentlichste, Tatsachenerkenntnis oder auch nur propositionale Erkenntnis.

Die Darlegung der Grundgedanken, der allgemeinen Verfahren bei der Welterzeugung und der philosophischen Konsequenzen in dem einleitenden und in den beiden abschließenden Kapiteln des Buches gibt den Rahmen für die Analyse sehr unterschiedlicher Beispiele in den vier mittleren Kapiteln ab.

Die Subjekt-Objekt-Thematik macht sich indirekt gleich im II. Kapitel (»Der Status des Stils«) bemerkbar. Goodman widerspricht hier der gängigen Unterscheidung von Sujet und Stil, wonach Sujet das ist, *was* gesagt wird, und Stil, *wie* es gesagt wird. Eine solche Trennung räumt dem Inhalt (den Tatsachen) eine von der Form (den Symbolsystemen) unabhängige Stellung ein und kann von Goodman schon deshalb nicht hingenommen werden. Es wird dann gezeigt, daß Stilmerkmale eines Werkes (jenseits der Unterscheidung von Form und Inhalt) nur solche Merkmale sind, die es symbolisiert.

Symbolisierung ist bei Goodman so weit gefaßt, daß jede unterscheidende Bezugnahme eines Zeichens (Bildes und auch Gegenstandes) eingeschlossen ist. Die wesentlichsten Arten der Symbolisierung sind Denotation, Exemplifikation und Ausdruck (metaphorische Exemplifikation). Ausgeschlossen bleibt der bloße Besitz (einer Eigenschaft). So hat Goodmans Buch die Eigenschaft, ins Deutsche übersetzt worden zu sein, ohne daß es diese Eigenschaft symbolisiert. Eigenschaften dieser Art sind entsprechend als Stilmerkmale ausgeschlossen. Symbolisiert zu sein, ist eine notwendige Bedingung für Stilmerkmale; sie ist aber keine hinreichende. Die Vermittlung von Erkenntnis durch Kunstwerke erfolgt nach Goodman überhaupt durch Symbolisierung, und der Stil kann nur *ein* Moment dieser Erkenntnisvermittlung ausmachen.

Das III. Kapitel ist einer vergleichenden Untersuchung des sprachlichen Zitats mit entsprechenden Möglichkeiten in nicht-sprachlichen Symbolsystemen (Malerei, Photographie, Musik) gewidmet. Es kann hier nicht in seinen vielfältigen Anregungen gewürdigt werden. Eine weiterführende Anwendung möchte sich z. B. ergeben bei der Analyse von Collage- und Montageverfahren.

Ihre eigentlichen Stärken entfaltet die Goodmansche Symboltheorie in der Anwendung auf moderne Kunst, auf ästhetische Erkenntnisvermittlung jenseits des traditionellen Werkbegriffs. Insbesondere das IV. Kapitel (»Wann ist Kunst?«) liefert einen Beitrag zur Ontologie des Kunstwerks mit dem Ergebnis, daß ein Kunstwerk zu sein keine permanente Eigenschaft eines Objektes zu sein braucht. Ein Objekt könne vielmehr zu einem Kunstwerk werden, wenn es, wie z. B. als *objet trouvé*, ab einem bestimmten Zeitpunkt »als Symbol fungiert« (S. 87).

Im V. Kapitel untersucht Goodman anhand des Phänomens der sogenannten Scheinbewegung »auffällige Beispiele dafür, wie die Wahrnehmung ihre Fakten erzeugt« (S. 112). Die experimentellen Befunde entnimmt er dabei dem Buch »Aspects of Motion Perception« von P. A. Kolers, wobei er einige Ergebnisse dieses Buches als Beleg dafür anführt, daß auch das visuelle System »eine Welt nach eigenen Gesichtspunkten aufbaut« (S. 99). Es scheint jedoch, daß Goodman die herangezogenen experimentellen Ergebnisse zugunsten seiner allgemeinen These überbewertet.

Ein Vergleich mit dem Buch von Kolers zeigt, daß die von Goodman (notwendigerweise) verkürzte Beschreibung der Experimente an einigen Stellen mißverstanden werden kann. So erweckt die Darstellung den Anschein (der im englischen Original allerdings eher auflösbar ist), als spielten sich alle Vorgänge, auch die S. 98f. beschriebenen Scheinbewegungen, in der Ebene ab, während bei Kolers hier gerade auch dreidimensionale Scheinbewegungen auftreten.

Ganz mißverständlich ist die Beschreibung des Experiments S. 99. Hier fehlt die wesentliche Auskunft, daß die beiden in Figur 1 *nebeneinander* stehenden Figurengruppen im Experiment nicht einfach in der abgebildeten räumlichen Anordnung nacheinander aufleuchten, sondern um eine Figur so versetzt, daß die ersten drei Figuren der zweiten Gruppe *an derselben Stelle* aufleuchten wie zuvor die letzten drei der ersten Gruppe. Insofern »bewegen sich die rechten drei Figuren der ersten Gruppe« im Gegensatz zu Goodmans Aussage überhaupt nicht. Eine Bewegung vollführt nur der äußere Kreis (und zwar als räumliche Klappbewegung). Und dieses Ergebnis ist nun gar nicht so erstaunlich, daß es die Welterzeugungsthese stützen könnte.

Es ist auch nicht einzusehen, wieso es »eines der aufregendsten unerwarteten Ergebnisse in der Geschichte der Experimentalpsychologie« sein soll, daß Scheinbewegungen begleitende Farbübergänge abrupt erfolgen und nicht kontinuierlich wie entsprechende Gestaltveränderungen (S. 107), und warum uns ausgerechnet der »gesunde Menschenverstand« getäuscht haben soll, wenn wir eine kontinuierliche Farbveränderung vermutet haben. Es ist doch eher so: Der gesunde Menschenverstand ist zunächst einmal lediglich verwundert über das Phänomen der Scheinbewegung, und nachdem an die Stelle des gesunden Menschenverstands der durch Experimente sozusagen »verdorbene« Verstand des Wahrnehmungspsychologen getreten ist, vermutet *dieser* Verstand in Analogie zu den kontinuierlichen Gestaltveränderungen die kontinuierliche Farbveränderung. Nachdem diese ausbleibt, wird doch gerade der gesunde Menschenverstand zufrieden feststellen, daß die Farben sich offensichtlich »gesünder« (und nicht etwa »eigensinnig«, wie Goodman meint) verhalten als die sich einer bloßen Scheinbewegung anpassenden Gestalten. Goodman ist hier für eine scheinhafte Welterzeugung so eingenommen, daß ihm gerade das Normale aufregend erscheint. (Das realistische Vorurteil wird durch ein irrealistisches abgelöst.) Es ist normal, wenn zwei verschiedene, raumzeitlich getrennte Farbqualitäten als solche getrennt wahrgenommen werden. Nichts anderes bedeutet letztlich der abrupte Farbübergang.

Was anschließend zur Erklärung dieses angeblichen »Rätsels bei der Wahrnehmung« angeführt wird, läuft denn auch auf nichts anderes hinaus, als die Alltagserfahrung und den gesunden Menschenverstand in ihre Rechte wieder einzusetzen. Am Ende seines inszenierten Umweges stellt Goodman fest, daß jede visuelle Bewegungswahrnehmung (wegen des notwendigen Kontrastes zwischen sich bewegendem Objekt und Hintergrund) von einer abrupten Farbveränderung abhängt, die jeweils an der Umgrenzung (an den Kanten) des sich bewegenden Objekts stattfindet. Aus diesem Umstand schließt er dann, daß die in Kolers' Experimenten beobachteten Farbsprünge »unvermeidlich« seien, weil ohne sie die Scheinbewegungen gar nicht wahrgenommen werden könnten (S. 112). Dies erweist sich nun aber in anderer Richtung als eine Übertreibung; denn, angenommen die Farben würden tatsächlich kontinuierlich ineinander übergehen, die notwendige Kontrastierung des sich bewegenden Objekts gegenüber dem Hintergrund ginge dabei ja nicht verloren (so lange der Hintergrund nicht dieselbe Farbe hat wie das Objekt).

Nach diesen kritischen Bemerkungen sei noch einmal als eine für uns wichtigere »Hauptthese« hervorgehoben, »daß die Künste als Modi der Entdeckung, Erschaffung und Erweiterung des Wissens - im umfassenden Sinne des Verstehensfortschritts - ebenso ernst genommen werden müssen wie die Wissenschaften und daß die Philosophie der Kunst mithin als wesentlicher Bestandteil der Metaphysik und Erkenntnistheorie betrachtet werden sollte« (S. 127). Bezogen auf das Rahmenthema einer Zurückweisung eines objektivistischen Weltbegriffs der Wissenschaft fällt auf, daß dem ein Hinausgehen über den traditionellen Werkbegriff der Kunst korrespondiert. Insbesondere besteht eine eigentümliche Parallelität zwischen dem Fehlen des Ganzheitsgedankens im Weltbegriff und dem Fehlen des Einheitsgedankens (»Einheit in der Mannigfaltigkeit«) im Werkbegriff. Angesichts der Tatsache, daß die Auffassung des Kunstwerks als »eigener Welt« geradezu ein Topos der traditionellen Ästhetik ist, paßt Goodmans Symboltheorie - auf allen Ebenen - zum »Weltverlust« der Moderne. Sie erlaubt es darum aber auch, die Dinge wieder direkter anzugehen, ohne immer schon ganze Traditionen vor oder hinter den neuen Phänomenen aufzutürmen. So wird es verständlich, daß ein Hauptproblem der traditionellen Ästhetik, das ästhetische Werturteil, bei Goodman keine direkte Behandlung erfährt. Zwar werden (wie schon in »Languages of Art«) »Symptome des Ästhetischen« angeführt; diese Symptome sind aber weder notwendige noch hinreichende Bedingungen des Ästhetischen und vor allem fungieren sie nicht als Kriterien für ästhetische *Gelungenheit*. Erst recht wird die Schönheit (als besondere ästhetische Gelungenheit) aus der Überlegung gänzlich ausgeschlossen (S. 162). Auch ohne daß dieser Verzicht eigens mit dem Vorherrschen der »nicht mehr schönen Künste« begründet würde, fügt sich beides zusammen.

Immerhin verbleibt »ästhetische Richtigkeit« (S. 161f.). Diese ist ein Sonderfall der Richtigkeit, die wiederum verstanden wird als eine der Wahrheit übergeordnete Angemessenheit oder Adäquatheit, als »eine Sache des Zusammenpassens mit einer Praxis« (S. 168) und nicht, so läßt sich ergänzend hinzufügen, als eine Sache der Abbildung einer objektiv vorgegebenen Welt an sich. Die überraschende Einführung des Begriffs der Praxis an dieser Schlüsselstelle läßt fragen, ob hier nicht implizit die Überbetonung der symbolischen Formen gegenüber ihren Inhalten zurückgenommen wird; denn was ist gelingende Praxis anderes als das ungeschiedene Ineinandergreifen von Subjekt und Objekt (Form und Inhalt)?

Der Umstand, daß ästhetische Richtigkeit zusammen mit propositionaler Wahrheit einem »allgemeinen Begriff der Richtigkeit des Passens« (S. 161) untergeordnet wird, erlaubt es, das traditionelle Kernproblem des ästhetischen Urteils, das Geschmacksproblem zu umgehen. Es bahnt sich hier ein erneutes Verständnis des ästhetischen Urteils als Erkenntnisurteil an, das mit einer entsprechenden wünschenswerten Anbindung der Ästhetik an die Erkenntnistheorie einhergeht. Vor dem Hintergrund der geschichtlichen Entwicklung der Ästhetik ist dies nur dadurch möglich, daß die Orientierung am Begriff des Schönen aufgegeben wird. Hatte Kant für das vorgegebene Explikandum »schön« das adäquatere Explikans (in Geschmacksbegriffen) vorgelegt, so hatte Baumgarten mit einem reicheren, aber inadäquaten Explikans (in Erkenntnisbegriffen) doch bereits den Weg zur Befreiung von einer thematischen Engführung der Ästhetik gewiesen. Goodman steht mit seiner Betonung der Möglichkeit ästhetischer Erkenntnis in der Tradition Baumgartens. Im einzelnen lassen sich aber auch Brücken zu Kant schlagen, z. B. durch einen Vergleich von Goodmans Begriff der Exemplifikation mit Kants Begriff der ästhetischen Idee. Bleibt doch auch im Begriff der ästhetischen Idee der Gedanke der ästhetischen Erkenntnis bewahrt, und zwar im Sinne der begrifflichen Unausschöpfbarkeit, die selbst wiederum Baumgartens Gedanken der ästhetischen Fülle einer »extensiv klaren« und insofern vielsagenden Vorstellung (*perceptio praegnans*) beinhaltet.

Die Unausschöpfbarkeit des Kunstwerkes ließe sich im Rahmen der Goodmanschen Symboltheorie daraus ableiten, daß die Exemplifikation in die »entgegengesetzte Richtung« der Denotation verläuft (S. 25). Die durch die Exemplifikation geleistete Symbolisierung wird beschrieben als Besitz (Haben von Eigenschaften) plus Bezugnahme auf eine Auswahl dieser Eigenschaften. (Bei der metaphorischen Exemplifikation, die Goodman „Ausdruck" nennt, ist der Besitz metaphorisch. Ein in Grautönen gemaltes Bild, das Traurigkeit zum Ausdruck bringt, hat die Eigenschaft der Traurigkeit im übertragenen Sinne.) Im Unterschied zur Denotation, die die verschiedenen Arten des Zutreffens sprachlicher und nicht-sprachlicher (z. B. bildlicher) Symbole einschließt, ist die Exemplifikation (wegen des Besitzes) weniger willkürlich. Denotieren kann alles alles, exemplifizieren kann ebenfalls alles, aber jeweils nur Eigenschaften, die besessen werden. Daß ein Objekt nicht alle Eigenschaften symbolisiert, die es besitzt, ist bereits (in der Erörterung zum II. Kapitel) gesagt worden. Es ist aber auch nicht genau bestimmt, auf welche seiner Eigenschaften ein Objekt exemplifizierenden Bezug nimmt (S. 166). Diese Unbestimmtheit ist es, aus der Kunstwerke ihre Welt erschließende (wenn auch nicht Welten erzeugende) Kraft beziehen. Und diese Unbestimmtheit ist es auch, die die Offenheit und Unabschließbarkeit von Deutungen nicht nur ermöglicht, sondern semantisch geradezu erzwingt.[4]

In einer abschließenden Beurteilung sollten drei im Verbund auftretende Argumentationen auseinandergehalten werden: die relativistische, die idealistische und die pluralistische. Die relativistische Argumentation erscheint als mißverständliches Zugeständnis, das Goodmans Analysen unnötig der Gefahr aussetzt, von falscher Seite vereinnahmt zu werden. Die idealistische Argumentation ist wesentlich, aber an entscheidender Stelle überzogen. Die pluralistische Argumentation schließlich erbringt (in Fortsetzung der Argumentation von »Languages of Art«) den eigentlichen Ertrag des Buches, neue Belege für die These der Gleichberechtigung von wissenschaftlicher und ästhetischer Erkenntnis. Bezieht man diese These auf Goodmans eigene Tradition zurück, so ließe sich von einer Übertragung des Carnapschen (für Wissenschaftssprachen formulierten) Toleranzprinzips auf andere Sprachen und Symbolsysteme überhaupt sprechen (allerdings unter »intoleranter« Beschränkung auf nominalistische Systeme). Diese Übertragung ist dann von der Konsequenz begleitet, daß verschiedene Symbolsysteme, insbesondere propositionale und nicht-propositionale, nicht ineinander übersetzbar sind. Toleranzprinzip ohne Übersetzbarkeit ergibt Kom-

---

[4] In diesem Sinne vgl. die Ausführungen in dem Beitrag »Über Bedeutung in der Literatur«, wo die Unabschließbarkeit von Interpretationen literarischer Texte auf eine »Richtungsänderung des Bedeutens« zurückgeführt wird. Obwohl Goodmans Begriff der Exemplifikation ein Moment der Richtungsänderung einschließt, scheint er zumindest für Literatur insofern zu eng zu sein, als er verlangt, daß das Exemplifizierte als *Eigenschaft* (und sei es metaphorisch) *besessen* wird. Damit dürfte eine (unzulässige) Beschränkung auf prädikative Verhältnisse (von Allgemeinem zu Besonderem) vorgenommen worden sein (vgl. Languages of Art, Kap. II.3, VI.2 und VI.5). Es möchte angehen, daß man einem Werk, das Pessimismus zum Ausdruck bringt, die Eigenschaft zuspricht, pessimistisch zu sein. (Obwohl auch hier - aus intentionalistischen Gründen - Vorsicht geboten ist. Die *Darstellung* einer pessimistischen Weltsicht muß nicht selbst pessimistisch *gemeint* sein.) Allgemein läßt sich aber das, was literarische Texte zum Ausdruck bringen, nicht als deren Eigenschaften fassen. Der traditionelle Begriff der exemplarischen Darstellung ist also reicher, wenn auch weniger präzise, als Goodmans Begriff der Exemplifikation, so daß letzterer nur eine Teilexplikation des ersteren abgeben kann.

plementarität. Goodmans These beinhaltet demgemäß keinen (die Unterschiede verwischenden) *indifferenten* Pluralismus, sondern einen (die Unterschiede betonenden) *komplementären* Pluralismus. Auf solcher Grundlage wird man sich auch dem »Welten«-Bummler Goodman gefahrlos anschließen können, ohne sich dabei als Mann von Welten oder gar als Schöpfer von Welten vorkommen zu müssen. Die Komplementarität von Welten wird man sich in die Komplementarität von Sichtweisen von Welt übersetzen dürfen. Dieser Gedanke eines komplementären Pluralismus von Erkenntnisformen, der bereits die vorangegangenen Beiträge leitmotivartig bestimmt hat, soll nunmehr seiner zusammenfassenden Darstellung zugeführt werden.

ERKENNTNIS IN WISSENSCHAFT, PHILOSOPHIE UND DICHTUNG. ARGUMENTE FÜR EINEN KOMPLEMENTÄREN PLURALISMUS

»DIE ZWEI KULTUREN«

Die Rede von den zwei Kulturen mit ihrer Unterscheidung und Gegenüberstellung von Naturwissenschaft und Geisteswissenschaft ist bekanntlich nicht unproblematisch, vor allem, wenn man sie so versteht, als würden mit ihr erstens *alle* Disziplinen erfaßt und diese zweitens auch noch *trennscharf*. So verstanden wären die Sozialwissenschaften von vornherein ausgeschlossen, die Psychologie ließe sich nicht zuordnen, weil sie von ihrem Gegenstand her betrachtet zu den Geisteswissenschaften zu zählen ist, sich in ihrer heutigen methodologischen Ausrichtung aber weitgehend an den Naturwissenschaften orientiert, und so auch die Mathematik, die es doch wahrlich mit Konstruktionen des Geistes zu tun hat, sich aber aufgrund ihrer Anwendungsfelder eher im Bereich der Naturwissenschaften aufhält. Diese Dinge und die damit verbundenen Abgrenzungsfragen sind den an der Diskussion Beteiligten auch durchaus bewußt und müssen hier nicht im einzelnen wieder aufgerollt werden. Statt der Bezeichnung »Geisteswissenschaft« ist denn auch schon im 19. Jahrhundert »Kulturwissenschaft« vorgeschlagen worden.[1]

Wenn nunmehr verstärkt die »alte« Unterscheidung wiederkehrt, so liegt dies wohl weniger an einer wissenschaftstheoretischen Rückbesinnung als vielmehr daran, daß Untersuchungen zum Verhältnis von Geist und Natur und die »Überwindung« eines entsprechenden Gegensatzes angesagt erscheinen. Dahinter verbirgt sich daher auch kein

---

[1] So H. Rickert in seiner programmatischen Schrift: Kulturwissenschaft und Naturwissenschaft, 6./7. Aufl. Tübingen 1926. Neuausgabe (mit einem Nachwort von F. Vollhardt) Stuttgart 1986. Zu den angedeuteten Abgrenzungsschwierigkeiten vgl. z.B. J. Mittelstraß, Glanz und Elend der Geisteswissenschaften (= Oldenburger Universitätsreden 27), Oldenburg 1989, S. 26 ff. Exemplarische Stellungnahmen zum Thema »zwei Kulturen« finden sich in: Universitas 42 (1987), Heft 1.

methodologisches, sondern allenfalls ein ontologisches Interesse, das sich zudem teilweise bis zu den trüben Quellen der Esoterik zurückverfolgen läßt. Neutraler gesagt: Wir erleben derzeit eine Neuauflage der monistischen Bewegung der Jahrhundertwende, die, wie damals schon, eher von überschwenglichen Naturwissenschaftlern denn von sich selbst bescheidenden Philologen in Gang gebracht worden ist. Zu den Begründern dieser Bewegung gehörte seinerzeit immerhin der Nobelpreisträger für Chemie, Wilhelm Ostwald. Dessen Bestreben, den Dualismus von Materie und Geist in der Weltanschauung eines »energetischen Monismus« zu überwinden, klingt bei den »positiven« Energetikern des »new age« noch nach.[2]

Lassen wir diesen Hintergrund einmal außer acht, so haben wir bei der Betrachtung des Verhältnisses von Natur- und Geisteswissenschaft jedenfalls die metaphysische Frage des Gegensatzes oder der Identität von Materie und Geist und die erkenntnistheoretische Frage des Gegensatzes oder der Einheit geisteswissenschaftlicher und naturwissenschaftlicher Methoden zu unterscheiden. Entsprechend haben wir es entweder mit einem ontologischen oder einem methodologischen Dualismus (Pluralismus) bzw. Monismus zu tun. Es scheint, daß auch die neuerliche Diskussion um die »Einheit der Wissenschaft« vorwiegend durch weltanschauliche Einheitsbestrebungen motiviert ist, also durch Versuche, den Geist-Materie-Dualismus zu überwinden, den man und frau für die Gegenwartsprobleme unserer hochentwickelten Industrienationen verantwortlich zu machen geneigt sind.

Unabhängig von der überzogenen Fragestellung, ob dieser Dualismus nun wirklich für alle Übel der Moderne verantwortlich zu machen ist, gegen den Gedanken der Einheit selbst ist in diesem Zusammenhang nichts einzuwenden, und ein ontologischer Monismus wäre, wenn es denn überzeugende Argumente für ihn gäbe, einem Dualismus sicher vorzuziehen. Anders steht es um die Einheit der Wissenschaften unter methodologischen Gesichtspunkten. Ein Methodenmonismus dürfte nicht nur überaus fragwürdig, er kann auch gar nicht wünschenswert

---

[2] Ob dessen Anhängern diese Vorläuferschaft bekannt ist, habe ich nicht überprüft. Es wäre aber sicher lohnend, die Parallelen zwischen beiden Bewegungen einmal ideologiekritisch zu untersuchen. Zur Information über die ältere Bewegung vgl. Verfassers Artikel »Monismus« und »Ostwald, W.«, in: Enzyklopädie Philosophie und Wissenschaftstheorie, ed. J. Mittelstraß, Bd. II, Mannheim 1984, S. 926-927 u. 1010-1012.

sein.[3] Ein solcher Monismus wäre nämlich nur sinnvoll unter der Voraussetzung eines einheitlichen Erkenntnisbegriffs zu vertreten. Dafür, daß diese Voraussetzung nicht gegeben ist, werden im folgenden einige Argumente vorgetragen, die gleichzeitig dazu dienen sollen, eine alternative Konzeption vorzustellen, die einen komplementären Pluralismus von Erkenntnisformen befürwortet.

DIE PHILOSOPHIE UND DIE WISSENSCHAFTEN

Die anstehenden Fragen gehören der Philosophie an und in diesem besonderen Falle zunächst der Wissenschaftstheorie als deren Teilgebiet. Die Philosophie war es auch, die ursprünglich als Garant der Einheit der Wissenschaft auftrat. Und hier verdient es nun Beachtung, daß historisch gesehen viele der inzwischen anderweitig beheimateten Wissenschaften und sogar die Naturwissenschaften ursprünglich zur Philosophie gehörten, so daß die Philosophie nicht nur Garant, sondern sogar Ort der Einheit von Natur- und Geisteswissenschaft war. Was uns heute Natur*wissenschaft* ist, hieß über Jahrhunderte hinweg Natur*philosophie* (lat. philosophia naturalis). Newtons Hauptwerk, das 1687 erschienene Grundbuch der klassischen Physik, trägt den Titel »Philosophiae naturalis principia mathematica«. Bis weit in das 20. Jahrhundert hinein gehörten die Naturwissenschaften der Philosophischen Fakultät an und ihre Repräsentanten führten nicht den »Dr. rer. nat.«, sondern den »Dr. phil.«. Gleiches gilt für die Psychologie, die bis zum Ende des 19. Jahrhunderts überhaupt kein eigenständiges Fach war, sondern schlicht ein Teilgebiet der Philosophie, das von Professoren der Philosophie gelehrt wurde. Für die Sozialwissenschaften einschließlich der Volkswirtschaftslehre ist ähnliches anzuführen. Und in der Pädagogik gibt es auch heute noch Vertreter, die sich eher der Philosophie zugehörig fühlen als den empirischen Sozialwissenschaften. Theologie, Medizin und Rechts-

---

[3] M. Carrier und J. Mittelstraß (Die Einheit der Wissenschaft. Akademie der Wissenschaften zu Berlin, Jahrbuch 1988, Berlin 1989, S. 93-118, besonders S. 108-114) versuchen die »Einheit der wissenschaftlichen Methode« zu bewahren. Sie scheint jedoch nur darin zu bestehen, daß es in *allen* Wissenschaften Methoden gibt (S. 113 f.). Nur sind diese eben jeweils *verschieden*. Die Rede von »Einheit« bleibt in solcher Allgemeinheit ohne jede inhaltliche Bestimmtheit und dürfte eher irreführend sein; denn von einer methodischen Einheit erwartet man doch wohl, daß *dieselben* Methoden zur Anwendung kommen.

wissenschaft dagegen bestanden von altersher für sich. Sieht man von diesen ab, so läßt sich das Verhältnis von Philosophie und Einzelwissenschaften entwicklungshistorisch beschreiben als Prozeß einer spezialisierenden Ausgliederung der Einzelwissenschaften aus der umfassenden Philosophie.

Diese Ausgliederung ist in zweierlei Hinsicht erfolgt, indem die Einzelwissenschaften für gesonderte *Gegenstandsbereiche* spezielle *Methoden* entwickelt haben, bzw. Methoden, die für bestimmte Gegenstandsbereiche bereits entwickelt worden waren, auf neue Gegenstandsbereiche übertragen haben. Wie man sich denken kann, ging es dabei nicht ohne wissenschaftstheoretische Auseinandersetzungen ab. Im Bilde gesprochen kann man sagen, daß sich die Einzelwissenschaften im Laufe der Zeit als Kinder der Philosophie von dieser ihrer Mutter abgenabelt haben und ihre eigenen Wege gegangen sind, zunächst unter zornigem Wehklagen über die repressive Erziehung ihrer methodisch-autoritären Mutter, dann in einer ironischen Distanzierung von der konfusen Alten, bis schließlich in vorgerückteren Jahren manchmal auch eine philosophische Rückbesinnung erfolgte. Mit einer solchen haben wir es zur Zeit verstärkt zu tun, und das ist auch gut so. Man sollte hier aber kein »schlechtes Gewissen« aufkommen lassen, sondern das Verhältnis von Philosophie und Einzelwissenschaften im positiven Sinne als dialektisches ansehen. Zusammenhalt und Distanzierung wechseln sich ab, wie dies zwischen Eltern und Kindern nun einmal ist. Dieses dialektische Verhältnis aufzuheben und eine Einheitswissenschaft in methodologischer Hinsicht anzustreben, kann deshalb gar nicht gefragt sein.[4] Es macht nicht einmal Sinn, alle empirischen Wissenschaften nach denselben Methoden auszurichten.

Vergleichen wir nur einmal die Fächer der geisteswissenschaftlichen Philosophischen Fakultät, wie z.B. Geschichte, Sprachwissenschaft und Literaturwissenschaft, mit denen der naturwissenschaftlichen unter dem Gesichtspunkt des Verhältnisses von Allgemeinem und Besonderem. Auch wenn man diese von W. Windelband und H. Rickert hervorgehobene Unterscheidung nicht zum definierenden Merkmal erheben sollte, genügt sie doch bereits, die Abwegigkeit eines Methodenmonismus

---

[4] Vgl. B. Gräfrath/R. Huber/B. Uhlemann, Einheit, Interdisziplinarität, Komplementarität. Orientierungsprobleme der Wissenschaft heute, Berlin 1991.

zu zeigen.[5] Allgemeines ist sicher auch in den genannten Geisteswissenschaften im Blick, aber doch eher im Sinne des typischen Besonderen und nicht des gesetzmäßigen Allgemeinen. Und wenn man es tatsächlich einmal mit allgemeinen Gesetzen zu tun hat, wie z.B. den Lautverschiebungsgesetzen der historischen Sprachwissenschaft, so sind diese Gesetzmäßigkeiten doch solche der Vergangenheit. Es fehlt ihnen das wesentliche Merkmal von Naturgesetzen, die vorhersagende (prognostische) Aussagekraft für Wiederholungsfälle. Vor diesem Hintergrund erscheint die Unterscheidung zwischen erklärenden Naturwissenschaften und verstehenden Kulturwissenschaften so unplausibel nicht, wie es manchmal hingestellt wird. Man darf diese Unterscheidung nur nicht als absolute auffassen.

Hinzu kommt, daß wir uns davor hüten sollten, das Wort »Wissenschaft« zu einem Fetisch zu machen. Die englische Sprache gibt uns hier einen Hinweis, indem sie von vornherein zwischen »sciences« und »humanities« unterscheidet, so daß man viel weniger unter dem Druck steht, eine Bezeichnung wie »Literatur*wissenschaft*« rechtfertigen zu müssen. Und sollte es sich herausstellen, daß es gute Gründe gibt, dem englischen Sprachgebrauch recht zu geben, daß also einige der sogenannten Wissenschaften nicht eigentlich Wissenschaften sind, so folgt daraus für die Relevanz ihrer Unternehmungen noch gar nichts. Wissenschaft ist nicht eo ipso wichtig, und umgekehrt kann etwas, was nicht »Wissenschaft« zu heißen »verdient«, viel wichtiger und interessanter sein als sogenannte Wissenschaft. Wünschenswert ist deshalb statt eines Methodenmonismus eine Situation, die durch einen *komplementären Pluralismus* bestimmt ist.

Nach den vorigen Bemerkungen ist hier nun noch ein weiterer Schritt zu vollziehen, nämlich über den Rahmen der Wissenschaften hinaus, indem man auch andere, außerhalb der Wissenschaften angesiedelte Erkenntnisformen in die Betrachtung miteinbezieht. Damit verlassen wir den rein methodologischen Standpunkt der Wissenschaftstheorie und nehmen einen umfassenderen erkenntnistheoretischen ein. Mit dieser Überwindung einer akademisch bedingten Fixierung auf den

---

[5] Gegen die vereinfachende Deutung, Rickert habe den Naturwissenschaften *ausschließlich* das Allgemeine und den Kulturwissenschaften *ausschließlich* das Individuelle zugeordnet, ist dieser in Schutz zu nehmen (vgl. Kulturwissenschaft und Naturwissenschaft, Vorwort zur 6./7. Aufl.; dazu das Nachwort von F. Vollhardt, S. 197).

Gegensatz von Natur- und Geisteswissenschaft ist zu hoffen, daß auch der Streit zwischen beiden durch Einbettung in einen größeren Zusammenhang »neutralisiert« wird. Diese Verschiebung der Problemstellung gilt es nun näher zu begründen.

ERWEITERUNG DES ERKENNTNISBEGRIFFS

Die Gegenüberstellung von Naturwissenschaft und Geisteswissenschaft legt es nahe, daß beide Wissenschaften es in analoger Weise mit ihrem jeweiligen »Gegenstand« zu tun haben, die einen mit der Natur und die anderen mit dem Geist. Dies trifft jedoch nicht zu. Mag Naturwissenschaft immerhin eine Theorie *der* Natur sein[6], Gegenstand von Geisteswissenschaft ist nicht der Geist selbst, es sind vielmehr (oder allenfalls) dessen Manifestationen, etwa als Geschichte, Sprache, Kunst sowie in Texten der Philosophie, Literatur und Dichtung. Es offenbart sich hier eine Asymmetrie, die, wie es scheint, in der bisherigen Diskussion über die beiden Kulturen zu wenig beachtet worden ist. Insofern Geisteswissenschaften nicht den Geist selbst, sondern dessen geistige »Produkte« als Gegenstand haben, sind sie, insbesondere als Textwissenschaften, genau betrachtet, Sekundär- oder gar Tertiärphänomene.

Erläutern läßt sich dies an der Literaturwissenschaft. Ihr Gegenstand ist die Literatur, die ihrerseits in ihren Textgestalten aus Manifestationen von »Geist« besteht. Natürlich sind auch die Texte von Literaturwissenschaftlern geistige Manifestationen; aber doch solche zweiter Stufe, sozusagen, wenn dies Wort erlaubt ist, »Metamanifestationen«. Wenn wir diese Asymmetrie vor Augen behalten, sehen wir, daß der direkte Vergleich zweier Kulturen zumindest zunächst besser Naturwissenschaft auf der einen Seite und Kunst, Literatur und Philosophie auf der anderen Seite einander gegenüberstellen müßte, nicht aber *Interpretationen* künstlerischer, literarischer und philosophischer Werke, woraus Geisteswissenschaft tatsächlich wesentlich besteht.

---

[6] Daß Natur hierbei nicht schlicht »gegeben« ist, sondern durch unsere Fragestellungen (in seinem Sosein) mitkonstituiert wird, ist seit Kant immer wieder hervorgehoben worden. Überspitzt könnten wir sagen, daß Natur durch den erkennenden Geist erst zu dem wird, was schließlich »Natur« heißt.

Es scheint so, daß die Rede von den zwei Kulturen erwachsen ist aus der Situation institutionalisierter Wissenschaft. Der Naturwissenschaftler trifft an der Universität auf seinen literaturwissenschaftlichen Kollegen aus der Philosophischen Fakultät, und in diesem Felde entspinnt sich dann der traditionelle »Streit der Fakultäten«. Der Sache nach aber stehen eher Naturwissenschaft und Dichtung auf einer Stufe.

Unter erkenntnistheoretischer Fragestellung wird dieses Verhältnis besonders deutlich. Dabei geht es darum, in welcher verwandten oder unterschiedlichen Weise uns Wissenschaft, Kunst, Dichtung und Philosophie Erkenntnisse vermitteln. Die hermeneutischen Interpretationswissenschaften haben hier die wichtige, aber doch abgeleitete Funktion, die in der Bezeichnung »Sekundärliteratur« treffend zum Ausdruck kommt, uns vielleicht allererst zu sagen, um welche Erkenntnisse es sich jeweils handeln mag. Sie bewahren uns so vor naiven Lesarten; aber es sind doch die Primärtexte, denen wir die eigentliche Erkenntnisvermittlung zuschreiben. Wenn wir nun in dem genannten Sinne auf der Ebene der primären Erkenntnisvermittlung verbleiben, so stellt sich die Frage, wie aus dieser Sicht das Verhältnis von Wissenschaft, Philosophie und Dichtung beschaffen ist.

Zunächst einmal ist freilich noch gar nicht geklärt, daß dieses Verhältnis tatsächlich durchgehend in Begriffen von Erkenntnis zu fassen ist. Es wird, und dies gerade auch aus wissenschaftstheoretischer Sicht, häufig geleugnet, daß auch Kunst und Dichtung Erkenntnisse zu vermitteln vermögen. Es wird ihnen dann statt einer solchen kognitiven Funktion eine emotive zugewiesen. Diese Position, die entsprechend »Emotivismus« heißt, beinhaltet die Auffasung, daß nicht unser Erkenntnisvermögen, sondern unser Gefühl durch Kunst und Dichtung angesprochen wird.

Auf der erkenntnistheoretischen Vergleichsebene, die wir hier zugrunde legen wollen, kann es weder um einen ontologischen noch um einen methodologischen Vergleich gehen. Was nämlich den Gegenstandsbereich anbetrifft, gibt es nicht nur Natur*wissenschaft*, sondern auch Natur*poesie*. Und eine Methodologie (Methoden*lehre*) können wir zwar sinnvoll der Literatur*wissenschaft* zubilligen, aber wohl kaum der Literatur selbst. Wir wollen deshalb unseren Vergleich auf der »neutralen« Ebene der Semantik ansiedeln, die es uns erlaubt, sowohl nach der Bedeutung wissenschaftlicher als auch dichterischer Äußerungen zu fragen und dabei auch die erkenntnistheoretischen Unterschiede herauszuarbeiten. Genau hier kommt der komplementäre Pluralismus zum Tragen, den es nun genauer zu charakterisieren gilt.

KOMPLEMENTÄRER PLURALISMUS

Die Idee eines komplementären Pluralismus von Wissenschaft, Philosophie, Kunst und Dichtung besagt, daß das Verhältnis einer prinzipiellen Gegensätzlichkeit überwunden wird zugunsten eines Verhältnisses gegenseitiger Ergänzung. Dies bedeutet, daß sich die Einheit der Erkenntnis (um Einheit der *Wissenschaft* kann es sich wegen der genannten Asymmetrie nicht handeln) gerade nicht über Gleichartigkeit, sondern durch spezifische Unterschiedenheiten bestimmt, die sich zu einer Gesamtheit fügen. Es geht dabei nicht um Einheit *in* der Mannigfaltigkeit, das wäre eine ästhetische Bestimmung, sondern um Einheit *durch* Mannigfaltigkeit. Die Gesamtheit, mit der wir es zu tun haben, hat die Form eines Kontinuums, und diese Form erlaubt es, von einer bloß aufzählenden Vielheit zu einer übersichtlichen Vielfalt zu kommen, deren eines Ende vielleicht die Logik und deren anderes Ende vielleicht die Musik ausmachen dürfte. Gesamtheit ist dabei etwas anderes als Ganzheit. Ganzheiten sind mehr als die Summen ihrer Teile und nehmen insofern den Organismusgedanken in Anspruch. Dieser bleibt in der Idee des komplementären Pluralismus außen vor. Gesamtheit bedeutet zwar auch, über Einzelnes hinauszugehen, doch lediglich so, daß jeder Teilbereich durch Vergleich mit den anderen Teilbereichen verständlich zu machen versucht wird. Was die jeweiligen Teilbereiche sind, erkennen wir daran, was sie von anderen unterscheidet *mit Blick auf das Gemeinsame*, nämlich zur Erkenntnisvermittlung beizutragen. Ist für den Monisten alles eins, so gehört für den Komplementaristen alles zusammen. In diesem Sinne sieht er sich gleichermaßen im Gegensatz zu jeder postmodernen Umdeutung der »Mannigfaltigkeit des Gegebenen« zu einem beliebigen Allerlei.

Wir sehen an dieser Beschreibung schon, die freilich erst noch mit Inhalt zu füllen ist, daß die hier gemeinte Komplementarität von Erkenntnisformen einen etwas anderen Begriff von Komplementarität im Auge hat als den physikalischen, an den bei diesem Ausdruck wohl am ehesten gedacht wird. Die Komplementarität von Welle und Korpuskel in der Quantentheorie läuft zwar auch auf den Gedanken einer Ergänzung hinaus, was dabei aber (erzwungenermaßen) als einander ergänzend gedacht wird, sind Begriffe, die sich ursprünglich, nämlich in der klassischen Physik, *ausschließen*. Davon kann bei unserem Kontinuum von Erkenntnisformen nicht die Rede sein. Zwar bilden in dieser Anordnung die Extreme (polare) Gegensätze; aber diese schließen einander schon deshalb nicht aus, weil sie sich gar nicht auf dieselbe Sache beziehen.

Die Idee eines solchen Kontinuums von Erkenntnisformen zwischen abstrakt-begrifflicher Logik und konkret-anschaulicher Kunst geht charakteristischerweise auf den rationalistischen Universalismus eines Leibniz zurück, der - anders als wir Heutigen - diesen Universalismus auch in seiner Person zu verkörpern vermochte. Leibniz selbst sieht dieses Kontinuum freilich noch hierarchisch gegliedert, indem er das Begriffliche dem Anschaulichen überordnet. Aber schon bei einem seiner Nachfolger, dem Begründer der Ästhetik, A. G. Baumgarten, findet Leibnizens Idee ihre komplementaristische Ausprägung, nach der die Kunst eine andersartige, aber der Logik gleichberechtigte Erkenntnisvermittlung ermöglicht.[7] Baumgartens Schüler G. F. Meier mochte dies noch nicht genug gewesen sein. Jedenfalls verkehrt er die frühere Hierarchie aus anderer Sicht in ihr Gegenteil, indem er den »menschlichen« Ästhetiker gegen den »schulfüchsischen und düsteren« Logiker ausspielt, diesen »Baum ohne Blätter und Blüten«.[8] Meier gehört mit zu den Begründern der hermeneutischen Geisteswissenschaften[9], und sein Bild des Logikers möchte sich hier teilweise bis heute gehalten haben. Er selbst hat freilich zwischen Vertretern der Logik und der Logik als Disziplin noch unterschieden und gut komplementaristisch auch eine »Vernunftlehre« geschrieben, nach der immerhin ein Kant seine Logik zu lesen pflegte.

Wenn aus dem angenommenen Kontinuum nun die im Titel dieses Beitrages hervorgehobenen Teilbereiche einer vergleichenden Betrachtung unter dem Gesichtspunkt der Erkenntnisvermittlung unterworfen werden, so soll die Reihenfolge Wissenschaft - Philosophie - Dichtung dabei in keiner Richtung hierarchisch zu verstehen sein, also weder als

---

[7] Von seiten der Analytischen Philosophie hat sich vor allem Nelson Goodman (Sprachen der Kunst, Frankfurt 1973) um die Erneuerung dieses Gedankens verdient gemacht, der durch die Vermittlung des ebenfalls von Leibniz beeinflußten Neukantianers Ernst Cassirer Eingang in die angelsächsische Philosophie gefunden hat. Die relativistischen Konsequenzen Goodmans, wie sie vor allem in »Weisen der Welterzeugung« (Frankfurt 1984) zutage treten, werden hier nicht übernommen. Vgl. dazu die Kritik in dem Beitrag »Ein Mann von Welten«.
[8] Anfangsgründe aller schönen Wissenschaften, Bd. 1-3, 2. Aufl. Halle 1754-59. Nachdruck Hildesheim/New York 1976, Bd. 1, §§ 5 und 15.
[9] Vgl. vor allem: Versuch einer allgemeinen Auslegungskunst, Halle 1757. Nachdruck, ed. L. Geldsetzer, Düsseldorf 1965.

eine »aufsteigende« noch als eine »fallende« Linie der Bedeutsamkeit zu lesen sein, sondern ganz im Sinne unseres Begriffs der Komplementarität als kontinuierlicher Übergang zwischen Erkenntnisformen. Beginnen werden wir mit der Wissenschaft als dem einen Pol. Danach werden wir zunächst zur Dichtung als dem anderen Pol übergehen, um schließlich anhand der Philosophie die Verbindung im Sinne unserer komplementaristischen Kontinuitätsthese herzustellen.

WISSENSCHAFT UND WAHRHEIT

Wissenschaften sind in ausgezeichneter Weise um Erkenntnis bemüht, jedenfalls ihrer Idee nach. Dieser Erkenntnisanspruch artikuliert sich in erster Linie als Wahrheitsanspruch, d.h. als Anspruch, daß die Aussagen, die gemacht werden, wahr sind. Ob sich der Wahrheitsanspruch auf einzelne Aussagen oder letztlich auf Aussagengefüge im Sinne von komplexen Theorien erstreckt, kann hier außer Betracht bleiben. Immer kommt man doch bei der Überprüfung auch von ganzen Theorien auf einzelne Aussagen zurück, deren Wahrheit oder Falschheit Anlaß für die Frage ist, ob eine Theorie zu verwerfen ist oder beibehalten werden kann. Wissenschaft hat es in diesem Sinne wesentlich zu tun mit einem Wahrheitsanspruch von Aussagen. Dies ist deshalb zu betonen, weil nicht jede Rede von Wahrheit den Wahrheitsbegriff auf aussageartige Gebilde bezieht und auch beschränkt. Für Wahrheit, die Religionen beanspruchen, gilt dies z.B. sicher nicht. Es macht keinen Sinn, in einem Satz wie »Gott ist die Wahrheit« den Ausdruck »Wahrheit« als Aussagenwahrheit zu verstehen. Um den in den Wissenschaften gemeinten Wahrheitsbegriff nicht mit dem unschönen Ausdruck »aussageartiger Wahrheitsbegriff« auszeichnen zu müssen, bietet sich stattdessen *propositionaler Wahrheitsbegriff* an. Mit einem solchen Wahrheitsbegriff haben wir es zu tun in unseren wissenschaftlichen Aussagen, Behauptungen, Feststellungen, Annahmen, Hypothesen, Berichten, Protokollen, Folgerungen usw. Natürlich haben wir es mit ihnen auch außerhalb der Wissenschaften zu tun; denn die genannten Formen der Informationsübertragung kennen wir auch ohne den Zusatz »wissenschaftlich«. Was die wissenschaftlichen Formen von anderen unterscheidet, sind vor allem »härtere Bedingungen« und der besondere theoretische Rahmen. Es versteht sich auch, daß die Kriterien dafür, wann Aussagen als wahr zu gelten haben, unterschiedlich sein können. Eine Grundunterscheidung wäre hier etwa die zwischen empirischen Wahrheiten (z.B. der Geschichtswissenschaft) und nicht-empirischen Wahrheiten (z.B. der Mathematik). Die Darlegung dieser zur allgemeinen Wissenschaftstheorie gehörigen Differenzierungen können wir übergehen, weil es uns auf einen anderen Punkt ankommt. Gleichgültig nämlich, wie die Wahrheiten im einzelnen zu begründen sind, stets haben wir es mit propositionalen Gebilden zu tun. Damit ergibt sich für unser Bemühen, den komplementären Pluralismus von Erkenntnisformen über die Wissenschaften hinaus auf Kunst und Dichtung auszudehnen, das Problem, wie ein solcher Erkenntnisbegriff zu fassen ist.

KUNST UND WAHRHEIT

Haben wir es, wenn wir von der Wahrheit von Kunst und Dichtung sprechen, letztlich ebenfalls, wie in den Wissenschaften, mit der Wahrheit von Aussagen zu tun? Eine solche Auffassung ist weit verbreitet, wie wir an der beliebten Frage nach der »Botschaft« des Künstlers ablesen können. Eine Botschaft aber ist zunächst einmal, soweit es sich nicht um eine Handlungsaufforderung handelt, nichts anderes als eine propositionale Mitteilung mit, sagen wir, existentiellem Gewicht. Dieser propositionale Erkenntnisbegriff darf sicher nicht außer acht gelassen werden. Zu seiner Rechfertigung bedarf es einiger zusätzlicher Bemühungen. Wenn wir z.B. auf die Dichtung blicken, so ist da zunächst festzustellen, daß wir es in ihr weitgehend mit fiktionaler Rede zu tun haben. Und das bedeutet, daß den in ihr vorkommenden Aussagen häufig gar kein Wahrheitswert zugesprochen werden kann. Sie sind, wie der Logiker Gottlob Frege es treffend formulierte, weder wahr noch falsch. Dieser Sachverhalt der Fiktionalität ist denn auch einer der Hauptgründe für die Auffassung gewesen, der Dichtung einen relevanten Wahrheitsanspruch abzusprechen. In der Dichtung könne es, da Fiktionalität zugelassen sei, auf Wahrheit gar nicht ankommen. Die Frage nach der Wahrheit der Dichtung sei deshalb fehl am Platz. Als Alternative bietet sich an, den Wahrheitsbegriff für die Dichtung aufzugeben und ihn durch den Begriff der Wahrhaftigkeit oder Authentizität im Sinne der Echtheit des Gefühlsausdrucks zu ersetzen. Man wird diese emotivistische »Lösung« ebenfalls als eine komplementaristische ansehen können; aber nur so, daß Dichtung (und Kunst) als das ganz Andere der Wissenschaft auf das jenseitige Ufer übergesetzt werden, ohne daß noch etwas Gemeinsames bliebe, wie es das Bemühen um Erkenntnis ist.

Aus erkenntnistheoretischer Sicht ist es bedauerlich, daß sich viele, und nicht nur Wissenschaftstheoretiker, von denen dieser Vorschlag stammt, auf einen solchen Handel eingelassen haben. Auch unter Literaturtheoretikern finden wir diese Auffassung, und zwar nicht nur unter solchen, die eigentlich aus der Wissenschaftstheorie kommend in fremde Reviere vorgestoßen sind, sondern selbst unter literaturwissenschaftlichen Literaturtheoretikern.[10] Versuche, dem Emotivismus zu begegnen, laufen zunächst darauf hinaus, Wahrheitsmöglichkeiten trotz eingestandener Fiktionalität plausibel zu machen. Danach sind die eigentlichen Wahrheiten der Dichtung nicht auf der unmittelbaren (fiktionalen) Berichtsebene angesiedelt, sondern müssen verstanden werden als durch einen Gesamttext mehr oder weniger nachdrücklich nahegelegt, zu bedenken gegeben oder auch impliziert. Eine solche Implikation ist freilich keine logische Folgerung; denn da der Dichter nicht behauptet, sondern darstellt, wäre es verfehlt, die »harten« wissenschaftlichen Bedingungen einzuklagen und etwa Begründungen oder gar Beweise zu verlangen. Die implizierten Wahrheiten sind genauer implizite Wahrheiten. Sie im Text aufzuzeigen bzw. am Text zu entfalten, wäre dann entsprechend die hermeneutische Aufgabe der Interpretation. Die Wahrheiten der Dichtung blieben in dieser Auffassung propositionaler Art, sie würden aber eben nicht direkt im Text *gesagt*, sondern indirekt *gezeigt*. Auf diese Weise etwa ließen sich Fiktionalität und propositionaler Wahrheitsanspruch für die Dichtung miteinander in Einklang bringen. Zu hüten hätte man sich allerdings davor, diese Wahrheiten bloß als abstrakte »Moral von der Geschicht'« aufzufassen. Mit Kant gälte es festzuhalten, daß dem ästhetischen Gehalt, der »ästhetischen Idee«, einer komplexen Dichtung kein »bestimmter Gedanke« angemessen sein könne.[11] Aussagen mögen die Richtung eines Ver-

---

[10] Zu nennen wäre aus neuerer Zeit die Nestorin der germanistischen Literaturwissenschaft Käte Hamburger mit ihrer Arbeit: Wahrheit und ästhetische Wahrheit, Stuttgart 1979.
[11] Kritik der Urteilskraft, § 49. Wenn Kant selbst meint, daß eine ästhetische Idee keine Erkenntnis werden könne (§ 57, Anm. I), so ist dies im Rahmen seines (zu engen) Erkenntnisbegriffs zu bewerten, der (für die theoretische Erkenntnis) eine Verbindung von Anschauung und *bestimmtem* Begriff verlangt, die bei einer ästhetischen Idee deshalb ausgeschlossen ist, weil diese eine Anschauung ist, der kein Begriff »adäquat« sein kann (ebd.).

ständnisses angeben, sie sind aber weit davon entfernt, den Sinn eines literarischen Textes »ausschöpfen« zu können.

Wenn ich mich hier konjunktivisch zurückhaltend ausgedrückt habe, so nicht, um mich von einer solchen propositionalistischen Auffassung zu distanzieren, sondern um anzudeuten, daß sie nicht das letzte Wort sein kann. Würde man sich auf dieses Konzept beschränken wollen, so setzte man sich dem Einwand aus, die Rolle der Dichtung unzulässig eingeengt zu haben. Es scheint sich deshalb aufzudrängen, einen ganz anderen, nämlich nicht-propositionalen Wahrheitsbegriff einzuführen. Diese Alternative verspricht jedoch keinen Ausweg, jedenfalls keinen, der von Wissenschaftstheoretikern akzeptiert werden könnte. Gegen einen nicht-propositionalen Wahrheitsbegriff tritt hier sozusagen die geballte Kraft der gesamten logischen Tradition an, die seit Platon und Aristoteles die Aussage als Ort der Wahrheit verstanden hat. Es läßt sich jedoch noch eine weitere Möglichkeit aufzeigen, die alle Seiten zufrieden stellen könnte. Sie wäre als notwendige Ergänzung zu dem oben charakterisierten Versuch zu verstehen, den propositionalen Wahrheitsbegriff für die Dichtung beizubehalten. Diese Möglichkeit besteht darin, den propositionalen Wahrheitsbegriff als einzigen Wahrheitsbegriff anzuerkennen, aber den Erkenntnisbegriff über den Wahrheitsbegriff hinaus zu erweitern. Dies bedeutet dann, statt nach nicht-propositionalen *Wahrheiten* nach der Möglichkeit nicht-propositionaler *Erkenntnisse* Ausschau zu halten.

NICHT-PROPOSITIONALE ERKENNTNIS

Die Überlegungen zur nicht-propositionalen Erkenntnis können hier erfolgen in Auseinandersetzung mit thematisch verwandten Überlegungen des Naturwissenschaftlers G. S. Stent.[12] Dieser meint, daß es das gemeinsame Ziel von Kunst und Naturwissenschaft sei, »Wahrheiten über die Wirklichkeit, in der wir unser Leben leben, zu entdecken und mitzuteilen«, wobei die Wirklichkeit selbst in Außenwelt (als Gegenstand der Naturwissenschaft) und Innenwelt (als Gegenstand der Kunst) aufzuteilen sei. Betont wird auch, daß eine solche Aufteilung nicht

---

[12] G. S. Stent, Semantik in Kunst und Naturwissenschaft, in: H. Bachmaier/E. P. Fischer (eds.), Glanz und Elend der zwei Kulturen, Konstanz 1991.

disjunkt vorgenommen werden könne, da Kunst und Naturwissenschaft ein »thematisches Kontinuum« bilden würden. Insofern wird auch hier ein komplementaristisches Kontinuum angenommen, allerdings gerade nicht bezogen auf *Erkenntnis*formen, sondern auf *Themen*bereiche. Erkenntnistheoretisch verbleibt Stent ausdrücklich auf dem monistischen Standpunkt des Propositionalismus. Sein einziges (methodologisches) Zugeständnis läuft auf die Ansicht hinaus, daß die Wahrheiten der Kunst gegenüber den expliziten der Naturwissenschaft impliziter Art seien. Bestritten wird ausdrücklich die These, nach der es die Wissenschaft mit Aussagen, die Kunst aber mit Darstellungen zu tun habe. Stent verneint nicht den Sinn dieser Unterscheidung selbst, betont aber, daß alle Werke darstellten, während ihre Inhalte allesamt propositional seien. Er meint daher, eine Gegenüberstellung von Wissenschaft und Kunst auf eine solche Unterscheidung gründen zu wollen, würde Unvergleichbares miteinander zu vergleichen suchen.

Diese Ansicht wird dem eigentlichen Sachverhalt aber kaum gerecht, weil in der Kunst das Werk zu seinem Inhalt tatsächlich in einer ganz anderen semantischen Beziehung steht als in der Wissenschaft. Stent gesteht beiläufig zu, daß man von literaturwissenschaftlichen Interpretationen nicht zu erwarten habe, daß sie »den *vollen* Sinn« ihrer Texte erfassen könnten, sieht aber nicht, daß dies gerade an dem darstellenden (zeigenden) Sprachmodus literarischer Werke liegt. Ein wissenschaftliches Werk ist, soweit es um seinen Gehalt geht, durch Paraphrase, also z.B. auch durch eine *Über*setzung, *er*setzbar. Die Leistung des Wissenschaftlers wird tatsächlich vorwiegend am Informationswert, die des Dichters wesentlich am Darstellungswert gemessen. Stent ist darin zuzustimmen, daß er auf dem Erkenntniswert auch der Kunst beharrt und diese von der Naturwissenschaft nicht absolut, sondern kontinuierlich unterschieden sein läßt. Er übersieht jedoch, daß der Unterschied nicht einfach über den Gegenstand, sondern über den Modus der Erkenntnis bestimmt ist. Wenn der Gegenstand ausschlaggebend wäre, müßte man sich fragen, warum die gewünschten Informationen über die Innenwelt von einer »im Klartext« redenden naturwissenschaftlichen Psychologie nicht besser beigebracht werden könnten als von einer komplizierten Dichtung, die uns so viele Verstehensbemühungen abverlangt, ehe wir an ihren Gehalt gelangen. Die Antwort kann nur heißen: weil uns eben nicht ausschließlich an propositionaler Information gelegen ist, sondern auch an vergegenwärtigender Darstellung. Wir verlangen als Menschen komplementär neben einer begrifflich-wissenschaftlichen eine anschaulich-ästhetische Welterschließung. Die Differenz läßt sich semantisch so bestimmen, daß in der Dichtung gegenüber der Wissenschaft eine Richtungsänderung des Bedeutens vorgenommen wird.[13] Dichtung bezieht sich nicht direkt-referentiell auf Welt, indem sie *über* diese etwas *aussagt,* sondern indirekt-exemplarisch, indem sie Welt *vorführt.* Dies wird gerade daran deutlich, daß wir Dichtung Fiktionalität, also das Fehlen eines direkten Wirklichkeitsbezugs zubilligen; denn dieser erhöht auf der anderen Seite die Möglichkeit ihres exemplarischen, stellvertretenden Wirklichkeitsbezugs. Eine solche Bestimmung ist zunächst formal, sie erstreckt sich auf den Modus der Erkenntnis. Fragt man nach einer inhaltlichen Ausfüllung, so wird man am ehesten von einer Vergegenwärtigung der *conditio humana* sprechen können. In diesem Sinne hat die Kunst es zwar mit derselben Welt zu tun wie die Wissenschaft, aber nicht mit den bloßen Tatsachen dieser Welt, sondern mit deren Sichtweisen aus menschlicher Perspektive[14].

Um Mißverständnisse zu vermeiden, sei hervorgehoben, daß wir das Erkenntnisproblem hier als Problem der Erkenntnisvermittlung betrachten und dabei die Werke selbst im Blick sind und nicht deren Produktion. (Bei Stent sind diese Gesichtspunkte nicht getrennt. »Kunst« und »Wissenschaft« stehen sowohl für die Tätigkeiten von Künstlern und Wissenschaftlern als auch für deren Werke.) In wissenschaftstheoretischer Terminologie würde dieses bedeuten, daß es um Geltungsfragen des »context of justification« und nicht um Genesefragen des »context of discovery« geht. Nur ist diese Unterscheidung wegen unserer verallgemeinerten erkenntnistheoretischen Perspektive, die gerade über propositionale Geltungsfragen hinausgehen will, hier nicht anwendbar. Wieweit unter Produktionsgesichtspunkten das Verhältnis von dichte-

---

[13] Vgl. dazu im einzelnen den Beitrag »Über Bedeutung in der Literatur«.
[14] M. Seel (Die Kunst der Entzweiung. Zum Begriff der ästhetischen Rationalität, Frankfurt a. M. 1985, S. 272) hat diese Differenz treffend so charakterisiert, daß es die Bedeutung von Kunstwerken sei, »Sichtweisen der Welt zur Darstellung zu bringen, die in keine Darstellung der Welt überführt werden können«. A. C. Danto spricht davon, daß es in der Kunst weniger darum gehe, die Welt darzustellen, »als sie vielmehr in einer Weise darzustellen, die uns veranlaßt, sie mit einer bestimmten Einstellung und in einer besonderen Sicht zu sehen« (Die Verklärung des Gewöhnlichen, Frankfurt a. M. 1984, S. 255). Die zweifache Rede von Darstellung bei Seel und Danto ist ihrerseits formal dahingehend zu differenzieren, daß das Darstellen von Welt im Sprachmodus des Sagens, das Darstellen von Sichtweisen dagegen im Sprachmodus des Zeigens (Aufweisens) geschieht.

rischer und wissenschaftlicher Kreativität als Phantasie, Einbildungskraft oder Genie zu beurteilen ist, steht also nicht zur Debatte.[15]

WAHR UND SCHÖN

Bliebe noch zu fragen, wie sich dieser Versuch, Wissenschaft und Kunst erkenntnistheoretisch einander näherzubringen, mit der klassischen Unterscheidung der Prädikate »wahr« und »schön« verträgt. Ist nicht zwischen wahrer Wissenschaft und schöner Kunst ein so prinzipieller Unterschied, daß sich ein Vergleich in Erkenntnisbegriffen verbietet? Mir scheint, daß gerade der Übergang vom Wahrheits- zum Erkenntnisbegriff diese Gegenüberstellung zu relativieren vermag.[16] Ziehen wir es doch ohnehin vor, angesichts moderner Kunst statt von »schöner« Kunst neutraler von »gelungener« Kunst zu sprechen, und diese Tendenz weist den Weg zu einer Antwort auf unsere Frage, die auch so formuliert werden könnte, wie Erkenntnisurteil und Gefallensurteil überhaupt zusammenkommen können, miteinander vermittelbar seien. Machen wir uns diesen Zusammenhang an einem Beispiel deutlich.

Stellen wir uns eine ästhetische Argumentation vor, in der es um die literarischen Qualitäten von Thomas Manns Roman »Doktor Faustus« geht. Zur Erläuterung mag hinzugefügt werden: In diesem Roman wird, wie es im Untertitel heißt, »die Lebensgeschichte des deutschen Tonsetzers Adrian Leverkühn« erzählt, und zwar »von einem Freunde«, dem Erzähler Serenus Zeitblom, der sich selbst als solcher zu Beginn des Romans einführt. Er tut dies in einem (von Thomas Mann ironisierten)

---

[15] Erinnert sei nur an die klassische Gegenüberstellung Kants: »Im Wissenschaftlichen also ist der größte Erfinder vom mühseligsten Nachahmer und Lehrlinge nur dem Grade nach, dagegen von dem, welchen die Natur für die schöne Kunst begabt hat, spezifisch unterschieden.«(Kritik der Urteilskraft, § 47). Eine repräsentative Auswahl von Positionen zu diesem Thema findet sich zusammengestellt bei L. Danneberg, Methodologien. Struktur, Aufbau und Evaluation, Berlin 1989, S. 59-65.

[16] In Abwehr eines objektivistischen Wirklichkeitsverständnis will auch Stent die Forderung nach Wahrheit durch ein Zustimmungsgebot ersetzen, und Zustimmung verlangen in der Tat sowohl Wissenschaft als auch Kunst. Nur ist diese Zustimmung in der Kunst nicht mit der Anerkennung von Propositionen als wahr gleichzusetzen. Wenn wir nach der Lektüre eines Romans (mit Blick auf die im Roman dargestellte Wirklichkeit) emphatisch sagen »So ist es«, so ist diese Zustimmung nicht einfach propositional übersetzbar in »Es ist so-und-so«.

Gestus des deutschen Bildungsbürgers. Dieser Erzähler ist am Ende des Romans nicht mehr »derselbe«; von der ursprünglichen selbstzufriedenen Einstellung zu Beginn seiner Niederschrift keine Spur mehr. Nun könnte jemand argumentieren: Die Figur des Erzählers sei nicht konsistent angelegt; es gebe einen Bruch in der Erzählerperspektive; der Roman sei erzähltechnisch und damit letztlich auch ästhetisch mißlungen. Ein anderer könnte dagegenhalten, daß dieses Urteil nicht berücksichtige, daß zwischen Anfang und Ende der Niederschrift Zeitbloms (auf dessen fingierter Zeitebene) der Niedergang des Dritten Reiches erfolgt sei. Man müsse den Erzähler deshalb so sehen, daß er sich im Verlaufe seiner Niederschrift, angesichts der ihn umgebenden Geschehnisse, gewandelt habe. Die Veränderung in der Erzählerperspektive sei also kein Bruch, sondern ganz im Gegenteil eine erzähltechnische Meisterleistung des Autors, eine exemplarische Vergegenwärtigung des bildungsbürgerlichen Bewußtseins, sozusagen dessen »Bildungsroman« in reflexiver Darstellung.

Der Zusammenhang von Gefallensurteil und Erkenntnisurteil stellt sich in unserem Beispiel nun so her, daß die Veränderung des ästhetischen Werturteils einhergeht mit einer veränderten Beschreibung des ästhetischen Gegenstandes, des Textes. Wir lesen den Text nun »mit anderen Augen«, und erst diese veränderte Sicht der Darstellungsleistung des Textes ermöglicht es (im vorliegenden Fall), ein Stück deutscher Geschichte ästhetisch-vergegenwärtigend nachzuvollziehen und vielleicht in seiner Komplexität besser zu erkennen, als wenn wir uns auf die wissenschaftlich-propositionale Information des Geschichtswissenschaftlers beschränken würden.

Unser Beispiel macht deutlich, daß ästhetische Urteile sich auf Grund von Argumenten ändern können, ja, daß sie sogar in ihr Gegenteil »umschlagen« können. Dabei kommt es entscheidend darauf an, demjenigen, den man überzeugen will, Aspekte und Zusammenhänge am (im) ästhetischen Gegenstand sichtbar zu machen, die er bisher nicht bemerkt hat. In ästhetischer Argumentation tritt deshalb das begrifflich demonstrative Moment von vornherein zurück. Die ästhetische Argumentation arbeitet weniger mit Beweisgründen als vielmehr mit Hinweisen. Ihre entscheidende Grundlage ist, daß der andere das sieht, was ich ihm zu zeigen versuche. Und etwas zu sehen, ist, wie wir ja selbst in ganz alltäglichen Wahrnehmungssituationen erfahren können, eben nicht erzwingbar; es ist aber durch Übung in gewissen Grenzen erlernbar. Entsprechendes können wir auch für das Sehen in ästhetischer

Absicht in Anspruch nehmen, für die ästhetische Wahrnehmung. Die Grundlage der ästhetischen Argumentation ist die ästhetische Wahrnehmung und deren Schulung.

Die Hinweise selbst mögen häufig die grammatische Form von Aussagen haben und von literarhistorischen Behauptungen begleitet sein; sie sind aber im Modus des Zeigens gehalten (»Schau hin und vergleiche ...!«) und daher nicht propositional. Somit können sie zwar nicht wahrheitsfähig sein, stattdessen aber sehr wohl richtig oder aufschlußreich und insofern immerhin zustimmungsfähig. Auch wenn die ästhetische Erkenntnis, die sie ermöglichen, nicht erzwingbar ist, kann dies kein Grund sein, nicht von Erkenntnis zu sprechen.[17] Und wer nicht sehen will, wie soll dem ein Fühlen helfen können. Allgemein dürfen wir die Verbindung von Erkennen und Gefallen so sehen: Relevante ästhetische Erkenntnis wird nicht durch jede Kunst vermittelt, sondern nur durch solche, die gefällt, weil sie gelungen ist.

Freilich, das soll hier nicht verkannt werden, kann es vorkommen, daß zwei Personen dasselbe ästhetisch wahrnehmen, aber trotzdem in ihrem ästhetischen Urteil nicht übereinstimmen. Es scheint, daß dies meistens dann der Fall ist, wenn der ästhetische Gegenstand eine Sichtweise von Welt zum Ausdruck bringt, in der die beiden Urteilenden nicht übereinstimmen, die Abweichung im ästhetischen Urteil also auf einen Unterschied in der Weltanschauung (im wahrsten Sinne des Wortes) verweist. Aus diesem Grunde sollte man zwei Arten des ästhetischen Urteils unterscheiden, das identifizierende und das distanzierte. Damit meine ich folgendes: Wir können durchaus Kunstwerke für gelungen halten, ohne daß sie uns viel bedeuten. Wir gestehen ihnen beispielsweise ästhetischen Wert zu, weil sie eine Sicht der Dinge vollendet vergegenwärtigen. Ästhetisch begeistern tuen sie uns aber nicht, weil diese Sicht nicht die unsere ist, möglicherweise sogar eine Sicht, von der wir uns distanzieren. Es gibt aber andere Kunstwerke, zu denen wir ein

---

[17] Allenfalls könnte man erwägen, den Begriff der ästhetischen Erkenntnis durch den der ästhetischen Erfahrung zu ersetzen; aber auch Erfahrung ist eine Form der Erkenntnis. Erfahrungen »macht« man wohl eher selbst, während man Erkenntnisse auch »vermittelt« bekommen kann. Die Erfahrungen eines anderen, z.B. des Künstlers, kann man nicht machen, und sagt man, daß sie durch Kunst vermittelt werden, so kann man auch gleich von Erfahrungs*erkenntnissen* sprechen. Der Begriff der Erkenntnis erweist sich nicht nur als umfassender, sondern auch als neutraler, weil er uns nicht eine *Un*mittelbarkeit nahelegt.

emphatisches Verhältnis haben, weil sie eine Sicht der Dinge vollendet vergegenwärtigen, die auch die unsere ist, mit der wir uns identifizieren.

DIE PHILOSOPHIE ZWISCHEN WISSENSCHAFT UND DICHTUNG

Wie steht es nun mit der Philosophie als dem verbindenden Bereich zwischen Wissenschaft und Dichtung? Auch wenn wir die hier vorgetragenen *Argumente* (für eine Erweiterung des Erkenntnisbegriffs) als zu ihr gehörig verstehen dürfen, ist damit keineswegs festgelegt, zu welcher Seite die Philosophie gehört. Deren mannigfache Darstellungsformen von der Lehrbuchform über Dialog, Essay und Aphorismus bis zum Gedicht vermögen gerade die Kontinuitätsthese zu stützen.[18] Die akademische Form der Philosophie, die schon aus institutionellen Gründen wissenschaftlich zu sein hat, darf nicht darüber hinwegtäuschen, daß die Philosophie grundsätzlich nach der anderen Seite hin offen ist. Und hierzu sollte man sich um so leichter bekennen können, als mit einer solchen Öffnung, wie wir gesehen haben, keineswegs ein Verzicht auf Erkenntnis verbunden sein muß. Gerade neue grundlegende Einsichten und Unterscheidungen bedürfen besonderer erläuternder Darlegungen, die sich häufig literarischer Mittel, wie z. B. Metaphern, bedienen. Und diese Mittel werden nicht nur von den Dichtern unter den Denkern, sondern auch von sogenannten wissenschaftlichen Philosophen angewandt. So führt Frege seine kategoriale Unterscheidung von Gegenstand und Funktion anhand der chemischen Metapher »gesättigt - ungesättigt« ein.[19] Hier verdankt sich die Metaphorik einer sprachlichen Mangelsituation, nämlich eine erstmals getroffene Unterscheidung überhaupt angemessen - prägnant - mit den zur Verfügung stehenden Mitteln zur Sprache bringen zu müssen. Als Ausdrucksform, die Unterscheidungen allererst ermöglicht, hat die Metapher eine wichtige erkenntnisvermittelnde Funktion bis in die Naturwissenschaften hinein.

Metaphern sind also nicht aus der Philosophie zu verbannen. Umgekehrt läßt sich aber auch nicht aus dem Zugeständnis der Unverzichtbarkeit von Metaphern der rhetorische Charakter der Philosophie

---

[18] Zu einigen dieser Möglichkeiten vgl. die Beiträge zum Thema »Literarische Formen der Philosophie«.
[19] Vgl. dazu im einzelnen den Beitrag »Der Logiker als Metaphoriker«.

ableiten, um so den Gattungsunterschied zwischen Philosophie und Literatur überhaupt aufzuheben, wie dies in Teilen eines postmodernen Dekonstruktivismus der Fall zu sein scheint.[20] Richtig ist, daß es keine absoluten Grenzen gibt; aber auch ein Kontinuum von Erkenntnisformen ist noch reich an Verschiedenheiten, die es gerade nicht zuzudecken, sondern als solche herauszuarbeiten gilt.

Die angemessene Antwort auf die dekonstruktivistische Herausforderung besteht deshalb in einer komplementaristischen Erweiterung des Erkenntnisbegriffs und gerade nicht in seiner geltungslogischen Einengung. Insofern greift J. Habermas mit seiner Verteidigung des Gattungsunterschiedes von Philosophie und Literatur zu kurz, wenn er darauf insistiert, daß »sich Erfahrungen und Urteile nur im Lichte kritisierbarer Geltungsansprüche bilden«.[21] Hier wird die propositionale Beschränkung des philosophischen Diskurses fortgeschrieben. Wenn Habermas (in der Tradition des Neukantianismus) die Gleichsetzung von Geltung und »Wahrheitsgeltung« kritisiert und dieser die »normative Richtigkeit und subjektive Wahrhaftigkeit als wahrheitsanaloge Geltungsansprüche« an die Seite stellt[22], so erweitert er damit zwar den

---

[20] J. Culler (Dekonstruktion. Derrida und die poststrukturalistische Literaturtheorie, Reinbek b. Hamburg, 1988) wehrt sich sehr gegen den Vorwurf, daß der Dekonstruktivismus den Unterschied von Philosophie und Literatur abschaffen wolle. Er fährt dann (S. 166) fort: »Die Unterscheidung von Philosophie und Literatur ist ganz im Gegenteil für die Interventionskraft der Dekonstruktion wesentlich: beispielsweise für den Nachweis, daß die philosophischste Lektüre eines philosophischen Werkes - eine Lektüre, die dessen Begriffe und die Grundlagen seines Diskurses in Frage stellt - diejenige ist, die das Werk als Literatur behandelt, als ein fiktives, rhetorisches Konstrukt, dessen Elemente und Ordnung durch diverse textuelle Zwänge determiniert sind.« Solche Dementis belegen in der Sache, was sie in Worten bestreiten; aber Argumente dieser Art scheinen dem Dekonstruktivismus eigentümlich zu sein. Sie erinnern an die Tradition des Pyrrhonismus und dessen Strategie der Selbstaufhebung. So bemerkt Culler denn auch (S. 167), daß der Dekonstruktivismus sich auf Unterscheidungen verlasse, die er selbst in Frage stelle. In jedem Falle ist es sehr beruhigend zu hören, daß man den Dekonstruktivismus nicht *verstanden* habe; denn dieser Vorwurf nimmt ja in sich die eigentliche Provokation wieder zurück, so daß man sich schließlich fragt: Wenn es also doch um *richtiges* Verstehen geht, wozu dann der ganze Wirbel? Schränkt man das dekonstruktive Verfahren auf den ästhetischen Diskurs ein, wie dies C. Menke-Eggers vorgeschlagen hat (Die Souveränität der Kunst. Ästhetische Erfahrung nach Adorno und Derrida, Frankfurt a. M. 1988), so ergibt sich dieser Selbstwiderspruch nicht.
[21] Der philosophische Diskurs der Moderne, stw 749, Frankfurt 1988, S. 241.
[22] A. a. O., S. 364 f.

Bereich des Geltenden über den des Tatsächlichen hinaus, bleibt jedoch beim propositionalen Erkenntnisbegriff stehen. Das Ästhetische wird nämlich mit der Dimension der Wahrhaftigkeit verrechnet und als Expressives vom Moralisch-Praktischen und Kognitiv-Instrumentellen unterschieden. Mit einer solchen Funktionsbestimmung rückt Habermas in die Nähe des ästhetischen Emotivismus. Erst das spätere Zugeständnis, »daß sich die Stimmigkeit eines Kunstwerkes, das sog. Kunstwahre, keineswegs umstandslos auf Authentizität oder Wahrhaftigkeit zurückführen läßt«[23], korrigiert diese Tendenz, ohne daß allerdings die erkenntnistheoretischen Konsequenzen weiter verfolgt würden. Nicht-Propositionales klingt nur in Klammern an als »Hintergrundwissen, aus dem sich die propositionalen Gehalte speisen«. Anlaß zu einer Frage nach der Möglichkeit oder gar Notwendigkeit nicht-propositionaler Erkenntnis gibt dieses aber nicht.

Hier ist der Ort, darauf hinzuweisen, daß wir es mit nicht-propositionalen Erkenntnissen keineswegs nur in der Dichtung zu tun haben, für die wir sie zunächst zur Anerkennung zu bringen suchten, sondern auch in der Philosophie und den Wissenschaften. Deren Grundunterscheidungen bieten, ob sie nun metaphorisch oder nicht metaphorisch artikuliert werden, ein weites Feld von Beispielen für nicht-propositionale Erkenntnisse. Die Frage, um die es hier geht, betrifft insbesondere die Definitionslehre.[24] Innerhalb der allgemeinen Wissenschaftstheorie wird der Terminus »Definition« meistens auf sprachliche Vereinbarungen zu beschränken gesucht, die überdies so aufgefaßt werden, daß durch sie lediglich ein willkürliches Zeichen (das Definiendum) zum Zwecke der Abkürzung für einen längeren Ausdruck (das Definiens) eingeführt wird. Diese Auffassung, die sich aus den Forderungen der Eliminierbarkeit und Nichtkreativität von expliziten Definitionen ergibt, ist jedoch nur im engen Bereich sogenannter Kalkülsprachen plausibel, und auch dort nur solange, wie diese uninterpretiert bleiben. Außerhalb von Kalkülsprachen wird auch in der Wissenschaftstheorie auf andere Verfahren terminologischer Klärung zurückgegriffen, z.B. sogenannte Explikationen, die Präzisierungen bereits in Gebrauch befindlicher Ausdrücke für die Verwendung in wissenschaftlichen Theorien liefern.

---

[23] A. a. O., S. 366, Anm. 18.
[24] Vgl. die Ausführungen in »Wissenschaftliche Begriffsbildung und Theoriewahldiskurse«.

Nun schaffen Definitionen die begrifflichen Voraussetzungen dafür, daß überhaupt von Wahrheit und Falschheit der Propositionen die Rede sein kann. Erst nachdem die terminologischen Fragen geklärt sind, läßt sich auf dieser Grundlage die Wahrheitsfrage entscheiden; denn ohne zu wissen, was wir sagen, können wir auch nicht beurteilen, ob es wahr ist, was wir sagen. Wenn in diesem Sinne Definitionen allererst die Anwendung des propositionalen Wahrheitsbegriffs ermöglichen, ist es zutreffend, sie selbst nicht als wahr (oder falsch) zu beurteilen. Als sprachliche Gebilde werden Definitionen nur grammatisch, nicht aber logisch-semantisch als Aussagen behandelt, d.h. Definitionen haben keinen Wahrheitswert.

Dieser Umstand ist häufig so gedeutet worden, als könnten Definitionen dann auch keinen Erkenntniswert haben. Der eigentlich problematische Schritt, der zu diesem Ergebnis führt, besteht ersichtlich wiederum darin, den propositionalen Wahrheitsbegriff mit dem Erkenntnisbegriff gleichzusetzen, und damit Erkenntnis ausschließlich propositional zu fassen. Demgegenüber ist daran festzuhalten, daß Definitionen (außerhalb uninterpretierter Kalküle) Unterscheidungen treffen, die man einsehen oder auch nicht einsehen kann. Nicht umsonst wird an Explikationen die Forderung der Adäquatheit gestellt (R. Carnap), die gar keinen Sinn machen würde, wenn wir uns von dem Ergebnis der Explikation keinen Erkenntnisgewinn versprechen würden. Gerade die grundlegendsten, unser Weltbild bestimmenden Einsichten manifestieren sich in Unterscheidungen, und diese geben den kategorialen Rahmen für unsere propositionalen Erkenntnisansprüche ab. Nicht-propositionale Erkenntnisse sind also, mit Kant zu sprechen, »Bedingungen der Möglichkeit« propositionaler Erkenntnisse.

Insbesondere die Philosophie hat es damit zu tun, Grundunterscheidungen, die häufig in unsere Sprache eingearbeitet sind und uns deshalb selbstverständlich und in ihrem kategorialen Charakter oft gar nicht bewußt sind, sinnexplikativ hervorzuheben. Es versteht sich, daß philosophische Argumente dieser Art nicht beweisend sein können, sondern wiederum nur aufweisend. Als argumentierende Disziplin steht die Philosophie zwar auf Seiten der Wissenschaften; die Natur ihrer Einsichten, nicht auf Tatsachen *in* der Welt, sondern auf Sichtweisen *von* Welt auszusein, rückt sie aber näher an die Dichtung heran als mancher vielleicht wahrhaben möchte. Nach allem, was über den Erkenntniswert der Dichtung gesagt wurde, sollte man hierin doch keinen Mangel sehen, ganz im Gegenteil. Wenn man Philosophie, jedenfalls die Metaphysik, als »Begriffsdichtung« abgewertet hat, so scheint mir, daß diesem Ausdruck durchaus auch ein positiver Sinn abgewonnen werden kann. Er markiert nämlich genau die Stellung der Philosophie zwischen Wissenschaft und Dichtung, charakterisierbar als eine nicht-fiktionale, argumentative Form des Zeigens.

NACHWEISE

Die Auswahl und Zusammenstellung der Beiträge ist unter dem Gesichtspunkt erfolgt, einen zusammenhängenden Gedankengang zu gewährleisten. Die Überarbeitung der Texte erstreckt sich vorwiegend auf verbindende Ergänzungen, um die Zusammenhänge deutlicher hervortreten zu lassen, auf kleinere Kürzungen, wo es Wiederholungen zu vermeiden galt, sowie auf Literaturangaben und Querverweise in den Fußnoten.

Für ihre Mithilfe bei der Durchsicht der Texte, verbunden mit einigen Verbesserungsvorschlägen, habe ich Dr. Bernd Gräfrath, Thorsten Jantschek, Tanja Pfeiffer und Dr. Brigitte Uhlemann zu danken.

Über Bedeutung in der Literatur, Allgemeine Zeitschrift für Philosophie 8 (1983) Heft 2, S. 7-21 (Konstanzer Antrittsvorlesung vom 15. Dezember 1980).

Logik als Literatur?, Merkur 32 (1978) Heft 4, S. 353-362 (Konstanzer Habilitationsvortrag vom 8. Dezember 1976).

Literarische Form und nicht-propositionale Erkenntis in der Philosophie, in: G. Gabriel/C. Schildknecht (eds.), Literarische Formen der Philosophie, Stuttgart 1990, S. 1-25.

Der Logiker als Metaphoriker. Erstveröffentlichung, erscheint außerdem in kroatischer Übersetzung in: Filozofska Istraživanja, Zagreb 1991.

Solipsismus: Wittgenstein, Weininger und die Wiener Moderne, in: H. Bachmaier (ed.), Paradigmen der Moderne, Amsterdam 1990, S. 29-47.

Literaturwissenschaft zwischen Literatur und Wissenschaft, Anstöße 26 (1979) Heft 1, S. 24-27.

Wie klar und deutlich soll eine literaturwissenschaftliche Terminologie sein?, in: C. Wagenknecht (ed.), Zur Terminologie der Literaturwissenschaft. Akten des IX. Germanistischen Symposions der Deutschen Forschungsgemeinschaft Würzburg 1986, Stuttgart 1989, S. 24-34.

»Sachen gibt's, die gibt's gar nicht«, Zeitschrift für Semiotik 9, Heft 1-2 (1987), S. 67-76.

Zur Interpretation literarischer und philosophischer Texte. Vorlage für das Hamburger Kolloquium zu Problemen der Literaturinterpretation und Literaturgeschichtsschreibung 1989. Erscheint außerdem im Kolloquiums-Band.

Die Bedeutung von Eigennamen. Deutsche Fassung von: Why a Proper Name has a Meaning, in: K. Mulligan (ed.), Mind, Meaning and Metaphysics: The Philosophy and Theory of Language of Anton Marty, Amsterdam 1990, S. 67-75.

Wissenschaftliche Begriffsbildung und Theoriewahldiskurse, in: B. Badura (ed.), Seminar: Angewandte Sozialforschung, Frankfurt a. M. 1976, S. 443-455.

Ein Mann von Welten. Besprechung von N. Goodmans »Weisen der Welterzeugung«, Philosophische Rundschau 33 (1986), S. 48-55.

Erkenntnis in Wissenschaft, Philosophie und Dichtung, in: H. Bachmaier/E. P. Fischer (eds.), Glanz und Elend der zwei Kulturen, Konstanz 1991, S. 75-90.

PERSONENREGISTER

Herausgebernamen usw. wurden nicht in das Register aufgenommen.

Adorno, T. W. 39-42, 44, 47-53, 64
Ammann, H. 167
Andrian, L. von 95
Anselm von Canterbury 52
Aristoteles IX, 78, 214
Augustinus 36, 43

Badura, B. 185
Bahr, H. 89, 93-96
Barrès, M. 97
Baumgarten, A. G. VII, 199, 210
Bayle, P. 38
Berkeley, G. 53-63
Boole, G. 73f.
Breidert, W. 55
Broch, H. 101
Bruckner, A. 91

Carnap, R. IX, 20, 22, 25, 98, 125, 129ff., 135f., 142, 145, 200, 223
Carrier, M. 204
Cassirer, E. 210
Culler, J. 221

Danneberg, L. 152, 217
Danto, A. C. 66, 153, 216
Deleuze, G. 78
Derrida, J. 69, 221
Descartes, R. 36f., 43, 91, 98, 104ff.
Donnellan, K. 141
Dörmann, F. 95

Engelmann, P. 28
Eucken, R. 34

Fels, F. M. 94
Ficker, L. von 24, 26
Fischer, K. 73, 79
Frank, M. 78
Fraser, A. C. 55

Frege, G. XI, 30, 65-88, 120, 133ff., 142f., 145, 149, 156, 159, 163f., 166, 169, 175, 212, 220
Fricke, H. 116, 118-132
Frisch, M. 8
Funke, O. 170

Gaier, U. 97
Geach, P. T. 81
Goethe, J. W. 12ff., 17, 116
Goodman, N. XII, 124, 133, 162, 192-201, 210
Gräfrath, B. 205, 225
Grillparzer, F. 90
Guattari, F. 78

Habermas, J. 66, 157f., 179, 189, 221f.
Hamburger, K. 213
Hammett, D. 145
Handke, P. 14ff.
Hegel, G. W. F. 2, 47, 131
Heidegger, M. 20, 22f., 106
Heller, A. 96
Hempfer, K. W. 128
Herzfeld, M. 91, 95f.
Hesse, M. 81
Hirsch, E. D. 155
Hofmannsthal, H. von 89, 93, 95, 97
Hölderlin, F. 39f.
Hume, D. 56
Husserl, E. 163, 171
Huysmans, J.-K. 93

Ingarden, R. 133
Iser, W. 153f.

Janik, A. 27, 92
Jantschek, T. 225
Jessop, T. E. 55
Jevons, W. S. 72

Johnson, S. 56
Johst, H. 122f.

Kafka, F. 13, 116f.
Kainz, F. 99
Kambartel, F. 72
Kant, I. 11f., 16, 33f., 52, 72, 75, 77, 81, 91, 102, 116, 154, 156, 193, 199, 207, 210, 213, 217, 223
Keller, G. 3
Kierkegaard, S. 27, 43ff., 52, 101
Klemmt, A. 54
Kolers, P. A. 196f.
Koppe, F. 81
Kraft, W. 28
Kraus, K. 26ff., 30, 89f., 93, 102
Kripke, S. XII, 141, 163-168, 170, 174
Kuhn, T. S. 60, 127, 177-184

Landgrebe, L. 163, 167-174
Leibniz, G. W. 73, 175, 210
Lewis, D. 133
Lichtenberg, G. C. XIII, 43f.
Locke, J. 33, 38f.
Loos, A. 89f., 102
Lorenzen, P. 131
Lotze, H. 75
Lübbe, H. 181
Luce, A. A. 55

Mach, E. 60, 96-100, 103
Man, P. de 65
Mann, T. 3, 5f., 33, 217f.
Marcuse, H. 47f.
Marty, A. 163, 167-174
Meier, G. F. 210
Meinong, A. 133f.
Menke-Eggers, C. 155, 221
Merkel, R. 27, 92
Mill, J. S. 164, 170
Mittelstraß, J. 182, 202, 204
Montaigne, M. de 36-39, 42f.
Moore, G. E. 36
Morgenstern, C. 167
Müller, H.-H. 152
Mulligan, K. 171

Newton, I. 204
Nietzsche, F. IX
Nyíri, C. 90

Ostwald, W. 203

Parsons, T. 134-146
Pasley, M. 116f.
Percival, J. 54
Pfeiffer, T. 225
Platon IX, 17, 55, 214

Quine, W. V. O. 133, 162

Rauter, H. 57
Reichenbach, H. 133
Renner, U. 95
Rentsch, T. 49, 80f., 106
Rhees, R. 48
Rickert, H. 202, 205f.
Ruffino, M. A. 75
Russell, B. 25f., 34, 36, 76, 133, 164, 175

Sartre, J. P. 33
Schildknecht, C. 33
Schiller, F. 8
Schnitzler, A. 96, 144f.
Schönberg, A. 89f.
Schopenhauer, A. 17, 29, 33, 35, 47, 49ff., 56, 91, 98, 102, 131, 194
Schorske, C. E. 90, 93, 95
Searle, J. R. 133, 164f., 173f.
Seel, M. 216
Silver, B. 61ff.
Sluga, D. 73, 80
Smith, B. 103 f., 171
Snell, K. 79
Spengler, O. 91
Spillner, B. 124
Stent, G. S. 214-217
Sterne, L. 33
Strawson, P. F. 133

Tacitus 7
Teichert, D. 160
Thiel, C. 78, 179
Tolstoj, L. 13
Toulmin, S. 27, 92
Trendelenburg, A. 78

Uhlemann, B. 205, 225

Verweyen, T. 128f.
Vollhardt, F. 206

Waismann, F. 27, 59
Weininger, O. 92, 102f., 106f.
Wellmer, A. 51
Wieland, M. 6
Windelband, W. 205
Wittgenstein, L. XI, 17f., 20-31, 35f., 38, 45-53, 57f., 67, 80f., 86ff., 89f., 92, 97-108, 157, 164, 171

Witting, G. 128f.
Woods, J. 137
Wright, G. H. von 90, 179f.
Wunberg, G. 89, 99
Wünsche, K. 90

Zimmermann, T. 146

Literarische Formen der Philosophie

Mit Beiträgen von
Soraya de Chadarevian, Harald Fricke,
Ulrich Gaier, Bernd Gräfrath, Thomas Rentsch,
Thomas A. Szlezák, Dieter Teichert
und Catherine Wilson

Herausgegeben von
Gottfried Gabriel und Christiane Schildknecht
1990. VIII, 196 Seiten, kartoniert.
ISBN 3-476-00690-5

Philosophie steht von Anfang an zwischen Dichtung und Wissenschaft. In ihrem Versuch, sich von Dichtung zu unterscheiden, hat sie sich verwissenschaftlicht, in ihrer Sorge, von dieser vereinnahmt zu werden, hat sie sich poetisiert. Diese Stellung der Philosophie kommt in ihren mannigfachen Formen zwischen Gedicht und Lehrbuchform zum Ausdruck. Die in diesem Buch versammelten Beiträge zu Autoren aus verschiedenen Epochen, zwischen Altertum und Gegenwart, gehen den Gründen für die Wahl so unterschiedlicher Darstellungsformen nach. Leitend ist dabei der Gedanke, daß die literarische Form der Philosophie nicht nur eine äußerliche ist. In den Analysen der Platonischen Dialoge, der Briefform bei Seneca, der mittelalterlichen Questio, der Dialogform bei Berkeley oder Hume oder den bei Descartes zu findenden Formen von Autobiographie, Monolog oder Dialog, wird dies deutlich. Aber auch bei den weniger klar umrissenen Gattungsformen, wie in den hier untersuchten Schriften von Herder, Kant oder Merleau-Ponty zeigt sich, daß die Darstellungsform vielmehr methodische Funktion hat. Damit sind aber die Gattungsunterschiede von Literatur und Philosophie keineswegs aufgehoben oder der methodische Anspruch philosophischer Texte infrage gestellt. Vielmehr soll die häufig übersehene methodische Bedeutung literarischer Formen in der Philosophie erkannt und damit eine Alternative zu Szientismus und Dekonstruktivismus verständlich gemacht werden.

J. B. Metzler Verlag

Christiane Schildknecht
Philosophische Masken
Literarische Formen der Philosophie bei Platon, Descartes, Wolff und Lichtenberg

1990. 192 Seiten, kartoniert.
ISBN 3-476-00717-0

Ob Dialog, Aphorismus, echter oder fiktiver Brief, ob Essay, Traktat, Gebet, Autobiographie oder Meditation, Fragment oder Lehrbuch: Die literarische Form der Philosophie hat viele Gesichter. Vier von ihnen werden in diesem Buch exemplarisch betrachtet: der philosophische Dialog bei Platon, das monologische Philosophieren bei René Descartes, die aphoristische Form der Philosophie Georg Christoph Lichtenbergs und der von dem offenen, anti-systematischen Charakter dieser im engeren Sinn literarischen Formen abweichende Lehrbuchtypus bei Christian Wolff. In all diesen Formen spiegelt sich die Mittelstellung, die philosophische Texte zwischen Dichtung auf der einen und Wissenschaft auf der anderen Seite einnehmen. Mit der Frage nach der Darstellungsform von Philosophie ist die Frage nach ihrem Erkenntnisbegriff unlösbar verbunden: An die Stelle einer einseitigen Orientierung des Erkenntnisanspruchs von Philosophie an den logischen Wissenschaften, die sich in der strikten Gleichsetzung von Wahrheit und Aussage niederschlägt, tritt ein an der Literatur orientierter Erkenntnisanspruch, der metaphorische Formen des Wissens ins Auge faßt. Wenngleich beide Wege der Formulierung philosophischer Erkenntnis offen stehen, so ist der literarischen Form der Vorzug zu geben. Sie ist beweglicher und anpassungsfähiger, was immer man unter philosophischer Wahrheit verstehen mag.

J. B. Metzler Verlag

MIX
Papier aus verantwortungsvollen Quellen
Paper from responsible sources
FSC® C105338

Printed by Books on Demand, Germany